간신들은 어떻게 정치를 농락하는가?

간신들은 어떻게 정치를 농락하는가?

권력에 빌붙어 나라를 망친 천태만상 간신들 이야기

김영수 지음

추수밭

개정판에 부처

정치를 농락하고 나라를 망치는
권력의 부스러기들부터 솎아내야 할 때

    2013년은 중국, 미국, 일본을 포함하여 전 세계 약 50개 나라의 지도자가 바뀌거나 새로 선출된다. 우리도 그중 하나이다. 세계사가 큰 전환기로 접어들 전망이다.
    세계사적 전환기에 경제가 장기 침체로 접어들고 사회가 병들어가고 있는데도 우리의 소위 지도층에 눌러 앉아 있는 자들은 여전히 야비한 헐뜯기와 낡아빠진 이념 논쟁 그리고 지역감정 부추기 따위에 혈안이 되어 있다. 과정이야 어찌 되었건 수단 방법을 가리지 않고 이기기만 하면 된다고 생각하는 무서운 사람들이다. 그 후유증과 그로 인한 국민의 고통, 국운의 침체, 사회 각계각층의 갈등 따위는 안중에도 없다. 이런 자들에게 역사의식을 기대하기란 애당초 불가능해 보인다.
    나라와 국민에 대한 봉사와 사랑은 그만두고서라도 최소한의 인성의 도야, 지도자에게 기본적으로 요구되는 자기절제와 수양은 도외시한 채 누군가를 억누르려는 권력욕에만 사로잡힌 탐욕의 덩어리들이 국민의 건전한 판단력을 흐리게 하고 있다. 이런 자들의 행위야말로 역사에서 말하는 '간행(奸行)', 그 자체다. 국민은 눈을 부라리고 이들의 간행을 꿰뚫고 심판해야 한다. 지도자 하나 잘못 뽑은 결과가 어떤가를 징그럽게 겪고 있지 않은가?

　대선의 계절에는 간신들이 유난히 설치기 마련이다. 권력과 돈이 있는 곳이면 어디든 달려가는 자들이 간신이다. 그것도 가장 크고 무거운 권력의 자리를 뽑는 대선이고 보니 더할 것이다. 누가 국민을 우롱하고 국민의 눈과 귀를 가리려 하는지 잘 보아야 할 것이다. 또 어떤 자가 시비를 뒤바꾸려고 '지록위마(指鹿爲馬)'의 짓거리에 몰두하는지 잘 지켜보았다가 그 손가락을 없애 버려야 할 것이다.
　어떤 면에서 대선은 간신들을 처단할 수 있는 절호의 기회가 될 수도 있다. 따라서 미래 권력을 뽑기 전에 정치를 농락하고 나라를 망치는 권력의 부스러기들, 즉 간신들부터 솎아내야 할 것이다.

　개정판이라고 하지만 내용은 그대로 두었다. 크게 손볼 곳이 없기도 하지만, 대선을 앞두고 큰 선택을 할 때 참고할 수 있는 역사적 판단이나 기준을 역대 간신들의 행태를 통해 통찰하는 데 미력이나마 도움을 주었으면 하는 급한 마음이 앞섰기 때문이다.
　어려운 여건에서도 잊지 않고 이 책을 새롭게 단장해준 출판사와 편집자에게 감사드린다. 늘 하는 말이지만 이 책이 다시는 세상의 주목을 받지 않길 바랄 뿐이다.

2012년 10월
백성의 위대한 심판과 선택을 갈망하면서
김영수

들어가는 글

역사의 비명과 응징

공자의 다섯 가지 간신 유형론

《순자》에 보면 공자가 노나라에서 법 집행을 담당하는 관직인 사구에 취임한 지 7일 만에 조정을 어지럽히던 소정묘를 처형한 이야기가 나온다. 제자들을 비롯한 주위 사람들은 깜짝 놀랐다. 권력을 믿고 설치던 소정묘이긴 하지만 노나라의 유력자인지라 그 파장이 만만치 않을 것이었기 때문이다.

가장 먼저 달려온 제자 자공은 "소정묘는 노나라에서 널리 알려진 인물입니다. 선생님께서 정치를 맡으신 지 며칠 되지도 않은 상황에서 그를 죽이시면 어쩌자는 겁니까?"라고 말하며 걱정스러운 표정을 지었다. 이에 공자는 다음과 같이 자신의 행동을 설명했다.

"통치자로서 제거해야 할 인물에는 다섯 가지 유형이 있는데 도둑질하는 자는 포함되지 않는다. 첫째가 마음을 반대로 먹고 있는 음험한 자이고, 둘째가 말에 사기성이 농후한데 달변인 자이고, 셋째가 행동이 한쪽으로 치우쳐 있고 고집만 센 자이고, 넷째가 뜻은 어리석으면서 지식만 많은 자이고, 다섯째가 비리를 저지르며 혜택만 누리는 자이다. 이 다섯 가지 유형의 자들을 보면 모두 말을 잘하고, 지식이 많고, 총명하고, 이것저것 통달하여 유명한데 그 안을 들여다보면 진실이 없다는 점에서 공통된다. 이런 자들의 행위는 속임수투성이이며, 그 지혜는 군중을 마음대로 몰고 다니기에 충분하고, 홀로 설 수 있을 정도로 강하다. 이런 자들은 간악한 무리의 우두머리라 죽이지 않으면 큰일을 저지른다.…… (중략) ……꼭 죽여야 할 자는 낮에는 강도짓을 하고 밤에는 담장을 뚫고 들어가는 도둑이 아니다. 바로 나라를 뒤엎을 자를 죽여야 하는 것이다. 이런 자들은 군자들로 하여금 의심을 품게 하며, 어리석은 자들을 잘못된 길로 빠뜨린다."

요컨대 공자는 반드시 제거해야 할 대상으로 나라와 백성을 해치는 다섯 가지 유형의 간신을 꼽은 것이다. 공자의 이 논리를 지금 우리 상황에 대입시킨다 해도 조금도 어색하지 않을 정도다. 역사의 비명이자, 우리 시대의 불행이라면 불행이다. 지금 우리 사회 곳곳에서 간신들의 망령이 어슬렁거리고 있다. 정말이지 역사의 무기력을 절감한다.

그러나 무기력하게 손 놓고 있기에는 기회비용이 너무 크고 상처도 너무 심각하다. 냉정하고 과학적인 분석을 통해 간신의 실체를 정확하게 파악, 철저한 논리로 무장하여 간신 제거를 위한 행동지침으로 삼아야 할 것이다.

어떤 간신도 피해가지 못한 역사의 응징

역사상 숱한 간신들이 나라와 사회를 망치고 백성에게 더할 수 없는 고통을 가져다주었다. 그 가운데 일부는 부귀영화에 천수를 누리며 잘 살다 갔다. 사람들은 이런 간신들과 그 덕을 보고 있는 후손들에 대해 치를 떨었다. 하지만 어떤 간신도 역사의 응징을 피하지는 못했다. 역사라는 법정에는 공소시효가 없다. 언제고 그 간행을 밝혀 서슬 퍼런 역사의 법정에 세워 가차 없이 응징하기 때문이다.

또한 대부분의 간신은 그 악행으로 인해 제명에 죽지 못했다. 부록으로 마련한 중국사 연표와 역대 간신의 행적을 보아도 알 수 있듯이 간신 대부분은 피살 아니면 자살로 생을 마감했다. 이보다 더 참혹하고 더럽게 삶을 마친 간신도 적지 않다.

조정은 물론 온 백성을 완벽하게 속여서 동한의 황제를 퇴위시키고 신(新)이란 나라를 건국하여 스스로 황제가 된 왕망(王莽)은 농민 봉기군의 칼을 맞고 죽었다. 그리고 그 시신은 난도질을 당해 걸레가 되었다. 자신의 권력욕을 위해 백성을 도탄에 빠뜨린 간행에 대한 응징이었다.

보잘것없는 자질이었지만 잔인한 성격 때문에 무측천에 의해 혹리(酷吏, 혹독하고 무자비한 관리)로 중용되어 수천 명의 조정 대신과 백성을 해친 내준신(來俊臣)은 남의 집 처자를 약탈하는 등 온갖 불법과 비리를 저질러 천하가 증오하는 대상이 되었다. 훗날 처형되어 저잣거리에 시체가 내걸리자 원한에 사무친 사람들이 달려들어 눈알을 파고 살가죽을 벗겨 시신을 뜯어 먹었다. 그래도 분이 풀리지 않은 사람들은 배를 갈라 심장을 꺼냈다.

당나라 희종이 내린 '전충(全忠)'이란 이름을 자기 멋대로 '인왕중심(人王中心)'으로 풀어 제왕이 되고자 했던 간신 주온(朱溫)은 조정 대신을 학살하고 황제를 핍박하는 등 온갖 간행을 일삼고 끝내는 대량(大梁)이란 나라를 세워 황제가 되었지만 자기 아들의 칼에 죽었다.

당나라를 멸망 직전까지 몰아넣었던 역신이자 간신배 안록산(安祿山)과 사사명(史思明)은 차례차례 그 아들들의 손에 죽었다.

청 말기 새로운 희망으로 중국 대륙을 휩쓴 태평천국 지도자들을 차례로 이간질하고 모함하여 대도살을 자행, 희망을 절망으로 추락시킨 위창휘(韋昌輝)는 자신의 야욕을 위해 심지어 친형까지 '오마분시(五馬分尸)'시킬 정도로 잔인한 간신이었으나 결국 온몸이 찢기고 뼈는 가루가 될 정도로 처참하게 죽었다.

재무관리에 재능을 발휘하여 쿠빌라이의 귀여움을 받은 원나라 때의 간신 아합마(阿合馬)는 수단과 방법을 가리지 않고 백성의 재물을 빼앗는 등 부정축재를 일삼다가 산동 사람 왕저(王著)가 내리친 쇠몽둥이를 맞고 머리통이 산산조각 나서 죽었다.

자질이 그런대로 괜찮았던 황제 무종을 주색의 길로 이끌어 심지어 민간 부녀자들까지 겁탈하게 만든 명나라 때 환관 유근(劉瑾)은 황제의 총애를 믿고 선량한 충신과 인재를 수없이 박해하고 죽인 간신으로 백성에게 만 번이나 난도질을 당하고 죽었다.

명장 악비(岳飛)를 모함하여 죽이고 나라를 판 송나라의 매국노 진회(秦檜)와 그 일당은 지금도 악비의 무덤 앞에 무릎을 꿇은 채 역사의 심판을 받고 있다. 오늘날까지도 사람들은 진회의 얼굴에 침을 뱉으며 역사의 응징을 실감나게 확인시키고 있다.

지금, 우리 사회의 간신 현상에 대한 경각심

그렇다! 역사의 평가와 심판은 다소 더딜 수는 있어도 결코 건너뛰는 법은 없다. 문제는 그냥 넘어갈 수 있다는 안이한 역사의식이 각종 재앙을 불러들인다는 점이다. 역사의 방심이다. 간신들 때문에 역사가 얼마나 아픈 비명을 질렀는지 아는가? 이런 비열하고 천한 자들 때문에 얼마나 많은 선량한 백성이 오장육부가 다 도려진 채 피를 흘렸는지 아는가? 그리고 그 피가 아직도 마르지 않고 우리의 태만하고 안일한 정신 속을 통곡하며 흘러 다니고 있는지 아는가?

그런데 수천 년 동안 자행된 간신들의 간행을 자세히 분석해보면 그 수법이나 방법이 거의 천편일률적이라는 사실을 알 수 있다. 그 오랜 세월 동안 같은 수법에 번번이 당해왔다는 게 믿기지 않을 정도이다. 왜 그런가? 바로 인성의 약점 때문이며, 제도의 미비 때문이며, 경각심의 부족 때문이며, 역사의식과 통찰력의 부족 때문이다.

이런 과거를 또다시 반복할 수는 없다. 역사는 그 자체로 슬픔이며, 그 자체로 기쁨이며, 그 자체로 분노이며, 그 자체로 통곡이며, 그 자체로 응징이다. 미화될 수도 없고 미화되어서도 안 되며, 왜곡될 수도 없고 왜곡되어서도 안 된다. 있는 그대로를 보아야 하는 것은 물론, 그 이면을 들여다볼 수 있는 서늘한 통찰력을 지금 우리 시대가 강력하게 요구하고 있다.

이제 오래 전에 죽은 간신들을 다시 살려내서 공소시효 없는 역사의 법정에 세우고자 한다. 그리고 이들의 간행을 통해 지금 우리 주위 곳곳에서 어슬렁거리고 있는 살아 있는 간신들에 대한 경각심을 불러일으키고, 나아가 간신이란 역사적·사회적 현상을 뿌리 뽑을 수 있는 방법을 독자와 더불어 모색하고자 한다.

지금까지 저자는 간신에 관한 책을 두 권 냈다. 역사상 간신 현상을 간파하고 이들의 위험성을 경고한 글들을 모아 엮은 《간신은 비를 세워 영원히 기억하게 하라》와 중국사에 등장한 간신들의 행적을 종합적이고 심층적으로 분석한 《간신론》의 번역서였다. 두 책 모두 선구적인 작업들이었다(좀 더 자세한 정보는 부록으로 제시한 참고 문헌 참고). 특히 《간신론》은 간신 현상을 역사적·사회적 현상으로 인식하고, 간신의 행동에서 나타나는 특징과 공통점 등을 깊게 분석하여 간신 현상을 막을 수 있는 투철한 역사의식을 촉구한 것으로, 지금까지 거의 유일한 간신 이론서라 할 수 있다.

　이번에 선보이는 책은 앞의 책들에 이어 중국 역사의 대표적인 간신 19명을 선정하여 이들의 간행을 비교적 상세히 소개하였으며, 이를 통해 간신들에 대한 경각심을 높이는 한편 우리 역사와 지금 우리 주위에서 벌어지고 있는 온갖 형태의 간신 현상에 대해서도 주의를 게을리 해서는 안 된다는 점을 지적하고자 했다. 가능한 쉬운 글로 독자의 눈길을 잡아두려 애를 썼지만 부족한 점이 많을 것이다. 독자의 거리낌 없는 지적을 바란다.

　선정된 간신들은 간행을 많이 저지르고 상대적으로 그 기록도 많이 남아 있는 인물들로, 역사상 모든 간신들을 대변하는 것은 아니지만 표본은 될 것이다. 아울러 시대의 안배에 신경을 썼다. 청 왕조의 간신이 없는 것은 당대의 간신들 수가 적었을 뿐만 아니라 다른 시대의 간신들에 비해 간행의 정도가 덜했기 때문이다.

　이 책이 비록 우리 역사의 간신과 간신 현상을 다룬 것은 아니지만 충분히 타산지석으로 삼을 수 있음은 물론, 나아가서는 인류사를 고통으로 이끌었던 간신 현상에 대한 확실한 인식과 통찰력을 얻는 계기가 될 수 있을 것이다.

　나라와 백성을 고통으로 몰아가는 간신들에 대한 경각심을 단단히 갖출 일이다. 오늘날 한 나라의 흥망은 권력자는 물론 우리 모두의 책임이기 때문에 더욱 그렇다.

　암울한 시대일수록 정직한 지성이 필요하다.

김영수

차례

개정판에 부쳐 | 정치를 농락하고 나라를 망치는
　　　　　　　권력의 부스러기들부터 솎아내야 할 때 ...4
들어가는 글 | 역사의 비명과 응징 ...6

|1장| 간신은 어떻게 태어나는가?

권력의 욕망은 자식까지 삶아 바치게 한다 • **역아**(易牙, B.C. 7C, 제) ...17
비상한 두뇌와 세심함은 음모술수의 힘이다 • **비무극**(費無極, B.C. 6C, 초) ...30
방심하는 사이 쥐도 새도 모르게 파고들다 • **백비**(伯嚭, B.C. 5C, 오) ...43
세 치 혀의 현란한 언변으로 진실의 귀를 막다 • **조고**(趙高, ?~B.C. 207, 진) ...66

|2장| 간신은 어떻게 진화하는가?

패거리 정치로 나라의 시스템을 파괴하다 • **석현**(石顯, ?~B.C. 32, 서한) ...91
탐욕의 화신이 되어 축재와 투기에 열을 올리다 • **양기**(梁冀, ?~159, 동한) ...106
무력을 동원하여 무소불위의 권력을 휘두르다 • **동탁**(董卓, ?~192, 후한) ...121
주변에 늘 권력의 기생충들을 달고 다닌다 • **우문호**(宇文護, 515~572, 북주) ...136

|3장| 간신은 어떻게 기생하는가?

간신은 간군을 만들고, 간군은 간군을 낳는다 • **양소**(楊素, ?~606, 수) ...157
'왕의 여자'의 마음을 다독여 권력을 얻다 • **이의부**(李義府, 614~666, 당) ...175
입에는 꿀을 바르고 뱃속에는 검을 감추다 • **이임보**(李林甫, ?~752, 당) ...189
간신을 밟고 일어섰다가 간신에 밟혀 쓰러지다 • **양국충**(楊國忠, ?~756, 당) ...207
완벽한 아첨으로 죽어서도 군주의 마음을 사로잡다 • **노기**(盧杞, 734?~785, 당) ...229

|4장| 간신은 어떻게 정치를 농락하는가?

정치 철새가 되어 보수와 개혁을 넘나들다 • **채경**(蔡京, 1047~1126, 북송) ...247
권력자를 조종하여 나라를 도탄에 빠트리다 • **황잠선**(黃潛善, ?~1129, 남송) ...263
'아니면 말고'식 모함으로 충신을 쓰러트리다 • **진회**(秦檜, 1090~1155, 남송) ...277
무서울 정도의 집요함과 인내로 장기 집권의 길을 열다 • **엄숭**(嚴嵩, 1480~1569, 명) ...297
사조직을 결성하여 정치적 반대파를 제거하다 • **위충현**(魏忠賢, 1568~1627, 명) ...315
나라가 망하는 데는 간군과 간신 한 명씩이면 족하다 • **온체인**(溫體仁, ?~1638, 명) ...337

참고 문헌 ...357
부록 | 재미로 보는 나의 간신 지수 테스트 ...359

| 1장 |

간신은 어떻게 태어나는가?

권력의 욕망은
자식까지 삶아 바치게 한다

역아(易牙, B.C. 7C, 제)

사람 고기를 먹어본 적이 없다는 권력자의 말에 자기 자식을 삶아 바친 사람이 있다. 별다른 재능 없이 요리 솜씨 하나로 최고 권력자에게 총애를 받은 이 사람은 별것 아닌 인물처럼 보였지만 한 나라를 혼란으로 몰아넣는 희대의 간신으로 성장했다. 그가 바로 역아(易牙)다.

역아와 수조(竪刁), 개방(開方)은 기원전 7세기 춘추시대 제(齊)나라의 정치를 어지럽힌 간신이다. 이들은 각기 다른 장기와 신분으로 춘추시대 초기 패자로 군림하던 제나라의 환공(桓公, ?~B.C. 643)을 섬겼는데, 세 사람의 신분과 지위는 달랐지만 모두 환공의 신임과 귀여움을 독차지함으로써 궁정 안팎에 이름을 날렸다. 그래서 세상 사람들은 이들을 '삼귀(三貴)'라 불렀다.

인간의 원초적 본능과 심리를 교묘하게 자극할 수 있는 요리라는 기술과 타고난 말솜씨를 결합하여 다양한 방법으로 권력자의 입맛과 심리를 맞춤으로써 권력의 정점을 넘본 역아의 행적은 간신이 어떤 방법으로 권력자에게 접근하는지 잘 보여준다.

환공 춘추시대 제나라의 군주. B.C. 685~643 재위. 최초의 패왕으로 군림했으나 말년에 접어든 환공은 무사안일에 빠졌다. 절대 권력은 절대 부패하고, 그 썩은 쓰레기더미에서 간신이란 구더기가 무럭무럭 자란다.

최고의 명군과 최악의 간신이 공존하는 역설

역아는 춘추시대 제나라 옹읍(지금의 섬서성 봉상현)에서 노예 기술자로 태어났다. 그는 활을 잘 쏘고 요리를 잘했는데, 이 기술로 제 환공의 시종이 되었다. 성품이 교활하고 마음 씀씀이가 독한 역아는 아첨하는 기술까지 남달라 환공의 총애를 얻고 제나라 권신이 되기에 이른다. 그는 수조나 개방 같은 간신과 결탁, 만년에 판단력이 흐려진 환공의 권세를 한껏 이용하여 권력 쟁탈전에 몰두함으로써 전성기를 누리던 제나라를 쇠락의 길로 몰아넣었다. 이 때문에 역아는 제나라를 어지럽힌 일대 간신으로 공소시효 없는 역사의 법정에서 두고두고 심판을 받고 있다.

역아의 음모술수에 대해 이야기하려면 환공부터 알아야 한다. 환공은 잘 알다시피 춘추시대를 호령하던 이른바 '춘추 5패'의 선두주자로, 천하에 명성을 떨친 명군이라 칭송 받는다. 그러나 역사상 적지 않은 명군들처럼 그 역시 단점이 있었고, 특히 만년에는 그간 자신이 일군 업적에 안주한 채 향락에 빠져 정치를 게을리 했다. 옳고 그름을 가리는 분별력을 상실하고 소인배들을 기용함으로써 비참한 죽음을 초래하여 만고에 통한을 남겼다. 게다가 그는 자신을 도와 패업을 이루게 해준 명재상 관중(管仲)이 역아를 비롯한 간신 소인배를 물리치라는 당부를 잊고 역아와 개방, 수조를 모조리 다시 기용하는 최악의 우를 범했다.

역대 최고의 명군과 최악의 간신이 공존하는 역설적인 현상이 도대체 어떻게 가능했을까?

가랑비에 옷 적시듯 권력자를 홀리다

다른 모든 음모가나 간신과 마찬가지로 역아의 행적 역시 그 자신의 기지와 모략에 따른 것이다. 역아의 주요 모략은 환공을 목표로 삼아 각별히 그의 비위를 맞추고, 그렇게 해서 얻은 총애를 바탕으로 권력을 취한 다음, 기세를 몰아 더 큰 권력을 빼앗는 방법으로 완성되었다. 역아의 대표적인 간신 행각을 더듬어보자.

한번은 환공의 애첩 장위희(長衛姬)가 병이 나 입맛을 잃었다. 이 정보를 입수한 역아는 환공의 환심을 얻을 수 있는 절호의 기회라 생각하고, 요리 솜씨를 발휘하여 장위희에게 맛난 요리를 바쳤다. 장위희는 역아가 해준 요리를 먹고 입맛을 되찾았고 병도 자연스럽게 나았다. 이때부터 역아는 장위희 곁을 떠나지 않는 총신이 되었다. 역아가 맛난 음식을 해다 바치면 장위희는 그것을 맛봤고, 장위희가 어떤 요리를 요구하면 역아는 아무리 특별한 것이라도 수단과 방법을 가리지 않고 구해서 갖다 바쳤다. 두 사람은 죽이 맞아 마침내 하루라도 없으면 죽고 못 사는 사이가 되었다.

이 때문에 장위희는 환공 앞에서 늘 역아에 대해 과분한 칭찬을 늘어놓았고, 가랑비에 옷 젖는다고 환공도 어느새 역아의 요리 솜씨에 관심을 갖기 시작했다. 관심이 호의로 바뀌는 것은 시간문제다. 호의가 믿음으로 바뀌는 것 역시 시간문제다. 판단력이 흐려지기 시작한 환공에게는 그 시간이 훨씬 짧을 수밖에 없다. 환공은 점점 역아의 요리에 빠져들었고, 그에게 호감을 갖기에 이르렀다.

자식을 삶아 바치다

하루는 환공이 역아에게 농담으로 "내가 평생에 안 먹어본 것이 없는데, 사람 고기는 못 먹어봤단 말이야. 사람 고기는 맛이 어떤지……"라며 말끝을 흐렸다. 이는 말 그대로 농담이었다. 그러나 말한 사람은 아무 뜻 없이 했지만 듣는 사람은 그게 아니었다. 역아는 이것이야말로 환공에게 확실히 아부할 기회라고 생각했다. 그의 두뇌가 즉시 돌기 시작했고, 주판알은 불똥을 튀었다.

역아는 자신의 권력욕을 채우기 위해 인간의 마음을 내팽개쳤다. 친아들을 죽여 자기 손으로 삶아서 정성스럽게 요리한 다음 직접 맛까지 본 것이다. 다음날 역아는 환공의 식사 때 비단을 덮은 쟁반을 환공에게 바쳤다. 비단을 벗겨보니 고급스러운 접시에 고기 요리가 먹음직스럽게 담겨 있었다. 보기에도 연한 육질이 마치 양고기 같았

자식을 삶아 요리를 바치는 역아 권력의 욕망에 사로잡힌 역아는 사람의 마음마저 버렸다.

다. 냄새도 환공의 식욕을 자극하기에 충분했다. 환공은 젓가락을 들고 고기 한 점을 입에 넣었다. 어린 양고기보다 달고 부드러웠다. 뒷맛은 더 환상적이었다. 자신도 모르는 사이 젓가락은 어느새 쟁반 위의 고기에 닿아 있었고, 순식간에 제법 큰 접시를 다 비웠다. 환공은 입맛을 다시며 연신 맛을 칭찬했다. 그러고는 회심의 미소를 날리는 역아에게 "대체 무슨 고기가 이렇게 연하고 맛난가?"라고 물었다. 역아는 황망히 무릎을 꿇더니 "사람 고기이옵니다"라고 답했다. 사람 고기라는 말에 환공은 깜짝 놀라며 "대체 어디서 가져온 사람 고기란 말인가?"라고 물었다. 그러자 역아는 태연하게 대답했다.

"이 고기는 신의 세 살 난 아들입니다. 군주에게 충성을 다하는 자는 그 집안을 돌아보지 않는다고 합니다. 주공께서 지난번 사람 고기를 맛보지 못했다고 하셨기에 제가 아들을 잡아 요리를 해서 주공께 바침으로써 충성을 나타내고자 한 것입니다."

당초 사람 고기라는 말에 환공은 갑자기 구토를 느끼며 역아를 나무랄 생각이었다. 그러나 역아의 말을 듣고 보니 그가 자식까지 삶아 바친 것은 자신에 대한 충성심이 자식에 대한 사랑보다 더한 것이 아닌가 하는 생각도 들었다. 그렇다면 이는 참으로 보기 어려운 충정이로다! 무한 권력자인 자신에게 그런 충정을 바치는 것이 어찌 보면 당연하다는 생각까지 들었다. 환공은 역아를 달리 보기 시작했고, 더는 의심하지 않았다. 자식을 삶아 바친 역아의 행동은 큰 효과를 보았고 몸값은 몇 배로 뛰었다.

관중과 포숙의 힘

소인배가 득세하면 충직한 사람들이 피해와 박해를 당하게 마련이다. 어질고 유능한 사람을 시기 질투하고 충성스럽고 선량한 사람을 해치는 것은 간신 소인배의 특기 아닌가. 환공의 총애를 얻은 역아는 수조, 개방 등과 결탁하여 재상 관중을 배제하려 했다.

환공이 춘추시대 최초의 패주로 우뚝 서는 데 절대적인 힘이 된 관중은 제나라의 대들보 같은 존재다. 따라서 관중은 간신들이 권세를 훔치는 데 가장 큰 걸림돌이다. 그리하여 역아와 수조, 개방 등은 기회 있을 때마다 환공 앞에서 관중을 헐뜯었고, 심지어는 관중이 권력을 찬탈하려 한다는 모함까지 서슴지 않았다. 그러나 관중에 대한 환공의 신뢰는 이들의 상상을 뛰어넘었다.

환공은 젊은 날 자신을 죽이려고 활을 쏜 관중을 포숙(鮑叔)의 절박한 요청으로 과감하게 용서하고 재상으로 발탁했다. 그 후 제나라를 부국강병으로 이끌면서 환공을 최초의 패자로 만들어준 주인공이 바로 관중이다. 두 사람의 관계는 평범한 인간관계의 차원이 아니었다. 환공이 아무리 역아를 총애한다 해도 관중에 대한 신뢰에는 비할 바

관중의 무덤 춘추시대 초기의 정치가이자 사상가인 관중(?~B.C. 645)의 무덤. 제나라 환공의 개혁 추진을 도와 제나라를 패권국으로 키웠다. 그러나 명철한 관중의 경고도 허물어져가는 환공의 심리 상태 앞에서는 소용이 없었다.

가 못 되었다.

한편 관중은 일찌감치 역아와 수조, 개방 등의 진면목을 간파하고 여러 차례 환공에게 이들 소인배를 경계하고 멀리하라고 충고했다. 더욱이 관중은 죽음을 앞두고 환공에게 역아 무리를 가까이하지 말라는 유언을 남기면서까지 이들의 위험성을 거듭 상기시켰다.

역아 무리에 대한 걱정은 포숙도 마찬가지였다. 관중이 세상을 떠난 뒤 포숙이 관중의 역할을 넘겨받았다. 지난날 관중을 환공에게 적극 추천하고 자신에게 돌아올 재상 자리까지 양보한 사람이 바로 포숙이다. 그는 공을 위해 사를 버릴 줄 아는 충직과 신의의 대명사 같은 존재다. 그가 없었다면 관중도 없었을 것이다.

관중과 습붕(隰朋) 등 유능한 재상 두 사람이 잇따라 세상을 떠나자, 환공은 포숙에게 재상을 맡아달라고 부탁했다. 마땅한 인물이 없는 상황인지라 포숙도 나라를 위해 재상을 맡을 수밖에 없었다. 대신 포숙은 역아와 수조, 개방 등 간신을 내쫓으라는 선결 조건을 내세웠고, 환공도 하는 수 없이 포숙의 조건에 동의했다. 이렇게 해서 세 간신이 궁중에서 쫓겨났다. 이로써 제나라의 양대 기둥 관중과 포숙의 충정과 역량이 확인되었다. 이때까지만 해도 제나라와 환공은 간신들의 발호를 제어할 힘과 판단력이 있었던 것으로 보인다. 그러나 포숙마저 세상을 뜨면서 최소한의 제동 장치도 힘을 잃기 시작한다.

구더기들의 부활

궁중에서 쫓겨난 간신들은 이 상황을 결코 인정할 수 없었다. 호시탐탐 재기의 기회만 노리며 정황을 예의 주시하고 있었다. 실패와 좌절을 결코 인정할 수 없었기에 바로 재기를 시도했다. 이들이 택한 방법은 치맛자락을 붙드는 것이었다. 즉 장위희와 친분 관계를 이용하여 장위희가 환공을 꼬드기게 하는 방법이다. 더욱이 이들에 대한 환공의 감정 또한 나쁜 것이 아니었다. 나이가 들수록 판단력이 흐려지고 적적한 생활에 싫증을 내던 환공으로서는 자신의 말이라면 뭐든 다 들어주며 비위를 기막히게 맞추는 간신들이 필요했다.

그러던 중 환공이 병을 얻어 자리에 누웠다. 입맛도 잃고 모든 것이 귀찮아졌다. 장위희는 역아를 불러 맛난 요리를 먹어보는 것이 어떻겠냐며 환공을 부추겼다. 환공도 기다렸다는 듯 동의했다.

먼저 궁으로 돌아온 역아는 수조와 개방도 불러들이도록 환공을 설득했다. 환공은 선선히 이들을 다시 불러들였다. 환공의 불찰과 단호하지 못한 태도에 화가 난 포숙은 그만 화병이 났고, 오래지 않아 그마저 세상을 버리고 말았다.

환공 묘 멀리 보이는 산봉우리 둘 중 하나가 환공의 무덤으로 알려져 있다. 무덤 규모는 입이 벌어질 정도지만 그가 어떻게 죽었는가를 생각하노라면 보잘것없는 요리사 하나의 위력에 새삼 두려움을 느끼지 않을 수 없다.

패주의 말로

충직하고 유능한 천하의 인재 관중과 포숙을 잃은 제나라는 제동 장치를 잃고 내리막길을 달리는 수레와 같은 신세가 되었다. 나이 들어 판단력을 잃은 환공은 갈수록 어리석은 길로 빠져들었다. 간신들의 말만 들으려 했고, 간신 무리는 이 틈을 타 자기 패거리를 조정 곳곳에 심는 등 대권을 수중에 넣었다.

간신배의 권력욕은 끝 간 데를 모른다. 권력을 위해서라면 무슨 일이든 서슴지 않는다. 말년에 접어든 환공은 자주 병으로 누웠고, 마침내 백약이 무효인 상태에 이르렀다. 편작(扁鵲)과 같은 명의도 별수 없었다. 역아는 환공의 생명이 얼마 남지 않았음을 알고 오래도록 숨겨둔 시커먼 야심을 드러내기 시작했다.

역아는 수조 등과 밀모(密謀)하여 궁정 쿠데타를 일으켜 자신들과 한패인 장위희가 낳은 무궤(無詭)를 국군 자리에 앉히기로 결정했다. 모든 권력을 단숨에 움켜쥐겠다는 것이었다. 역아는 먼저 환공에게 독수를 써서 그를 아무도 없는 싸늘한 냉궁에 감금하여 바깥세상과 격리시켰다. 환공을 돌보던 시종들을 다 내쫓은 것은 물론 물조차 주지 않았다. 가련한 패주는 자신이 기른 간신의 손에 격리되어 배고픔과 추위에 떨다가 냉궁에서 처참하게 죽어갔다. 춘추시대 5패의 첫 주자로 천하를 호령하던 당대의 영웅 환공은 허망하게 생을 마감했다.

유혈 쿠데타와 간신배의 몰락

환공이 사경을 헤매는 동안 역아 무리는 직접 궁정 시위병을 이끌고 궁정 곳곳을 엄밀하게 순찰하고 부서들을 단속하여 정보와 통로를 원천 봉쇄했다. 이 때문에 환공이 죽었는데도 조정 대신과 백성은 이 사실을 전혀 몰랐다. 환공이 죽자 역아는 즉시 쿠데타를 일으켜 무궤가 국군의 자리를 잇는다고 선포했다. 그리고 자신들을 따르지 않는 관리를 대량 학살했다. 궁중에는 삽시간에 피비린내가 코를 찔렀고, 죽은 지 67일이 지난 환공의 시체에는 구더기가 끓다 못해 냉궁 담장을 넘어 외부로 기어나갈 정도였다. 그 처참한 광경이란 차마 눈 뜨고는 볼 수 없을 지경이었다.

그러나 역아 무리의 반역 행위는 뜻대로 진행되지 않았다. 역아의 꿍꿍이와 환공의 판단력을 의심하던 관중이 생전에 유능한 태자 소(昭)가 국군의 자리를 계승할 수 있도록 제후국 사이에 명망이 높던 이웃 송(宋)나라 국군 양공(襄公)에게 뒷일을 부탁하는 등 여러모로 안배를 해두었기 때문이다.

역아가 쿠데타를 일으키자 태자 소는 즉각 송나라로 달아나 구원을 요청했고, 송 양공은 관중의 부탁대로 군대를 동원하여 제나라 정쟁에 개입했다. 양공은 태자 소를 호위하여 제나라로 돌려보내 국군의 자리에 오를 수 있게 했다. 태자 소는 제나라의 중신 고호(苦瓠) 등의 도움과 지지 아래 국면을 수습할 수 있었고, 인심을 얻지 못한 역아는 황급히 타국으로 도망치는 처량한 망명객 신세가 되었다.

권력과 간신 득세의 함수 관계

역아는 요리라는 어찌 보면 하잘것없는 재주로 환공의 환심을 샀다. 그는 자신의 욕심을 위해 어린 아들까지 삶아서 권력자에게 바치는 상상도 못 할 만행을 서슴지 않았다. 역아의 인간 같지 않은 짓거리를 지켜보던 관중과 포숙은 환공을 설득하여 간신 무리를 궁중에서 내쫓았다. 그러나 관중과 포숙이 차례로 세상을 떠나고, 나이가 들수록 판단력을 잃어가던 환공은 결국 역아 등을 다시 불러들였고, 그 결과 처참한 최후를 맞이한다.

그릇된 권력욕에 사로잡힌 간신에게는 브레이크가 없다. 최종 목적인 절대 권력을 향해 무조건 질주한다. 이 과정에서 방해가 되는 요소는 수단과 방법을 가리지 않고 무자비하게 제거한다. 필요하다면 부모 자식도 눈 하나 깜짝 않고 희생시킨다. 그러므로 간신은 기회가 왔을 때 제거해야 한다. 그 싹은 물론 뿌리까지 완전히 없애야 후환이

환공, 관중, 포숙 춘추시대 첫 패자로 천하를 호령한 환공과 그를 도와 제나라를 일약 강국으로 만든 관중과 포숙(왼쪽부터). 이 쟁쟁한 인물들이 간신 하나를 막지 못했다.

없다. 한순간 방심했다가 엄청난 재앙을 초래한 사례가 숱하게 많다는 사실을 잊지 말아야 한다. 환공도 그런 사례 중 하나다.

간신이 득세하는 토양은 권력이다. 장기간 지속되는 절대 권력은 특히 좋은 토양이 된다. 모든 권력은 부패하게 마련이고, 절대 권력은 절대 부패한다는 정치학의 격언은 동서고금을 막론하고 마음으로 받아들여야 할 진리에 가까운 경고다. 환공은 춘추 5패의 첫 주자로서 그 명성을 천하에 떨쳤지만 말년으로 갈수록 판단력을 잃고 간신에게 놀아났다. 권력자의 느슨해지는 판단력과 해이함 속으로 간신들의 야욕이 파고들 때 정치는 난맥상에 빠진다.

역아의 경우에서 보다시피 간신은 출세를 위해서는 자식의 희생도 꺼리지 않는다. 비열하고 저열한 품성은 바꾸기 어렵다. 바뀔 수 있고 바꿀 수 있다는 막연한 기대는 절대 금물이다. 이들의 준동을 사전에 막기 위해서는 정치와 사회가 준엄한 법질서와 엄격한 도덕적 수준을 요구해야 한다. 투명한 정치, 수준 높은 도덕의식, 공평무사한 처신이 간신의 득세를 막는 저지선이자 힘이다. 그리고 무엇보다 권력의 속성에 대한 권력자의 자각이 중요하다.

제나라 환공 시대 3대 간신배

간신	시대(생몰)	출신/직업	특기/간행
역아	기원전 7세기 중엽	옹읍 남쪽(지금의 섬서성 봉상현) / 노예 기술자	활쏘기, 요리 / 세 살 난 아들을 삶아 요리하여 환공에게 바침
수조	기원전 7세기 중엽	사인 / 궁녀 관련 일 담당	총명하고 재치가 넘침 / 환공의 생활, 습관, 기호는 물론 속마음까지 철저하게 헤아려 비위를 맞춤
개방	기원전 7세기 중엽	위(衛) / 의공의 큰아들로 제나라에 귀순	위나라 국군의 아들로 제나라에 사신으로 왔다가 철저한 아부로 환공의 환심을 사서 대부가 됨

비상한 두뇌와 세심함은 음모술수의 힘이다

비무극(費無極, B.C. 6C, 초)

비무극은 기원전 6세기 춘추시대 초(楚)나라 평왕(平王)과 소왕(昭王) 시기의 간신으로 음모와 아첨의 대명사다. 패거리와 작당하여 평왕의 즉위에 결정적인 공을 세운 투성연(鬪成然)을 죽이고 대부 조오(朝吳)를 추방한 일을 시작으로, 평왕이 며느리가 될 여자를 차지하게 만들고, 자신이 미워하던 태자 건(建)을 송으로 도망가게 한 다음 끝내는 죽게 만들었다. 이 과정에서 태자 건의 사부 오사(伍奢)와 그의 큰아들 오상(伍尙)을 처형했다. 좌윤 백극완(伯郤宛)을 죽이고, 양(陽)·진(晉) 두 집안을 도륙하는 등 온갖 만행을 저질렀다.

비무극이 몰고 온 여파는 초나라는 물론 중반으로 접어드는 춘추시대의 형세에 큰 영향을 미칠 정도였다. 오사의 작은아들 오자서(伍子胥)는 아버지와 형이 살해당하는 와중에 초나라를 탈출하여 오(吳)나라로 가서 공자 광(光, 훗날 오왕 합려闔閭)을 도와 그를 즉위시킨 다음 오의 군대를 움직여 초를 공격, 초를 거의 멸망 직전까지 몰고 갔다. 초나라는 이런 혼란을 겪으면서 급격하게 기울어 남방 강국으로서 중원 패권의 의지를 접을 수밖에 없었다. 비무극은 결국 영윤 낭와(囊瓦)와 심윤술(沈尹戌)에 의해 처형되었으나 그가 초나라와 주변 나라들에 끼친 영향력은 실로 엄청난 것이었다. 말 그대로 국제적으로 파문을 몰고 온 거물급 간신이다.

비무극은 정적을 해치는 수단에서 둘째가라면 서러워할 고수다. 지금까지 역사에서 잘 알려지지 않은 인물이지만, 간신으로서 악랄한 수단과 그 잔인함은 타의 추종을 불허한다.

'정변 만능주의' 시대의 필연적 산물

남방 장강 이남에 위치한 초나라는 중원의 제후국들과는 문화와 풍토가 다른 강국이었다. 기원전 8세기 무왕(武王, 미웅통)은 주 왕실과 대등한 관계임을 과시하기 위해 '왕'을 자칭했고, 기원전 7세기 후반부터 6세기 초반까지 장왕(莊王)이 춘추시대 패자로 군림하면서 위세를 떨쳤다.

그러나 장왕 이후 치열한 내부 정쟁으로 지도층과 국론이 분열되고 국력은 쇠퇴일로를 걸었다. 특히 기원전 541년 즉위한 평왕은 음모와 술수로 형인 영왕(靈王)과 초왕(初王)을 제거하고 즉위함으로써 초왕국의 쇠퇴를 재촉했고, 이 와중에 등장한 간신 비무극의 행적은 말 그대로 타오르는 불에 기름을 끼얹은 격이었다.

춘추시대 열국에서 벌어진 공통된 현상 가운데 하나는 '정변'을 통해 정권을 탈취하는 정치 행위가 보편화되었다는 점이다. 이런 정변들은 대부분 밀모의 방식으로 진행되었고, 이 과정에서 많은 음모가들이 등장할 수밖에 없었다. 정변의 주체가 강력한 카리스마를 가지고 지난 정권의 문제점을 인식하여 개혁 정치를 실행한 경우라면 정변에 따른 부작용은 최소화할 수 있었지만, 그것이 안 될 경우에는 비열하고 저급한 음모가가 권력을 좌우하는 변태적 정치가 횡행했다. 비무극은 바로 이런 시대적·정치적 분위기가 낳은 필연적 산물이다.

치밀한 연환계

정변으로 왕위를 찬탈한 평왕은 즉위 후 태자 건의 교육을 명망 있는 대신 오사에게 맡기면서 오사를 태부(太傅), 비무극을 소부(少傅 : 태부를 도와 태자를 이끄는 관원)에 임명했다. 그러나 비무극은 태자 건과 사이가 좋지 않았고, 특히 조야의 존경을 받는 대신 오사에게는 시기와 질투의 감정을 잔뜩 품었다. 때문에 비무극은 평왕 앞에서 늘 태자를 헐뜯고 모함했으나 별다른 효과를 거두지는 못했다.

 그 뒤 비무극은 미인계를 섞은 이른바 '연환계(連環計)'를 구사하여 끝내 평왕이 태자 건을 죽이게 만들었는데, 《좌전(左傳)》을 비롯하여 《사기(史記)》《여씨춘추(呂氏春秋)》 등에는 3단계에 걸친 비무극의 치밀하고도 악랄한 음모가 기록되었다.

1단계 : 며느릿감을 강탈하도록 사주하다

초나라 평왕을 꼬드기는 비무극 간신의 입술에는 1년 365일 사탕이 발려져 있어 누구라도 한번 맛보면 결코 잊지 못한다. 달콤하다는 생각이 드는 즉시 뱉어내고 내쳐야 한다.

평왕은 태자 건이 결혼할 나이가 되자 며느릿감을 물색하기 위해 비무극을 서방의 강국 진(秦)으로 보냈다. 진은 왕족 영(嬴)씨를 태자 건의 아내로 보내기로 했다. 영씨는 절세의 미모를 갖춘 여자다. 귀국한 비무극은 평왕 앞에서 영씨의 미모를 침이 마르도록 칭찬하는 한편, 기왕이면 영씨를 평왕이 차지하고 태자에게는 다른 여자를 구해주라고 꼬드겼다. 호색가 평왕은 별다른 주저 없이 비무극의 권유를 받아들여 며느릿감으로 물색한 진의 영씨를 자신의 처첩으로 삼았다.

2단계 : 태자를 멀리 보내다

연환계 음모의 1단계를 성공시킨 비무극은 여세를 몰아 다음 단계를 진행시켰다. 그것은 눈엣가시와 같은 태자 건을 평왕에게서 떼어 놓는 일이었다. 그는 평왕에게 중원의 강국 진(晉)과 패주 자리를 놓고 다투기 위해서는 진에 가까운 성보(城父, 지금의 하남성 보풍현)를 확장해서 태자에게 북방 국경을 관할하게 하는 것이 좋겠다고 건의했다. 태자의 아내감을 가로챈 평왕의 입장에서는 그날 이후 늘 태자의 존재가 마음에 걸렸던지라 비무극의 건의는 정말이지 '불감청(不敢請)이언정 고소원(固所願)'이었다. 이는 달리 말해 타이밍 면에서 비무극의 건의가 절묘했다고 할 수 있다. 그러나 이 모든 것이 비무극의 철두철미한 계획에 따라 안배된 수순에 지나지 않았다.

3단계 : 본격적으로 태자를 모함하다

태자가 지방으로 쫓겨난 이상 비무극의 음모는 거칠 것이 없었다. 태자 건이 성보로 간 지 1년 뒤 비무극은 평왕에게 무시무시한 역모 카드를 꺼내들었다.

"태자 건과 대부 오사가 성보를 거점으로 반란을 꾀한다는 첩보가 있습니다."

평왕은 비무극의 말을 믿으려 하지 않았다.

"조금만 있으면 초나라가 그 아이 것이 될 텐데 무엇 때문에 역모를 꾀한단 말인가?"

이에 비무극은 평왕의 아픈 곳을 들추고 나왔다.

"태자는 왕께서 자신의 아내감을 가로챈 것에 원한을 품고 있습니다. 그런 그가 군대를 통솔한 채 외지에 있으니 다른 제후들과 결탁하여 머지않아 우리가 있는 수도 영으로 쳐들어올 것입니다. 지금 제거하지 않으면 후회막급이 될 겁니다."

비무극의 말은 차라리 협박에 가까웠다. 태자를 외지로 보내자고 한 것도 비무극인데, 그렇다면 태자가 모반을 꾀할 수 있는 기반을 비무극이 마련해준 것밖에 더 되는가? 평왕은 태자의 아내가 될 여자를 가로챘다는 치명적 약점 때문에 비무극에게 끌려 다닐 수밖에 없는

평왕과 오사 비무극의 술수에 걸려든 평왕(왼쪽)은 태자 건의 스승 오사(오른쪽)와 오사의 큰아들 오상을 해친다. 작은 아들 오자서는 극도의 원한을 품고 초나라를 빠져나간다.

처지였다. 비무극의 말을 진짜 믿었다기보다는 그렇게 믿고 싶었기에, 태자를 제거하는 쪽이 차라리 속 편하다고 생각했을 가능성도 있다. 어쨌거나 비무극이 짜놓은 각본에 따라 움직이는 수밖에 없었다.

평왕이 비무극의 말에 따라 태자 건과 태부 오사를 소환하자 태자 건은 겁을 먹고 송나라로 도주했다. 오사는 수도로 돌아와 평왕에게 간신 비무극의 간악한 속내를 폭로하면서 충고했으나 평왕은 아예 귀를 닫고 오사를 감옥에 가뒀다. 비무극은 내친김에 오사의 두 아들 오상과 오자서까지 불러 모조리 처치하고자 했다. 오상은 소환에 응했지만, 작은아들 오자서는 가봤자 모두 죽으리라는 것을 알고 국경을 넘어 도주했다. 평왕과 비무극은 오자서가 예상한 대로 오사와 오상을 처형했다.

치밀한 음모의 내막

비무극이 태자 건을 제거하기 위한 3단계의 연환계 중 특히 관건이 되는 1단계는 태자 건의 아내감을 평왕이 가로채게 사주한 것이다. 태자의 신분과 지위에 위협을 가할 힘이 없는 상황에서 비무극이 태자를 제거하려면 평왕의 권세를 빌리는 수밖에 없었다. 그러나 피를 나눈 군왕의 자식으로 군왕에게 총애를 잃거나 군왕에게 태자를 바꾸겠다는 의사가 없는 상황에서 태자를 제거한다는 것은 불가능에 가까웠다. 비무극의 1단계 계책은 이 두 가지 모순을 동시에 해결해줄 수 있는 절묘한 수순이었다.

　비무극은 군왕과 태자 앞에 두 사람이 동시에 가질 수는 없는, 그러나 정말 갖고 싶어하는 물건을 던져놓고 서로 싸우게 한 것이다. 이는 두 사람의 마음에서 생겨나는 시기와 질투, 증오심을 자극하는 극렬한 내면의 투쟁을 동반하는 지독한 싸움이기도 했다. 비무극의 술수가 독하다는 것도 이 때문이다.

　비무극이 평왕과 태자 건 앞에 던진 것은 강산도, 금은보화도 아닌 두 사람 모두 탐내기는 하지만 공유할 수 없는 것이었다. 더욱이 이 물건은 누구에게 돌아가건 두 사람 사이에서 모순과 증오를 불러일으킬 수 있는 것이기도 했다. 비무극은 명목상 영씨를 태자에게 시집보낸다고 하고 실제로는 평왕에게 주었는데, 여기에는 군왕의 비위를 맞추려는 것 외에 두 가지 목적이 더 있었다.

　하나는 아내를 잃은, 아니 빼앗긴 태자가 평왕을 증오하게 만들려는 것이고, 다른 하나는 며느리를 빼앗은 평왕이 내심 태자를 경계하고 의심하도록 만드는 것이다. 비무극은 첫 번째 목적을 달성하자 이를 두 번째 목적을 위한 창조적 조건으로 이용했고, 두 번째 목적을 이용하여 태자를 제거하는 마지막 목표를 달성한 것이다.

미인계와 연환계의 절묘한 조합

계략을 실행하는 자는 상대방의 가장 취약한 점을 움켜쥐고 작은 것을 이용하여 상대방의 역량을 견제하거나, 이익 같은 것을 던져 두 세력 사이의 견제와 경쟁 관계를 조성한다. 이런 계책을 흔히 '연환계'라 부른다. 연환계의 목적은 자신이 제거하고자 하는 상대와 또 다른 강대한 세력을 벗어날 수 없는 모순과 갈등 속으로 끌어들이는 것인데, 그 목적은 남의 손을 빌려 상대를 제거하는 '차도살인(借刀殺人)'에 있다.

비무극은 태자 건을 제거하기 위해 미인계와 연환계를 함께 구사했다. 내용에 해당하는 미인계로 그 아버지(평왕)를 유혹했고, 형식에 해당하는 연환계로 두 사람을 견제하여 평왕과 태자 건 사이에 거의 불가능해 보이던 모순을 만들어내는 데 성공했다. 참으로 놀랍고 무서운 술수가 아닐 수 없다.

연환계의 작용으로 평왕은 태자 건을 꺼리고 미워하기에 이르렀고, 태자를 변방으로 보내자는 비무극의 건

초선 《삼국지연의》에서 왕윤은 초선을 이용하여 동탁과 여포를 이간하는 연환계를 구사했는데, 그 원조는 누가 뭐라 해도 비무극이다.

의에 동의한 것은 물론 태자가 모반을 꾀하려 한다는 근거 없는 모함까지 믿은 것이다. 태자 건은 도망치는 것 외에 다른 길이 없었다. 비무극은 평왕의 힘을 빌려 태자를 제거하는 데 성공했고, 이는 첫 계책이 순조롭게 진행된 결과다.

　미인계를 섞은 비무극의 연환계는 먼 훗날 나관중(羅貫中)의 소설 《삼국지연의(三國志演義)》에도 영감을 주었다. 왕윤이 초선을 이용하여 동탁과 여포를 이간한 대목이 바로 그것이다.

음모술수의 대가

비무극의 음모는 이렇듯 치밀하고 지독했다. 그 꿍꿍이속이 여간 깊지 않고서는 이런 계략이나 술책이 나올 수 없을 것이다. 비무극이 좌윤(영윤의 조수로 부재상급) 백극완을 모함하여 해치는 데 영윤(재상) 자상(子常)의 힘을 빌린 사건도 음모술수의 대가로서 그의 진면목을 잘 보여준다.

　당시 좌윤 백극완은 민심을 크게 얻은 명망 있는 중신이었다. 이를 시기 질투한 비무극은 그를 제거하기로 마음먹고 계책을 구상했다. 그는 먼저 백극완의 상관인 영윤 자상을 찾아가 "극완이 당신을 자기 집으로 초빙해서 술자리를 만들고자 합니다"라고 말했다. 그런 다음 이번에는 극완을 찾아가서 "영윤이 당신 집에서 술이나 한잔했으면 합니다"라고 말했다. 극완은 "영윤께서 우리 집을 찾아주신다면 더할 수 없는 영광이지. 내가 무엇으로 답례를 해야 하나?"라며 기뻐했다. 비무극은 "영윤은 갑옷 따위와 같은 병기를 좋아하니 집 안의 병기를 모두 문 뒤에 늘어놓고 영윤에게 보여준 다음 자연스럽게 그 병기들을 예물로 주면 좋을 것입니다"라고 일러주었다. 극완은 좋은 생각이라며 받아들였다.

 술자리에 자상을 초청한 그날, 극완은 비무극이 일러준 대로 각종 병기를 천막에 감춰두고 자상이 오길 기다렸다. 극완이 병기를 다 차려놓은 것을 본 비무극은 극완의 집을 나서 자상을 만났다. 그러고는 아주 당황한 표정을 지으며 "하마터면 제가 영윤을 해칠 뻔했습니다. 극완이 영윤을 초청한 까닭은 알고 봤더니 영윤에게 독수를 쓰기 위해서였습니다. 아, 글쎄 갑옷과 방패 등 각종 무기를 문 뒤에 숨겨놓았지 뭡니까?"라며 호들갑을 떨었다. 자상은 즉시 극완 집으로 사람을 보내 살피게 했고, 아니나 다를까 문 뒤 천막 안에 잔뜩 감춰진 무기를 확인할 수 있었다. 비무극의 참언을 믿을 수밖에 없는 상황에서 자상은 자신의 군대로 극완을 공격하여 극완과 그 가족을 모두 살해했다.

주도면밀한 '차도살인' 계략

비무극은 좌윤 극완을 제거하기에는 힘이 부족했으며, 동료를 살해했다는 오명을 쓰고 싶지도 않았다. 영윤 자상의 힘을 빌려야겠는데, 자상이 함부로 칼을 뽑을 리가 없지 않은가? 그래서 사기극을 기획하여 함정을 파놓고 자상이 자기도 모르게 그 함정에 빠져 비무극을 위해 칼을 휘두르게 만든 것이다.

 비무극은 손잡이가 둘 달린 부채를 휘두르듯 극완에게 자상을 초청하게 만드는 한편, 예물로 병기를 주도록 하는 장면을 안배했다. 여기까지는 아무 문제도 없었다. 그런데 자상이 연회에 가려는 순간, 갑자기 암초를 꺼내들어 극완의 술자리가 실은 자상을 해치려는 음모라는 것을 밝히면서 그 증거로 문 뒤에 숨겨둔(사실은 천막 안에 진열해놓은) 무기를 지목했다. 명명백백한 증거물 앞에 자상은 생각할 것도 없이 극완을 공격했다. 자상은 자신도 모르는 사이에 사람 죽이는 칼을 비무극에게 건네준 것이다.

비무극의 음모는 극완과 자상 두 사람을 동시에 속이는 것이었는데, 그는 두 사람에게 각기 다른 사기술을 취했다. 일단 두 사람에게 술자리 초청을 언급하여 먼저 병기를 예물로 주라는 명목을 앞장세워 극완에게 병기를 천막 안에 진열해놓도록 속인 다음 이것으로 자상을 속였다. 병기를 예물로 주기 위해 천막에 진열하는 행위와 실제로 무력을 발동하는 장면은 흡사하기 때문에 비무극의 모함에도 극완은 빠져나올 수가 없었다. 자상도 믿지 않을 수 없었다. 비무극은 각각 다른 방식으로 두 사람을 함정에 빠뜨려 그 속에서 서로 죽이게 했으니 여기서 승리자는 아무도 없다. 물론 사실상의 승리자는 비무극 자신이다.

비무극의 '차도살인' 계략은 주도면밀하기 짝이 없어 이를 막기란 대단히 어려웠다. 다만 이 계략의 성공 여부는 극완과 자상의 관계가 어느 정도였느냐를 전제로 하는 것이었다. 즉 두 사람의 소통이 원만치 못했고, 비무극은 이를 충분히 이용했기 때문에 성공할 수 있었다. 이런 계략을 예방하려면 함정을 간파하는 지혜가 있어야 할 뿐만 아니라, 최선을 다해 이 계략을 성공시키는 전제조건을 제거해야 한다.

지능형 간신이 남긴 여파

비무극은 음모와 술수로 정적들을 해치고 태자마저 제거하는 등 초나라 정국을 혼란으로 몰아넣었다. 영윤 낭와 등에 의해 끝내 제거되기는 했지만 그가 남긴 여파는 엄청난 것이었다. 그가 평왕을 등에 업고 권세를 부리는 사이 중신들은 끊임없이 투쟁했다.

특히 태자 건의 태부 오사를 해치는 과정에서 오나라로 달아난 오자서는 조국 초나라와 평왕, 비무극에게 극도의 원한을 품고 절치부심한 끝에 결국 오나라 군대를 이끌고 초나라를 공격하여 수도를 점령하고, 평왕의 시체를 꺼내 채찍질하는 전대미문의 보복을 행했다. 남방의 강국 초나라는 지리멸렬을 면치 못했다.

외교 면에서도 인재가 없어 주변 제후국에게 멸시 당하고 끊임없이 견제 당함으로써 제대로 기를 펴보지 못한 채 쇠퇴의 길을 걸었다. 간신 한 사람 때문에 치른 대가치고는 너무나 크고 가슴 아픈 일이 아닐 수 없다.

비무극의 등장은 시대적 상황이 낳은 산물이다. 춘추시대 거의 모든 나라에서 빈번하게 일어난 정변이 배태한 기형아라 할 수 있다. 여기에 권력욕과 색욕에 사로

오자서의 출관 오자서(?~B.C. 484)는 천신만고 끝에 초의 국경 관문인 소관을 빠져나간다. 오자서의 출관은 이후 걷잡을 수 없는 파장을 몰고 온다. 모두 간신 비무극이 남긴 후유증이었다.

잡힌 평왕이 비무극을 후원함으로써 그는 마음 놓고 간행을 저지를 수 있었다. 그러나 또 한 가지 간과해선 안 될 점은 비무극의 독하고 치밀한 계략이다. 요컨대 간신에게서 나타나는 공통점은 그들의 비상한 두뇌와 마음 씀씀이다. 역사상 수많은 충신과 청백리들이 간신에게 무참하게 당한 것도 이들의 지능과 능력을 깔보았기 때문이다.

방심하는 사이
쥐도 새도 모르게 파고들다

백비(伯嚭, B.C. 5C, 오)

 춘추시대 후기는 흔히 '오월춘추(吳越春秋)'로 불린다. 강남 동남부에 있던 오나라와 월나라의 패권 경쟁이 한 시대를 드라마틱하게 수놓았기 때문이다. '오월동주(吳越同舟)'라는 고사성어도 이런 배경에서 나왔다. 이 시대는 수많은 영웅과 군사, 다양한 모략가들이 자신의 개성을 마음껏 뽐냈다. 복수의 화신 풍운아 오자서, 명예롭고 지혜로운 은퇴의 상징 범려(范蠡), 병가의 성인으로 불리는 손무(孫武, 손자), 오·월의 최고 통치자 합려·부차(夫差)·구천(勾踐), 비운의 미녀 서시(西施)…… 이들의 개성 넘치는 활동으로 오월춘추는 중국 역사상 가장 극적이면서 흥미로운 시대로 남았다.

 오월춘추는 월나라가 오나라를 멸망시킴으로써 화려하게 막을 내렸다. 월나라는 한때 오나라에 의해 거의 망국의 지경까지 몰렸으나

'와신상담(臥薪嘗膽)' 끝에 상황을 역전시키고 끝내 오나라를 멸망시켰다. 오나라는 풍운아 오자서와 손자 등 많은 인재들을 기용하여 한때 춘추시대 패주의 자리까지 올랐으나, 그 명예를 오래 유지하지 못한 채 씁쓸한 결말을 맞이했다. 그런데 오나라의 어이없는 멸망에는 한 간신이 깊숙이 개입되었다.

오월춘추의 또 다른 축을 구성하는 이 간신은 은혜를 원수로 갚는 데 남다른 능력을 보여주었으며, 재물과 여색을 끔찍이 밝히던 간신의 전형적인 모습을 남겼다. 그는 자신과 같은 초나라 명문가 출신 오자서의 전폭적인 도움을 받아 오나라 대부로 출세의 길을 걸었으나 결국 오자서를 모함하여 해쳤고, 오나라도 망국의 구렁텅이로 몰아넣었다. 그가 바로 백비이다.

간신 백비의 신상명세

백비는 장강 남쪽의 강대국 초나라 출신이다. 초나라는 춘추시대에 북방 중원의 강국들과 어깨를 나란히 하면서 제후국 사이에서 상당한 정치적 영향력을 발휘했다. 백비는 그런 초나라 귀족 집안에서 태어났다. 할아버지 백주리는 원래 중원의 강국 진(晉)나라 백종의 아들이나 초에서 관직을 받았고, 아버지 백극완은 초나라 대부를 지냈다. 백극완이 비무극의 모함에 걸려 살해당한 사건은 '간신 비무극' 편에서 상세히 살펴봤다.

백비는 아버지가 살해당하는 와중에 초나라를 탈출, 오나라로 건너와 오나라 왕 합려에게 대부로 임명되었다. 그런데 이 과정에는 비무

오자서와 합려 오나라로 탈출한 오자서는 오왕 합려(?~B.C. 496)를 도와 오나라를 일약 강대국으로 만들고 초나라를 거의 멸망 직전까지 몰고 간다. 그 무렵 백비는 오자서의 도움으로 오나라에 둥지를 튼다.

극 때문에 아버지와 형님이 살해당하는 고통 속에서 백비보다 먼저 오나라로 건너와 합려의 측근이 된 오자서의 추천이 크게 작용했다.

백비는 탐욕스럽고 속임수에 능한 인물로, 인상도 험상궂어서 독수리 눈에 원숭이 코, 이리 몸통에 호랑이 걸음걸이를 가졌다고 한다. 재물과 여색을 밝혔고, 자기보다 나은 사람을 몹시 시기하고 질투했다. 물론 이 모든 것을 철저하게 숨길 수 있는 위장의 명수기도 했다. 백비는 오나라에서 벼슬을 받고 합려의 귀여움을 차지한 후 권력과 지위를 이용하여 탐욕스럽게 재물을 긁어모았고, 뇌물도 가리지 않고 받았다.

그는 자신의 이익을 위해 국익을 희생하는 것은 물론, 은혜를 잊고 의리를 저버렸다. 어려울 때마다 자신에게 도움의 손길을 뻗친 충신 오자서를 모함하여 끝내는 부차의 손으로 죽이게 만들었다. 이어 이제 막 강국으로 행세하려던 오나라의 패업을 순식간에 물거품으로 만들고, 월나라에게 망하는 데 결정적인 역할을 했다.

조국을 떠나 오나라로 오다

비무극의 모함으로 아버지 백극완과 가족들이 모두 죽임을 당하는 극한 상황에서 백비는 간신히 도망쳐 사방을 떠돌다 오자서의 소식을 접한다. 그는 자신과 마찬가지로 비무극의 모함으로 아버지와 형님을 잃은 오자서가 오나라에서 상당히 높은 자리에 있다는 사실에 희망을 가졌다. 그리고 그 희망은 희망으로 끝나지 않았다. 백비를 만난 오자서는 동병상련(同病相憐)의 처지를 안타까워하며 백비를 오왕 합려에게 추천했다.

오자서와 백비는 이전에 개인적 친분이나 공적인 관계가 전혀 없었다. 두 사람 모두 초나라 출신에 비무극이라는 공동의 원수가 있다는 점이 전부였다. 하지만 두 사람이 당한 비극적 상황은 다른 모든 조건과 관계를 뛰어넘어 두 사람을 급속도로 가깝게 만들었다. 여기에 자신의 즉위에 절대적인 공을 세운 오자서를 전적으로 신뢰하는 오왕 합려가 있었기에 백비가 오나라에 정착하는 것은 그다지 어렵지 않았다. 복수의 화신이라 할 수 있는 오자서는 백비에게 강한 동정심과 함께, 백비가 타국에서 외롭게 분투하는 자신의 처지를 이해하고 도울 수 있을 것으로 기대했다. 하지만 오자서의 순수한 뜻이 훗날 전개될 엄청난 비극의 씨앗이 될 줄은 아무도 몰랐다. 오자서도 백비도 합려도……. 인간은 그 자체로 늘 진화하는 동물이다. 그것이 좋은 방향이 되었건 나쁜 방향이 되었건 말이다. 간신도 끝없이 진화한다는 사실을 잊지 말아야 한다.

합려는 오자서의 추천을 받고 백비의 불행을 가엾이 여겨 그를 대부로 삼았다. 오자서와 함께 국정을 보좌하게 하는 특혜를 베푼 것이다. 망명객의 신세로 아무런 재능도 지략도 없고, 지금까지 어떤 공적도 남긴 적 없는 백비가 오나라에서 벼슬을 받고 오왕의 귀여움을 받을 수 있었던 것은 오로지 오자서 덕분이다. 오자서는 오갈 데 없는 백비를 위기에서 구했을 뿐만 아니라, 서방의 강국 진(秦)과 벌어진 전투에서 백비의 목숨까지 구해주었다. 그 경과를 잠깐 살펴보자.

첫 번째 기회를 놓친 오자서

기원전 506년 오왕 합려는 초나라 정벌에 나섰다. 손무가 대장으로, 오자서와 백비는 부장으로 참전했다. 오나라는 연거푸 다섯 차례 승리를 거두고 마침내 초나라의 수도 영도(郢都)를 점령했다. 오자서와 백비는 자신의 가족을 죽게 만든 평왕의 무덤을 파헤쳐 시체를 발로 밟고 300번이나 채찍질해 원한을 갚았다(유명한 고사성어 '굴묘편시掘墓鞭尸'가 여기서 비롯되었다). 평왕의 아들 소왕은 도읍을 버리고 가까운 수(隨)나라로 숨었다. 초나라의 멸망이 거의 눈앞에 다가왔다.

이때 오자서의 오랜 친구로 지난날 오자서의 도주를 묵인한 뒤 초야에 숨어 있던 신포서(申包胥)가 오자서에게 지나친 것 아니냐며 항변했다. 이에 오자서는 '(할 일은 아직 끝나지 않았는데) 날은 저물고 갈

길은 멀다'는 '일모도원(日暮途遠)'이라는 유명한 말을 남기고 초나라에 대한 공격의 고삐를 늦추지 않았다. 신포서는 자기 목숨을 바쳐서라도 초나라를 구하겠다는 결심을 하고 강국 진(秦)의 애공(哀公)을 찾아가 그의 처소 앞에서 7일 밤낮을 통곡하여 감동시킨 끝에 구원병을 얻는 데 성공한다. '진정지곡(秦庭之哭)'이란 고사성어는 이렇게 해서 탄생했다.

진나라 구원병이 초나라의 경내로 진입하자, 오나라 대장 손무는 초나라 땅이 워낙 넓고 민심 또한 오나라 편이 아니어서 오래 머물러 있으면 불리하다고 판단했다. 손무는 진의 군영으로 사신을 보내 초나라에 새로운 군주를 세워 민심을 다독거리자고 제안했다. 오자서는 손무의 판단에 전적으로 동의했다. 그러나 백비는 오나라 체면이 뭐가 되냐며 반대하고 나섰다. 백비는 "우리 오나라 군대는 지금까지 파죽지세로 전승을 거두며 여기까지 왔습니다. 그런데 지금 진의 군대가 왔다고 돌아갈 생각을 한다는 것은 비겁하기 짝이 없는 결정이 아닐 수 없습니다"라며 오왕 합려를 자극했다. 그러면서 1만 군사를 주면 진을 보란 듯이 무찌르겠다고 큰소리를 쳤다. 실패할 경우에는 군령에 따라 처벌을 받겠다고도 했다.

합려는 백비의 큰소리에 고무되어 손무와 오자서의 반대를 무릅쓰고 백비에게 군사를 내주었다. 결과는 참패였다. 게다가 백비는 진의 포위망에 갇혀 좌충우돌하던 중 오자서가 이끄는 구원병 덕분에 가까스로 목숨을 건졌다. 전투는 1만 군사가 대부분 전사하는 처참한 패배로 끝났다. 백비는 하는 수 없이 자신의 몸을 묶게 하여 합려 앞으로 나가 죄를 자인했다.

대장 손무는 무모하게 공만 세우려다 1만 군사를 잃은 백비는 군법

손무 춘추시대 제나라 출신의 병법가(B.C. 6C). 《병법》 13편을 지어 오왕 합려에게 보이고 그의 장군이 되어 초나라를 무찔렀다. 그는 백비의 정체를 비교적 정확하게 간파하고 일찌감치 제거할 것을 주장했으나, 인정에 끌린 오자서의 반대로 기회를 놓쳤다.

에 따라 목을 베어야 한다고 목소리를 높였다. 이런 자를 살려두었다가는 장차 오나라에 큰 근심거리가 될 것이라는 비교적 정확한 진단도 내놓았다. 그런데 이때 오자서가 다시 나서 군사를 잃은 것은 분명 잘못이지만 전에 세운 공적도 있고, 작은 잘못 때문에 장수를 잃는 것은 적을 앞둔 상황에서 오히려 손실이라며 손무의 주장에 반대했다. 합려 역시 당초 손무와 오자서의 견해를 따르지 않은 잘못도 있고 해서 백비를 처벌하지 않고 유야무야 사태를 수습하고 말았다.

오자서가 같은 나라 출신에 오갈 데 없는 백비를 거두고 합려에게 추천한 것까지는 인정상 충분히 수긍할 수 있다. 그러나 그동안 백비를 지켜보았을 테고, 대장 손무의 냉철한 분석이 있었는데도 백비를 옹호한 것은 분명 사소한 실수로 넘길 수 없는 대목이다. 요컨대 오자서는 간신 백비를 제거할, 아니 적어도 권력의 핵심에서 밀어낼 수 있는 첫 번째 기회를 하릴없이 날려버린 셈이다. 어쩌면 오자서가 이때까지도 백비의 본색을 간파하지 못했을 수도 있다. 역대 모든 간신들의 공통된 특기 가운데 하나가 기막힌 '위장술' 아니던가?

차려진 밥상, 드러나는 탐욕

기원전 496년 오왕 합려는 월나라의 국군 윤상(允常)이 죽은 틈을 타 월나라를 공격했다. 월왕 구천은 즉위하자마자 최대의 정치적 위기에 직면했다. 구천은 사형수들로 구성된 결사대에게 오나라 군사들이 보는 앞에서 자신들의 목을 베게 했다. 죄수들의 목에서는 검붉은 피가 솟구쳤고, 오나라 군대는 예기치 못한 상황에 어찌할 바를 몰랐다. 오나라 군대가 혼란에 빠진 것을 확인한 구천은 돌격대를 보내 맹공을 가했고, 막강한 오나라 군대는 대패했다. 더욱이 이 전투에서 오왕 합려는 월나라 대부 영고부가 휘두른 창에 발가락을 다쳐 형(陘)이란 곳에서 후유증으로 죽고 말았다. 합려는 죽기 전에 아들 부차에게 복수할 것을 신신당부했다. 이것이 오와 월의 본격적인 충돌로, 역사에서는 '취리(檇李) 전투'라 부른다. 오나라는 합려의 아들 부차가 왕위를 이어받아 사태 수습에 나섰다.

합려가 갑작스레 죽긴 했지만 전력이 막강한 오나라는 쉽게 흔들리지 않았다. 국상을 치르고 전력을 가다듬은 부차는 기원전 494년 아버지의 원수를 갚기 위해 군대를 일으켰다. 부차는 오자서를 대장에, 백비를 부장에 임명하여 태호의 물길을 따라 월나라를 공격하게 했다. 월왕 구천은 3만 병력으로 초산(椒山, 지금의 태호 초산)에서 오나라 군대를 맞이했다. 구천은 막강한 오나라 군대에게 대패해 병사 5000만 남긴 채 회계산(會稽山)에 갇혔고, 월은 멸망의 문턱을 오르내리는 상황에 직면했다.

이 절대절명의 순간에 월나라 대부 문종(文種)이 나서 다음과 같은 대책을 건의했다.

"오나라 태재(太宰, 당시 백비는 대부에서 태재로 승진했다) 백비라는 자는 재물과 여색을 무척 탐내는 자라 합니다. 또 다른 사람의 능력과 공을 시기하고 질투하는 성격이라 오자서와 함께 일을 하고는 있지만, 뜻이나 취향은 같지 않습니다. 게다가 즉위한 지 얼마 안 되는 오왕 부차는 아직 젊어서인지 아버지 합려의 전폭적인 신임을 받던 중신 오자서를 겉으로는 두려워하며 섬기지만, 속으로는 오히려 자신의 말에 고분고분한 백비를 은근히 가까이 두고 있습니다. 따라서 사람을 백비의 군영으로 보내 재물과 여색으로 환심을 사고 화의를 청하면 무슨 수가 생길 겁니다."

구천은 지푸라기라도 잡는 심정으로 도성에 사람을 보내 미녀 여덟 명과 금은보화를 모으게 했다. 백비에게는 문종이 직접 갔다.

월나라에서 사람을 보냈다는 소식에 백비는 처음에 접견을 거부했으나 사절이 빈손으로 오지 않았다는 사실을 알고는 문종을 불러들였다. 백비를 본 문종은 다짜고짜 큰절을 하며 사죄했다.

"저희 군주가 나이도 젊고 무지하여 오나라를 제대로 모시지 못하고 오왕께 큰 죄를 지었으니 후회스럽기 그지없습니다. 신하의 예의로 오나라에 복속코자 하는데, 행여 오왕께서 지난날 허물을 마음에 두어 받아들이시지 않으면 어쩌나 걱정이 되어 특별히 저를 태재께 보내 화의를 청케 한 것이옵니다."

잠시 침을 삼킨 문종은 쉬지 않고 말을 이어나갔다.

"저희 군주께서는 태재께서 오나라에서 큰 공을 세웠고, 오왕의 신임을 듬뿍 받는다는 사실을 잘 아십니다. 그래서 태재의 힘과 정을 빌려 오왕께서 저희를 신하로 받아주시길 바라는 바입니다."

말을 마친 문종은 가져온 예물을 백비에게 바치면서 "이것들은 저희 군주께서 태재께 드리는 보잘것없는 성의에 지나지 않습니다. 태재께서 화의를 위해 힘써주신다면 끊임없이 성의를 보일 것입니다"라고 덧붙였다.

푸짐한 예물에 기분이 좋아진 백비는 짐짓 무게를 잡으면서 "월나라의 멸망이 오늘 내일이면 결정 나고, 그때 가면 월나라의 재부가 모조리 우리 것이 될 판인데, 내가 이 정도 예물에 눈 하나 꿈쩍할 것 같은가? 당장 가지고 돌아가게!"라고 큰소리를 쳤다.

문종은 백비의 밥통이 여간 아님을 직감하고 공세를 취하기로 했다. "우리 월나라가 패하긴 했지만 아직 정예병 5000이 있습니다. 이들은 죽음을 각오하고 있지요. 만약 싸워 이기지 못한다면 월나라의 군신들은 국고에 쌓인 재물을 모조리 불사르고 초나라로 망명할 것입니다. 그렇게 되면 오나라가 무슨 수로 월나라의 재부를 차지할 수 있습니까? 만에 하나 오나라가 우리의 재물을 모두 차지한다 해도 그것을 전부 왕궁에 보관할 터이니 태재께 돌아갈 것이 있겠습니까?"

문종은 이렇게 눙친 다음 이해관계를 가지고 태재를 유혹했다. "태재께서 화의를 위해 힘써서 일이 성사된다면 저희 군주는 표면적으로는 오왕께 굴복하는 것이지만 실제로는 태재께 굴복하는 것입니다. 따라서 앞으로 오나라에 바칠 공물은 왕궁에 들어가기 전에 태재부로 들어갈 것이니 태재께서 월나라의 공물을 독차지할 수 있지 않겠습니까?"

문종은 백비의 마음속 깊은 곳을 건드렸다. 문종은 연신 고개를 끄덕이며 미소를 짓는 백비의 모습을 곁눈질하면서 깊은 한숨을 내쉬었다. 그리고 회심의 카드를 내밀었다.

"여기 여자 여덟 명은 모두 월나라 궁에서 선발된 미녀들입니다. 저희 군주께서 살아 회궁하시면 민간에서 더 많은 미녀들을 골라 태재께 바칠 것입니다."

오자서의 후회

월나라는 백비의 성품을 정확하게 간파했다. 이는 평소 월나라가 어떤 형태로든 백비에 대한 정보를 입수했다는 것을 뜻한다. 월나라는 오나라 최대의 허점인 백비를 정확하게 파고들었고, 재물과 여색의 유혹에 홀딱 넘어간 백비는 양국의 화의를 위해 사방팔방으로 뛰기 시작했다. 마치 자신이 월나라의 대변인인 것처럼.

백비는 문종이 가져온 뇌물을 받은 다음날 부차에게 달려가 월나라에서 항복하겠다는 의사를 밝혀왔다며 공격보다는 화의가 득이라는 논리를 펼쳤다. 부차는 두 나라는 같은 하늘 아래 공존할 수 없는 원수라며 화를 냈다. 이에 백비는 '무력이란 흉기와 같아 잠깐은 사용할 수 있지만 오래 사용해선 안 된다'는 손무의 말까지 인용하며 부차를 설득했다. 여기에 월나라의 풍요로운 재물과 미녀들까지 거론하며 부차를 노골적으로 유혹했다. 전날 오나라가 기어코 월나라를 공격한다면 모든 것을 불태우고 옥쇄하겠다던 문종의 말도 전했다.

백비의 현란한 설득에 부차는 태도를 180도 바꾸어 월나라의 화의 요청을 받아들이기로 했다. 오자서와 손무의 피를 토하는 반대에도 아랑곳하지 않았다. 오자서에 대한 아버지 합려와 아들 부차의 체감 온도는 근본적으로 다를 수밖에 없었다. 한 치 건너라는 말도 있듯이, 생사를 걸고 동고동락한 합려와 오자서의 관계를 부차 또한 그대로

부차 합려의 아들이자 오나라의 마지막 왕인 부차(B.C. 496~473 재위)는 오자서에 대한 부담감 때문에 백비를 더욱 가까이하게 된다. 간신은 늘 인간 심리의 취약한 부분을 기가 막히게 파고든다. 백비 역시 그랬다.

받아들이기를 기대했다면 큰 착각이 아니겠는가?

월나라는 국왕 구천이 부인과 문종을 대동하고 오나라에 들어와 오왕 부차를 직접 시중드는 성의를 보였고, 3년 뒤 부차는 구천 일행을 월나라로 돌려보내기로 결정했다. 그 사이 백비는 구천의 대변인은 물론 구천 일행의 보호자가 되었다. 매년 엄청난 재물과 미녀들이 백비의 집으로 수송되었고, 백비는 자신의 부와 권력을 이용하여 조정 곳곳에 패거리를 심는 데 심혈을 기울였다.

구천을 귀국시킨다는 소식을 들은 오자서는 황급히 달려와 이를 말렸다. 그러면서 오자서는 하나라 걸 임금이 상탕을 가두었다가 죽이지 않는 바람에 결국 상탕에게 당했고, 상나라 주 임금도 주 문왕을 유리성에 감금했으나 죽이지 못한 탓에 되레 당했던 역사를 들먹이며 "지금 월의 군주를 죽이지 않으면 하나라와 상나라 꼴이 나지 않을까 걱정입니다!"라고 충고했다.

부차는 순간 마음이 흔들려 구천의 귀국을 취소하고 죽이려 했으나 때마침 병이 나는 바람에 명령이 바로 집행되지 못했다. 백비는 이를 틈타 병이 났을 때 사람을 죽이는 일은 상서롭지 못하니 병이 나은 다음 시행해도 늦지 않다며 부차를 설득하는 한편, 구천에게 부차의 병간호를 하게 했다. 구천은 부차의 병세를 살핀 다음 그의 똥을 직접 맛보고는 조만간 병세가 호전될 것이라고 위로하는 등 극진히 시중을 들었다. 아니나 다를까, 부차의 병세는 얼마 뒤 호전되기 시작했고 구천의 시중에 감격한 부차는 결국 구천을 귀국시켰다.

오자서는 가슴을 치며 통탄했다. 그는 그제야 비로소 백비를 경계하기 시작했고, 지금까지 백비를 보호한 것을 후회했다. 그러면서도 여전히 자신의 힘으로 백비를 통제할 수 있다고 생각했다. 그러나 때는 늦었다. 백비는 오자서의 힘으로는 통제할 수 없을 정도로 커졌다. 오나라에서는 부차를 제외하고 누구도 백비를 힘으로 굴복시킬 수 없었다. 더욱이 부차마저 백비를 철두철미 신뢰하는 마당이니 백비의 권세는 말 그대로 절정에 올랐다. 오자서는 다시 한 번 가슴을 쳤다.

오나라에 드리워지는 어두운 그림자

천신만고 3년 만에 귀국한 구천은 회계에서 겪은 치욕을 씻기 위해 '와신상담(臥薪嘗膽)' '절치부심(切齒腐心)' 국력 재정비에 들어갔다. 월나라는 장장 20년 동안 계속될 '십년교훈(十年敎訓), 십년생취(十年生聚)'라는 대형 프로젝트에 시동을 걸었다. 회계의 치욕이라는 과거를 교훈 삼아 각 분야의 산업을 발전시켜 생산력을 높이고 국력을 신장시키는 국가 대발전 종합 계획이다. 이와 함께 오나라 국력을 약화시키기 위한 공작도 은밀히 진행시켰다. 매년 엄청난 재물과 여자, 오락거리 등을 오나라로 보내 권력층의 방탕한 생활을 유도하는 한

와신상담하는 월왕 구천과 월의 대신 문종, 범려 오나라는 숙적 월나라를 멸망 일보직전까지 내몰았다. 그러나 월나라로부터 뇌물을 받은 백비의 교활한 술수로 기회를 놓친다. 월의 대신 문종과 범려는 그 틈에 오나라 지배층을 이간질시켰다. 물론 오나라 백비의 아낌없는 도움을 받으면서. 사진은 월왕대 정자에 그려진 그림의 일부.

편, 기술자들을 대량으로 파견함으로써 각종 토목건축 사업을 일으켜 자원을 소모시켰다.

오왕 부차에게는 특별히 선발된 절세미인 서시(西施)를 첩으로 들여보내 정사를 게을리 하게 만드는 미인계를 구사했다. 가뭄이 들었다는 핑계로 오나라의 식량을 원조 받아 오나라 창고를 텅 비게 만드는가 하면, 풍년이 든 해에는 좋은 곡식 종자를 물에 삶은 다음 오나라에 보내 심게 하여 이듬해 오나라의 작황을 엉망으로 만들었다. 이런 뻔한 음모들이 오자서가 보는 데서 버젓이 진행되었다. 오자서의 반대와 충고는 늘 백비에게 차단되었기 때문이다.

이런 와중에 구천이 본격적으로 병기를 만들고 군사 훈련을 시작했다는 소식이 들려왔다. 오자서가 부차에게 황급히 이 사실을 알리고 "제 말씀이 의심스러우면 사람을 보내 확인하십시오"라고 충고했다. 구천이 군대를 정비한다는 말에 부차도 고개를 갸우뚱거리며 사람을 보내 사실 관계를 확인하게 했는데, 오자서의 말이 사실로 확인되었다. 부차는 백비를 불러 자초지종을 추궁했다. 그러나 백비는 조금도 당황하지 않고 "월왕이 대왕께 땅을 받는 은혜를 입었으니 당연히 군사로 그 땅을 지켜야 하지 않겠습니까? 군대는 나라를 지키는 근간이거늘 무엇을 의심하십니까? 모두 대왕의 군대입니다"라며 능청을 떨었다. 판단력을 상실한 부차는 백비의 말을 믿고 전혀 대비책을 강구하지 않았다.

백비는 대체 오나라 신하인지 월나라 신하인지 분간할 수 없을 정도가 되었다. 이는 물론 월나라의 끊임없는 뇌물 공세가 작용한 결과다. 수시로 보내는 막대한 재물 앞에 욕심 많은 백비는 정신을 차리지 못했고, 그 결과 철두철미 월나라의 대변인이 되었다. 아예 보호자로 자처하고 나설 정도였다. 오나라에 짙고 어두운 그림자가 드리워지고 있었다.

깊어가는 오나라의 모순과 갈등

한편 오자서는 혼신의 힘을 다해 월나라의 위험성을 경고하고 나섰다. 그는 부차에게 끊임없이 월나라는 오나라 몸속에 박힌 고질병과 같아, 제거하지 않으면 언젠가는 발병하여 월나라 전체를 해칠 것이라 경고했다. 더욱이 월나라의 범려와 문종은 당대 최고의 인재들로, 이들의 도움을 받는 월나라가 재기는 물론 장차 오나라의 가장 큰 근심거리가 될 것이라는 냉철한 분석도 제기했다. 오나라를 지탱하는 대들보와 같은 오자서의 경고인지라 아버지 합려만큼은 못했지만 부

서시 고대 중국의 4대 미녀 중 하나. 부차를 타락한 생활로 이끌기 위해 월은 서시를 보낸다. 부차는 서시에 빠져 나랏일을 내팽개쳤고, 백비가 이를 더욱 부추겼다. 사진은 범려호 안에 있는 서시의 석상.

차 역시 마음이 흔들리지 않을 수 없었다. 부차는 구천의 항복에 의심을 품기 시작했다.

이런 상황을 눈치 챈 백비는 과거 오자서가 원수의 나라인 초나라의 수도까지 점령하고도 초나라를 멸망시키지 않은 까닭이 무엇이냐며 물고 늘어졌다. 자신은 원수를 갚고도 초나라에게 너그럽다는 평가를 듣고, 오왕 부차는 월나라에게 각박한 군주라는 악평을 듣게 만들려는 것 아니냐는 말도 안 되는 논리로 오자서를 공박하고 나섰다. 또 양식을 빌려주지 말자는 오자서의 논리도 결과적으로는 오왕 부차를 악덕 군주로 만드는 일이라며, 지난날 오자서가 탕이 걸을, 무왕이 주를 토벌한 사례를 든 것을 가지고 오자서가 부차를 걸이나 주에 비유한 것 아니냐며 억지 논리를 들이댔다.

백비에게 완전히 쏠려 있던 부차로서는 백비의 논리에 고개를 끄덕였다. 게다가 월나라가 공급하는 재물과 각종 오락, 미녀 서시에게 빠져 한없이 편안한 생활을 하던 부차로서는 새삼 월나라를 공격하기 위해 군대를 일으키는 것 자체가 내키지 않았다. 부차는 오자서의 충고가 잔소리로 들리기 시작했다.

오자서의 충정과 백비의 사욕이 일대 충돌을 일으켰다. 백비는 부차와 오자서의 미묘한 감정의 골을 놓치지 않고 파고들었다. 선왕 합려 때부터 오자서와 부차를 지켜봐온 백비가 그 틈을 놓칠 리 없지 않은가? 더욱이 오자서에 대한 선왕 합려와 그 아들 부차의 신뢰는 강도는 물론 심도 면에서 현격한 차이가 있었다. 백비는 오자서가 자꾸 어진 임금을 포악한 군주로 몰고 있다며 은근히 부차의 심기를 건드렸고, 부차는 갈수록 오자서의 충고가 듣기 싫어졌다.

상황이 이에 이르자 백비는 오자서를 완전히 제거하기로 마음먹었다. 그리고 기회는 생각보다 빨리 찾아왔다.

아, 오자서여!

자신의 충고가 번번이 좌절되는 것을 본 오자서의 마음은 착잡하기 이루 말할 수 없었다. 오나라의 앞날에 먹구름이 드리워지고 있음을 직감한 오자서는 불가항력의 절망에 서서히 무릎을 꿇었다. 그는 자신의 앞날에 대해 깊이 생각하기 시작했다.

이 무렵 부차는 중원의 패권을 차지하기 위해 진(陳)·채(蔡)·제(齊)를 잇따라 정벌하고 북상하여 중원으로 발을 뻗치려 했다. 기원전 484년에는 노나라와 연합하여 제나라를 정벌했다. 월왕 구천은 이 기회를 놓치지 않고 부차에게 북진을 부추겨 오나라의 힘을 뺄 요량으로 특별히 사신을 보내 축하하는 한편, 군사 3000을 내어 오나라가 제나라를 정벌하는 데 힘을 보태겠노라며 장단을 맞췄다. 부차는 마치 제나라를 정복한 것처럼 흥분했다. 그러나 오자서의 마음은 무거

왔다. 그는 다시 월나라의 의도를 분석하며 제나라 정벌을 중지하라고 부차에게 충고했지만, 이미 그는 힘이 빠질 대로 빠져 있었다.

오자서의 끝없는 충고에 그렇지 않아도 싫증을 느끼던 부차는 이번 만큼은 그냥 넘어가지 않고 크게 성을 냈다. 백비는 이 틈을 놓치지 않고 부차에게 오자서를 제나라 사신으로 보내 제나라의 손을 빌려 오자서를 제거하라는 계책을 제안했다. 부차는 선뜻 백비의 제안을 받아들여, 오자서에게 노나라를 속이고 오나라를 기만한 제나라의 죄를 묻겠다는 내용의 외교문서를 가지고 제나라로 가게 했다. 오자서는 자신의 고단한 처지와 오나라의 위기를 걱정하면서 제나라로 떠났다. 오자서는 이 길에 아들 오봉(伍封)을 데리고 가서 평소 관계가 좋던 제나라 친구 포(鮑)씨에게 맡겼다.

오나라의 의도를 간파한 제나라는 오자서가 부차는 물론 백비와 심한 불화를 겪는다는 사실을 알고, 오자서를 돌려보냄으로써 갈등을 증폭시켰다.

부차는 오자서의 만류에도 제나라 정벌을 단행하여 승리를 거두었다. 모두 크게 도취하여 부차의 승리를 축하했지만 오자서의 마음은 전혀 편치 않았다. 이 작은 승리가 큰 재앙의 도화선이 될 것이라는 불길한 예감 때문이었다. 그래서 축하 연회에도 참석하지 않았다.

백비가 이 기회를 놓칠 리 없었다. 그는 한창 흥이 오른 부차 앞에서 "오자서가 승리를 못마땅하게 생각해서 연회에도 참석하지 않았습니다. 나라의 중신으로서 안팎으로 모범을 보여야 하거늘 늘 불만에 차서 원망의 말만 늘어놓으니 이게 신하로서 할 도리입니까? 선왕의 총애가 아무리 컸다지만 이런 작태는 왕을 능멸하는 것입니다"라고 헐뜯었다. 그리고 잠시 뜸을 들이더니 "게다가…… 이런 말씀 드

오자서 무덤 뒤늦게 백비의 진짜 모습을 안 오자서가 혼신의 힘을 다해 기울어가는 오나라의 운명을 돌이켜보려 했지만 역부족이었다. 오자서는 통한을 품고 부차가 준 검으로 자결했고, 얼마 뒤 오나라도 멸망했다.

리기 뭐 합니다만, 이번에 제나라로 갈 때 아들을 데려가서 포씨에게 맡기며 뒷일을 부탁했다고 합니다. 이는 반역에 해당합니다!"라며 결정타를 날렸다.

부차 역시 이 기회를 기다렸는지 모른다. '반역'이란 단어가 나오기 무섭게 자신의 보검 '촉루검(屬鏤劍)'을 보내 오자서에게 자결하도록 압박했다. 오자서는 촉루검을 받아들고 만감이 교차하는 듯 하늘을 우러러 통곡을 한 다음, 백비의 헛소리를 믿은 부차를 한바탕 욕하고 오나라가 머지않아 멸망할 것이라는 저주의 말과 함께 다음과 같은 섬뜩한 유언을 남기고 목을 그었다.

"내가 죽거든 내 두 눈알을 고소성(姑蘇城) 동문 위에 걸어 언젠가 월나라 군대가 그 성문을 통해 들어와 오나라를 멸망시키는 모습을 똑똑히 보게 하라!"

오나라의 패망과 백비의 몰락

오자서의 죽음은 오나라의 멸망을 알리는 마지막 조종이었다. 기원전 482년 오나라는 어려운 경제 상황에도 제나라 정벌에 나섰고, 가뜩이나 엉망이 된 경제력과 산업 기반은 파탄 지경에 이르렀다. 중원 패자에 대한 강렬한 욕심에 사로잡힌 부차는 진(晉)나라와 패권을 다투기 위해 정예병을 이끌고 황지(黃池, 지금의 하남성 봉구 서남)로 와서 제후들의 회맹을 소집했다. 국내는 태자에게 맡겨두었다.

바로 이때 20년을 넘게 복수의 칼을 갈던 월나라가 마침내 오나라를 등 뒤에서 공격하기 시작했다. 월나라 군대는 파죽지세로 오나라의 수도 고소성으로 쳐들어왔고, 역부족인 태자는 급히 부차에게 사신을 보내 급보를 알렸다. 그러나 상황은 돌이킬 수 없을 정도로 기울었다. 부차가 서둘러 귀국했지만 오나라 군사들은 전의를 상실했고, 전투는 속수무책으로 악화되었다. 부차는 그 옛날 월나라가 회계에서 그랬던 것처럼 백비를 보내 화의를 구걸했다.

오나라를 단숨에 멸망시키기 위해 일정한 시간이 필요했던 월나라는 일단 화의를 받아들였지만, 기원전 475년과 473년에 다시 대군을 동원하여 오나라를 초토화시켰다. 부차는 대부 왕손락을 시켜 비굴한 내용의 국서를 전달하게 하면서 다시 화의를 구걸했지만 월나라는 받아들이지 않았다. 부차는 수치와 분통을 안고 스스로 목숨을 끊었다. 그는 죽어 오자서를 볼 면목이 없으니 자신의 얼굴을 천으로 덮어달라는 유언을 남겼다. 오나라는 멸망했고, 월왕 구천은 보무도 당당하게 고소성으로 입성하여 오나라 문무백관의 인사를 받았다.

오나라 문무백관은 모두 침통한 표정으로 고개를 숙인 채 월왕 구천의 일장 훈계를 치욕스럽게 감수해야 했다. 그러나 백비만은 회심의 미소를 지었다. 자신은 누가 뭐라 해도 오나라 멸망에 큰 공을 세우지 않았는가? 월나라의 든든한 후견인이 누구인가? 바로 나, 백비 아닌가? 백비는 큰 상을 상상하며 흐뭇한 표정을 감추지 못했다.

백비는 가벼운 발걸음으로 나와 구천을 향해 큰절을 올리며 갖은 형용사를 동원하여 일생 최대 최고의 축하 인사말을 올렸다. 구천도 넉넉한 미소로 백비의 인사에 답하며 천천히 입을 열었다.

"당신이 오나라의 태재로군! 내가 어찌 감히 당신을 받아들일 수 있겠는가? 당신 왕은 지금 양산(陽山, 부차가 죽어 묻힌 곳)에 있으니 그곳으로 가보시게나!"

구천은 오자서를 대신하여 복수해주겠다며 망나니를 불러들여 그 자리에서 백비의 목을 자르게 하고, 그 가족도 모조리 죽였다. 패가망신(敗家亡身)은 말할 것도 없고, 나라도 망치고 자기도 망친 '망국망신', 이것이 간신 백비의 말로였다.

간신은 방심의 산물

간신 백비에 대해 공자의 수제자 자공은 다음과 같은 냉철한 논평을 남긴 바 있다.

> 태재 백비는 일을 처리함에 있어서 군주의 잘못에 순종하는 것으로 자신의 사욕을 채웠으니, 나라를 해치는 통치였다.

서문 오자서가 축조한 것으로 전하는 오나라 도성의 흔적을 남기고 있는 서문(胥門). 이것으로 오자서는 외부의 적을 방어할 수 있었지만, 내부의 간신마저 막아주지는 못했다.

실제로 백비는 개인의 사욕을 도모함으로써 부차의 망국의 화를 키웠다. 간신에 어리석은 군주, 이것이야말로 망국으로 이르는 절묘한 앙상블이 아닐 수 없다.

능력 있고 충직한 사람들이 간신에게 당하는 가장 큰 이유는 무엇보다 간신을 무시하거나 얕잡아보기 때문이다. 간신에 비해 모든 면에서 우월하다는 자만에 빠졌다가 엉겁결에 기습당하거나 불의의 공격을 당한다. 방심이 문제다.

오자서는 백비를 충분히 그리고 언제든지 통제할 수 있다고 자신하여 방심했다. 그 결과 언제부터인가 백비를 통제할 수 없었고, 뒤늦게 백비를 통제하려고 무리수를 둔 결과 왕의 신임마저 잃는 결과를 자초했다. 여기에 오자서의 인정상 약점도 간신 백비가 힘을 키울 수 있는 든든한 배경이 되었다.

오자서에 대한 합려와 부차의 신뢰에 본질적인 차이가 있다는 것도 지적해야 할 점이다. 백비는 이 미묘한 차이를 절묘하게 파고들었고,

오자서는 합려와 자신의 관계에서만 부차를 인식하는 우를 범했다.

부차와 오자서, 백비의 미묘한 관계는 결국 갈등과 불화로 비화되었고, 이런 상황은 호시탐탐 재기와 복수를 노리던 월나라에 탐지되었다. 탁월한 정치가였던 월나라의 대신 범려와 문종은 오나라 지배층의 갈등 관계를 한껏 이용하여 이들을 이간질했다. 특히 탐욕스러운 백비를 집중 공략하여 자기편으로 포섭, 충신 오자서를 끝없이 모함하게 만들었다. 백비의 탐욕이 월나라에게는 재기와 복수를 위한 절호의 기회를 준 반면, 오나라에게는 치명적인 약점을 드러내게 한 것이다.

요컨대 간신은 한시도 게을리 하지 않고 방심하는 틈을 노리며, 기회를 잡으면 절대 놓치지 않는다. 간신은 나쁜 존재일 뿐만 아니라 무서운 존재다. 간신이 나라를 멸망으로 이끄는 것도 문제지만, 나라를 망치기 때문에 더 큰 문제다. 간신은 방심의 산물이며, 도덕적 잣대의 눈에 잘 보이지 않는 느슨한 눈금 하나 사이로 쥐도 새도 모르게 파고드는 존재다. 간신은 눈에 잘 보이지 않는 어둠의 '사탄'이자 방심을 먹고 무럭무럭 자라는 상대적 '악'이라는 사실을 자각해야 한다.

세 치 혀의 현란한 언변으로
진실의 귀를 막다

조고(趙高, ?~B.C. 207, 진)

기원전 207년 중국사 최초의 통일 제국 진(秦)이 낳은 기형아 간신 조고(趙高)가 죽었다. 무너져가던 제국의 멸망 속도는 조고의 죽음과 함께 가속페달을 밟고 절벽 아래로 곤두박질했다.

조고는 중국 역사에서 빠지지 않고 언급되는 거물급 간신이다. 선조는 조(趙)나라 사람이고 진나라로 이주했다. 아버지가 죄를 지어 궁형(宮刑)을 당하고, 어머니는 관노가 되었다. 궁에서 태어난 조고는 성장 후 아버지와 마찬가지로 궁형을 자청하여 궁중에서 일하며 지냈다. 성품이 교활하고 속임수에 능했으며, 사람의 속마음을 파고드는 재주가 있어 환관의 신분에서 한 단계 한 단계 승진을 거듭하여 끝내는 제국의 방향을 좌우하는 재상의 자리에까지 올랐다. 그는 평생 동안 잔꾀와 속임수로 나쁜 짓을 일삼은 전형적인 거물급 음모가이자 간신이었다.

시황제의 마음을 파고들다

조고는 출신이 비천하지만 신체가 건장하고 힘이 남달랐을 뿐만 아니라 총명했다. 궁중에서 자라며 이것저것 보고 들었고, 보다 높은 곳으로 올라가기 위한 재주를 배워나갔다. 눈치 빠르고 교활한 조고는 모든 일의 상황이 어떻게 전개될지에 대한 이해가 빨랐고, 궁중에 출입하는 사람이면 지위 고하를 막론하고 그들을 기쁘게 하는 데 남다른 능력을 보였다. 이 때문에 많은 사람이 그의 총명함과 수완, 겸손함을 칭찬했으며, 나중에는 진시황(秦始皇)의 귀에까지 이 사실이 전해져 그를 곁에 두기에 이르렀다.

조고는 진시황이 법가(法家)의 논리를 중시한다는 사실을 알고 그의 비위를 맞추기 위해 법률, 특히 형법을 열심히 공부했다. 그는 수많은 사례를 검토하면서 이를 일일이 기록하는 열의를 보였고, 진시황은 이런 조고를 두고 "힘이 세고 법률에 정통하다"며 자신의 수레와 옥새를 관리하는 자리에 임명했다. 뿐만 아니라 작은아들 호해(胡亥)를 책임지고 가르치게 하는 중책까지 맡겼다.

호해의 사부가 된 조고는 늘 내궁을 출입할 수 있었고, 자연스럽게 진시황과 더 가까워졌다. 그는 자신의 자리가 어디에서 오는 것인지 잘 알았으며, 어떻게 하면 계속 더 높은 곳으로 오를 수 있는지도 알았다. 그는 자신에게 주어지는 모든 기회를 이용하여 진시황에게 계책을 올렸는데, 그 내용은 법치 강화와 엄격한 법 적용 등 진시황의 구미에 딱 맞는 것들이었다.

　이와 함께 호해의 마음을 파고들기 위해 온갖 수단을 동원했다. 최고 권력자 진시황이 어찌된 일인지 능력과 명망을 갖춘 큰아들 부소(扶蘇)보다 우유부단하고 나약한 작은아들을 귀여워했기 때문이다. 조고는 호해의 환심을 사는 것이 진시황의 더 큰 신임을 얻는 길이라는 사실을 타고난 동물적 감각으로 알아챘다. 더욱이 진시황이 세상을 뜬 뒤라도 기댈 언덕이 필요하지 않은가? 그러니 호해와 가까이 지낼 수 있는 기회를 어찌 그냥 버릴 수 있단 말인가! 꿍꿍이속이 남다르고 야심까지 갖춘 조고는 앞으로 벌어질 일과 그에 따른 손익계산서를 뽑아둔 상태였다.

떨어진 천하 통일의 별

기원전 210년 겨울. 진시황은 백성들의 들끓는 원성을 뒤로한 채 다섯 번째 전국 순시에 나섰다. 천하를 통일한 진시황은 자신의 업적을 자랑하고 전국 각지에 대한 통제력을 강화하기 위해 1, 2년 간격으로 직접 전국을 순시했다(이를 순수巡狩, 순행巡幸이라 부른다). 순시에는 대규모 수행원과 엄청난 물자가 소모되었다. 황제의 수레를 책임진 중거부령 조고도 당연히 수행 대열에 포함되었다. (서한을 건국하는 데 큰 공을 세운 '서한삼걸'의 한 사람인 장량張良은 진시황의 이런 순시를 이용하여 진시황을 암살하려다 실패한 바 있다.)

　이번 순수 노선은 대체로 풍경이 아름다운 강남의 오·초·월이기 때문에 공자 호해도 아버지 진시황에게 동행하고 싶다는 청을 넣었

진시황 순시도 중국을 최초로 통일한 진시황(B.C. 259~210)은 B.C. 220년부터 1~2년마다 전국 순행에 나섰다. 기원전 210년 진시황의 전국 순시는 진나라뿐만 아니라 천하의 운명을 가르는 일대 전기를 가져다 주었다.

다. 당초 진시황은 동의하지 않았지만 조고의 거듭되는 권유에 못 이겨 호해를 데려가기로 했다. 우승상 이사(李斯)와 장군 몽의(蒙毅) 등이 함께 수행하게 되었다.

강남 순수 길에 오른 진시황은 흥이 나서 운몽택(雲夢澤, 지금의 호북성)을 유람한 다음 전당강(錢塘江) 쪽으로 내려가서 항주(杭州)를 유람했다. 그리고 다시 회계산(會稽山, 지금의 절강성 소흥시 동남)에서 대우(大禹)에게 제사를 드리고 북상하여 낭야(琅琊, 지금의 산동성 교남현)에서 불로장생 약을 구하려 했다.

그러나 누가 알았으랴? 이 순시가 진시황의 마지막 순수가 될 줄. 하늘의 뜻인지 우연인지 몰라도 이때가 진시황이 막 50세를 넘긴 시점이기도 했다. 진시황이 귀로에 올랐을 때는 날이 더워지기 시작하는 여름으로 접어들었다. 진시황 일행이 사구(沙丘, 지금의 하북성 광종현)에 이르렀을 때 진시황이 갑자기 쓰러졌다. 수행원들은 진시황이 금세 자리를 털고 일어날 것으로 생각했다. 하지만 진시황은 자신의 죽음을 직감했다.

역사가 방향을 트는 순간

죽음의 그림자가 눈앞에 어른거리는 상황에서 진시황은 후계자 문제를 생각했다. 자신과 잘 맞지 않는다고 해도 태자 부소는 큰아들이자 황제감이다. 진시황은 길게 생각하지 않고 조고를 불러 유서를 받아쓰게 했다. 즉시 부소를 불러들여 함양(咸陽, 지금의 섬서성 함양시)에서 장례식을 치르고 황제 자리를 이어받도록 하라는 게 요지였다. 유서가 완성되었고, 진시황은 이를 전달할 사자를 부르기 직전에 숨을 거두고 말았다.

유서를 기록한 죽간을 잘 갈무리한 다음 부소에게 보낼 사자를 불

진시황의 죽음 사구에서 갑자기 쓰러진 진시황은 결국 일어나지 못했고, 이 극적인 순간에 조고의 놀라운 음모가 진행되었다.

러야 할 조고는 진시황의 숨이 넘어가는 순간 눈이 번쩍 뜨였다. 그의 영리한 머리와 영악한 꾀가 바람개비처럼 돌기 시작했다. 조고는 유서의 내용을 다시 쓰기로 마음먹었다. 옥새가 자신의 수중에 있는 이상, 또 유서를 자신이 직접 받아 쓴 이상 유서 조작은 별로 어려울 것이 없다.

유서의 내용대로 부소가 수도 함양으로 돌아와 상을 치르고 2세 황제로 즉위하는 날에는 자신의 앞날을 예측하기 힘들다. 강직한 부소의 성품으로 보아 자신을 가만 두지 않을 것이 뻔하다. 아무리 호해가 바람막이가 되어준다 해도 한계가 있을 것이다. 게다가 부소에게는 병권을 쥔 몽염(蒙恬)·몽의 형제가 있다. 부소가 황제가 되고 나면 조고로서는 별다른 수가 없다. 따라서 유서의 원본이 전달되어선 안 된다. 그렇다면 유서를 조작하는 길밖에 없는데 내용을 어떻게 바꾼단 말인가? 이때 조고의 뇌리를 스친 것은 작은아들 호해다. 그렇다! 좀 모자라는 호해를 이용하는 수밖에 없다.

역사의 물줄기를 바꾼 현란한 언변

한 시대의 지표라 할 수 있는 거물 진시황이 사구에서 돌연 쓰러졌다. 유서는 환관 조고의 손에 들어갔다. 이때부터 조고의 현란한 농간이 펼쳐진다. 역사에서는 이를 '사구 정변'이라 부른다. 군대가 동원되지 않았지만 틀림없는 쿠데타다. 조고는 지체 없이 호해를 찾았다.

"황제께서 여러 아들을 왕으로 봉하지 못한 채 돌아가셨습니다. 다만 큰아들에게 유언을 남기셨습니다. 이제 큰아들이 함양에 도착하면

곧 황제로 즉위하실 것입니다. 왕자께서는 한 뼘의 땅도 가지지 못 하실 테니 어쩌면 좋겠습니까?"

조고는 호해의 의중을 슬그머니 떠봤으나 정작 호해의 반응은 뜻밖에 무덤덤했다.

"그야 당연하지 않은가? 현명한 군주는 신하를 알아보고, 현명한 아버지는 자식

호해 진나라의 2대 황제로 이세황제(二世皇帝)라고도 한다. 간악한 조고에게 호해는 상대가 아니었다. 몇 마디 설득에 맥없이 주저앉아 조고의 음모에 손을 들어주었고, 허수아비 황제 노릇에 만족했다. B.C. 230~207.

을 알아본다고, 아버지가 돌아가시면서 아들들을 왕으로 봉하지 않으셨는데 무슨 할 말이 있겠는가?"

조고의 의도를 알지 못하는 호해가 할 수 있는 모범적인 대답이다. 조고는 정색을 하고 호해의 말을 가로막는다.

"그렇지 않습니다. 지금 천하의 권력을 잡느냐 잃어버리느냐는 왕자님과 승상 이사, 그리고 이 조고에게 달렸습니다. 왕자께서는 이 일을 신중하게 생각하시길 바랍니다. 무릇 남의 신하가 되는 것과 남을 신하로 삼는 것, 남을 통제하는 것과 남의 통제를 받는 것을 어찌 같은 선상에 놓고 말할 수 있겠습니까?"

여전히 조고의 의도를 파악하지 못한 호해, 제법 완강하게 버틴다.

"형을 폐하고 동생이 황제 자리에 오르는 것은 의리가 아니다. 아버지의 유언을 받들지 않고 죽음을 두려워하는 것은 불효다. 자기 능력이 약하고 자질이 보잘것없다는 것을 알면서 무리하게 남의 공로에

힘입으려는 것은 무능한 짓이다. 이 세 가지는 덕을 거스르는 행동이므로 천하가 복종하지 않을 것이다. 몸이 위태로워질 것이며, 사직이 제사를 받지 못할 것이다."

호해는 조고의 불경스럽고 불순한 암시에 맞서 비교적 냉정하게 대응하고 있지만, 마음 한쪽에서는 파문이 일었다. 이를 놓칠 조고가 아니다. 조고는 한바탕 호해의 마음을 뒤흔든 다음 호해가 빠져나갈 명분을 마련해준다.

"승상과 더불어 상의를 해봐야겠지만 말입니다……."

호해는 마지못해 그렇겠다는 듯 조고의 말에 동의했다. 흔들린 마음이다. 조고는 바로 승상 이사를 찾았다.

거미가 거미줄에 걸린 먹잇감을 노리듯……

"황제께서 돌아가실 때 맏아들에게 유서를 남겨 함양에서 영구를 맞이하게 하고 후계자로 삼는다고 하셨습니다. 유서가 발송되기 전에 황상께서 세상을 떠나셨기 때문에 이 사실을 아는 사람은 없습니다. 맏아들에게 내린 유서와 옥새는 호해 왕자에게 있습니다. 이제 태자를 결정하는 문제는 승상과 이 조고의 입에 달렸습니다. 이 일을 어떻게 하시렵니까?"

조고의 말에 이사는 깜짝 놀라며 화를 냈다.

"내 어찌 이런 망국적인 소리를 듣는단 말인가? 신하 된 자로서 그런 논의를 하다니 말이나 되는가!"

이사는 단호했다. 사태가 여의치 않다고 판단한 조고는 재빨리 몽염 장군을 끌어들였다. 몽염은 만리장성을 쌓은 명장으로 백성들의 신임이 아주 두텁고, 이사 역시 그를 존경했다.

"승상께서는 스스로 생각하시기에 몽염 장군과 비교할 때 누가 더 낫다고 생각하십니까? 또 세운 공은 누가 더 높다고 생각하십니까? 원대한 일을 실수 없이 꾀하는 데는 누가 더 낫다고 보십니까? 황제의 맏아들의 오랜 친구로서 신임하는 정도는 몽염 장군과 비교해서 누가 더 크다고 생각하십니까?"

참으로 대담하고 어처구니없는 조고의 압박성 질문에 이사는 어이없다는 듯 혀를 차며 점잖게 나무랐다.

"당신은 당신 자리로 돌아가시오. 이 이사는 황제의 유언을 받들고 하늘의 명에 따를 것이오. 우리가 결정할 일이 어디 있단 말이오?"

조고는 물러서지 않았다. 아니 이제는 물러설 수 없었다. 여기서 물러서면 반역으로 몰려 목숨을 부지하기 힘들다. 게다가 호해에게서 가능성을 확인했고, 이사의 마음도 철석이 아닌 이상 설득하기 나름이라는 판단이 섰다. 조고는 먹이를 발견한 맹수처럼 달려들었다. 이사의 마음이 조금씩 허물어진다.

"보기에 따라서는 안정을

이사 6국 통일의 주역이자 대제국을 이끌 통치 논리를 제공해온 이사(?~B.C. 208) 역시 조고의 현란한 언변과 눈앞의 부귀영화에 판단력이 흐려져 엄청난 음모에 동참하고 말았다.

위기로 만들 수 있고, 거꾸로 위기를 안정으로 만들 수 있습니다. 안정과 위기가 정해지지도 않았는데, 황제의 뜻을 무작정 귀중하다고만 할 수 있습니까?"

조고의 회유는 노골적이었다. 괜한 소리를 한다고 생각하던 이사는 상황이 심상치 않다는 것을 깨달았다. 하지만 자신도 모르게 교활한 조고의 말놀음에 점점 빠져들었다. 이사의 말이 많아지기 시작했다.

"이 이사는 촌구석 상채(上蔡) 지방의 보잘것없는 처지에 있던 사람이었소. 다행히 황제께서 나를 발탁하시어 승상까지 되었고, 또 제후로 봉해져 자손들이 모두 높은 지위와 넉넉한 녹봉을 받았소. 이러한 대접은 곧 황제께서 본디 진나라의 존망과 안위를 신에게 부탁한다는 뜻이오. 그런데 내가 어찌 그 뜻을 저버린단 말이오? 신하 된 자는 자신의 직분을 지킬 뿐이니, 다시는 그런 말 하지 마시오! 이 몸을 죄인으로 만들려 하시오?"

그렇다고 물러설 조고가 아니다. 먹이의 목덜미를 정확하게 물었는데 놓을 리 있겠는가? 조고는 한술 더 떴다.

"제가 듣기에 성인은 사물에 얽매이지 않고 변화에 따르고 시의를 쫓으며, 끝을 보고 근본을 알며 나아가는 바를 보고 돌아갈 곳을 안다고 했습니다. 사물의 본질이 이런 것 아닙니까? 어찌 고정불변의 법칙이 있단 말입니까?"

어디 하나 흠잡을 데 없는 완벽한 논리다. 이사는 다시 한 번 근엄하게 반대의 뜻을 밝혔지만, 말투는 처음과 많이 달랐다. 승상 이사가 망설이고 있다. 조고가 다시 한 번 세게 몰아붙인다.

"위아래가 힘을 합치면 오래갈 수 있고, 안팎이 하나가 되면 일을 하는 데 겉과 속이 다를 수 없습니다. 승상께서 이 몸의 계책에 따르시면 길이길이 제후의 지위를 누리고 대대로 존엄한 명예를 한 몸에 얻으실 것이며, 신선의 수명을 얻고 공자나 묵자 같은 지혜도 얻으실 것입니다. 지금 이 기회를 버리신다면 화가 자손에까지 미칠 것이니, 이 어찌 한심한 일이 아니겠습니까? 처세를 잘하는 사람은 화를 복으로 만든다고 했습니다. 승상, 어느 쪽을 택하시렵니까?"

위대한 역사가 사마천(司馬遷)이 남긴 《사기》〈이사열전(李斯列傳)〉에 나오는 대화로, 야금야금 죄어드는 조고의 절묘한 논리와 그때마다 한 걸음씩 물러서는 이사의 감정변화가 말할 수 없이 생동적이다. 그 긴장감이란 흡사 거미가 그물을 쳐서 포획한 먹잇감을 향해 다가서는 것 같다.

이사는 조고의 유혹을 물리치지 못하고 끝내 '하늘을 우러러 탄식하고 눈물을 흘리며 길게 한숨을 내쉬면서' 조고의 음모에 발을 담그고 말았다.

정적을 제거하고 권력을 독단하다

역사에 가정이란 없지만, 당시 이사가 어리석게 조고의 음모에 빠지지 않았다면 중국의 역사는 물론 세계사의 상당 부분을 다시 써야 했을 것이다. 역사는 인간의 의지와 희망만으로는 움직이지 않는 모양이다. 간신이 기를 펴지 못하도록 싹을 잘라야 하는 이유도 역사가 간신 때문에 그릇된 방향으로 흐르기 때문이다.

손익계산서가 일치하는 조고와 이사, 호해가 모였다. 이들은 시황제의 유서를 조작하여 호해를 태자로 삼고, 부소와 몽염에게는 죽음

부소와 몽염의 무덤 집권의 최대 걸림돌인 태자 부소와 장군 몽염을 가짜 유서로 제거한 조고의 권력을 향한 행보는 거침이 없었다.

을 내리기로 했다. 시황제의 가짜 유서가 맏아들 부소와 대장군 몽염에게 전달되었다. 유서를 본 부소는 눈물을 흘리며 스스로 목숨을 끊었고, 몽염은 자결을 거부하고 항변하다가 옥에 갇힌 다음 어쩔 수 없이 목숨을 끊었다.

이렇게 해서 호해의 황제 즉위에 방해가 되는 요소가 모두 제거되었다. 썩은 냄새가 진동하는 진시황의 시체를 싣고 함양으로 돌아온 조고는 즉시 장례를 치르고 호해의 등극을 선포했다. 그리고 조고는 호해 등극의 공을 인정받아 일약 낭중령으로 승진, 궁중 경비를 장악함과 동시에 호해 곁에서 중요한 정책을 결정하는 핵심 인물이 되었다.

호해가 황제가 되자 권력에 대한 조고의 야심도 덩달아 팽창했다. 이에 따라 그의 음모도 더욱 악랄해졌다. 조고는 호해를 부추겨 사치와 향락, 주색에 빠져들게 했다. 정치에서 멀어지게 하여 자신이 권력을 휘두르겠다는 속셈이었다. 조고는 황제 호해의 명의를 빌려 자신에게 반대하는 충직하고 선량한 대신들을 해치기 시작했다.

대도살

조고는 자신의 권력에 걸림돌이 되는 몽염과 몽의 형제를 제거하는 데 성공했다. 몽의에게는 근거도 없는 모반의 누명을 씌워 자살하게 만들고, 가짜 유서에 따라 투옥된 몽염도 윽박질러 독약을 마시고 죽게 했다. 가장 큰 위협 세력이던 몽씨 형제를 제거한 것은 조고가 권력을 찬탈하기 위한 대도살의 첫 단계에 지나지 않았다.

조고의 두 번째 행보는 조정 대신과 진시황의 여러 아들에게 칼을 겨누는 것이었다. 먼저 장군 풍겁(馮劫)과 우승상 풍거질(馮去疾)이 조고의 박해를 견디지 못하고 자살했으며, 다른 대신들도 피살되거나 쫓겨났다. 진시황의 중신들이 순식간에 피살되거나 제거되었다.

조고는 대신들을 박해하는 동시에 자신의 졸개를 구석구석 심어두는 일을 잊지 않았다. 먼저 형제 조성(趙成)에게 중거부령 자리를 넘겼고, 사위 염락(閻樂)에게는 수도 함양의 현령을 맡겼다. 기타 요직인 어사와 시중 등도 모두 조고의 패거리로 채워졌다.

조정 대신들에 대한 숙청이 끝나자 조고는 진시황의 자식들이 신경에 거슬렸다. 권력 찬탈에 방해가 될 뿐 아니라 후환이 될 가능성이 있기 때문이다. 당연히 이들도 제거 대상이 되었다. 조고는 함양에서 호해의 열두 형제를 한꺼번에 도살했고, 얼마 후에는 두유(지금의 섬서성 함양시 동쪽)에서 호해의 여섯 형제와 열 자매를 맷돌에 갈아 죽였다. 심지어는 평소 행동이 착실하고 신중하기로 이름난 장(將) 등 공자 세 명도 사람을 보내 핍박하여 자살하게 만들었다. 이렇게 수십 명에 이르는 진시황의 자식들이 처참하게 살해되었다.

이사를 겨누다

조고가 발동한 대도살의 3단계는 일시적 동맹자 이사를 제거하는 것이었다. 사실 이사야말로 조고가 결코 마음 놓을 수 없는 최대의 정적이었다. 이런 저런 이유 때문에 먼저 손을 쓰지 않았을 뿐이다. 조고가 이사를 제거해야 하는 이유는 적어도 세 가지가 넘었다. 첫째, 이사는 재상 자리를 차지한 채 조정 대권을 장악하고 있다. 둘째, '사구정변'과 관련된 음모의 진상을 가장 많이 아는 사람은 이사다. 이 사실이 밝혀지는 날에는 조고도 무사할 수 없다. 셋째, 이사는 진의 천하 통일에 가장 큰 공을 세웠기 때문에 조야를 통해 명망이 대단히 높다. 이는 조고로서는 도저히 따를 수 없는 최대 강점이다.

이사를 제거하지 않고는 결코 안심할 수 없었다. 그렇다면 무슨 수로 이사를 제거한단 말인가? 조고는 이사가 제 발로 함정에 걸어 들어오게 만드는 절묘한 수를 구사했다.

어느 날, 조고는 풀이 죽은 얼굴로 이사를 찾아가서 볼멘소리를 했다.

"승상, 함곡관 동쪽에서 도적 떼가 연신 일어나는데 폐하께서는 인력을 동원하여 아방궁이나 짓고 개나 말 같은 쓸데없는 것들을 모으고 계십니다. 제가 충고의 말씀을 올리려 해도 자리가 미천합니다. 이런 일은 승상께서 하셔야 하거늘 어찌 팔짱만 끼고 계십니까?"

이사는 조고의 꼼수를 간파하지 못하고 연신 머리를 끄덕이며 찬동을 표시했다. 이사가 미끼를 물었음을 확인한 조고는 "승상께서 말씀하시겠다면 제가 폐하께서 한가하신 틈을 알려드리겠습니다"라며 알랑거렸다.

교활하기가 이루 말할 수 없는 조고는 궁녀들에 휩싸여 향락에 빠진 호해를 방해했다가는 누구든 무사하지 못하리라는 것을 너무나 잘 알았다. 이에 조고는 호해가 한창 주색이나 놀이에 빠진 틈을 타서 이사에게 지금이 황제가 한가한 시간이니 얼른 가서 바른 말을 하라고 일러주었다. 호해는 화가 머리끝까지 뻗쳤으나 선왕 때의 중신이자 승상인 이사를 어쩌지 못하고 그냥 눌러 참았다. 조고는 또 한 번 호해가 궁녀들과 한창 놀 때 이사를 불러 싫은 소리를 하게 했다. 호해는 더 이상 참지 못했다. 이사가 장황하게 충고를 늘어놓고 나가자 바로 버럭 고함을 지르며 "이 늙은이가 분위기도 모르고 매번 내가 한창 놀 때만 골라서 싫은 소리를 하는구나! 내가 젊다고 황제로 보이지 않는 모양이지?"라며 마구 욕을 퍼부었다.

이때를 놓칠세라, 조고가 얼른 호해의 말을 가로막았다.

"그런 말씀을 하시면 큰일 납니다. 사구의 일은 승상도 거든 일입니다. 그런데 상을 받지도 못했으니 불만이 없을 수 없지요. 아마 왕 정도는 바라고 있을 터입니다."

조고는 갑자기 말을 돌려 이사에게 치명적인 독수를 날렸다. 조고는 호해 곁으로 바짝 다가앉아 속삭였다.

"중대한 일이 하나 있습니다. 폐하께서 오늘 이사 이야기를 꺼내시지 않았다면 저도 감히 말씀드리지 못하고 넘어갈 뻔했습니다. 승상의 아들 이유(李由)가 현재 임천 군수를 맡고 있습니다. 진섭(陳涉) 등 반역의 무리가 삼천(三川)을 지날 때 이유는 이들을 토벌하기는커녕 보고만 있었다는 겁니다. 이유인즉 진섭이 승상과 같은 고향 출신이기 때문이랍니다. 듣자 하니 이유와 진섭이 편지까지 주고받았다는데, 지금까지 증거를 확보하지 못해 폐하께 말씀드리지 못했습니다."

이 말에 호해는 길길이 뛰면서 이사를 잡아다 문초하고, 삼천으로 사람을 보내 적과 내통한 이유를 감시하라고 명했다. 그러나 선왕의 중신인 이사를 다짜고짜 잡아들일 수는 없어 상황을 좀더 지켜보기로 했다. 한편 갑자기 자신과 아들에 대한 감시가 붙자 이사는 조고에게 당했다는 것을 알아차렸다. 조고야말로 탐욕이 끝이 없는 간신이라며 호해에게 억울함을 호소했지만, 조고의 꼭두각시가 된 호해에게는 씨도 먹히지 않았다.

"조고는 충성과 믿음으로 나를 보좌하는 사람이다. 짐은 그를 정말 현명한 사람이라 생각한다!"

그리고 이사가 올린 상소문을 조고에게 보여주며 조심하라고 당부까지 했다. 조고는 결정타를 날릴 기회임을 직감하고 회심의 미소를 흘렸다.

"승상 부자가 모반을 꾀한 지는 오래되었습니다. 걱정스러운 것은 저 한 사람입니다. 제가 죽으면 이사는 전상(田常, 제나라 간공을 죽이고 평공을 옹립한 다음 자신이 재상이 된 전성자를 가리킨다)처럼 폐하를 죽이고 황제 자리를 탈취할 것입니다."

이쯤 되니 호해로서도 견딜 수가 없었다. 즉각 조서를 내려 이사 부자를 잡아들여 문초하게 하는 한편, 그 책임자로 조고를 임명했다. 조고는 이사의 가족을 모조리 잡아들여 문초를 시작했다. 조고는 이사에게 '반란'과 '모반'의 죄를 뒤집어씌우기 위해 가혹한 고문을 가하는 한편, 자신의 측근들에게 돌아가며 이사를 심문하게 하여 결국 이사의 허위 자백을 받아냈다. 총명하기로 따지자면 천하에 둘도 없는 인재이자 천하 통일의 주역이던 이사는 개인의 명예욕과 부귀영화를 위해 자신의 영혼을 헐값에 팔았고, 그 결과 조고의 덫에 걸려 아들과 함께 저잣거리에서 허리가 잘리는 처참한 최후를 맞이했다. 세상에 이렇듯 가련한 지식인의 말로가 또 어디 있을까!

지록위마

이사가 제거된 이상 조고에 맞설 사람은 아무도 없었다. 다음 수순은 조고 자신이 승상 자리에 오르는 일이었다. 조정 안팎을 완전히 장악한 조고는 사실상 황제 호해의 머리에 앉은 태상황이나 마찬가지였다.

문제는 만족을 모르는 조고의 야심이었다. 조고는 황제 자리에 입맛을 다시기 시작했다. 이를 위해 조고는 더 큰 음모와 술수를 부리기 시작했다. '지록위마(指鹿爲馬)'는 황제 자리를 찬탈하기 위해 조고가 구사한 비열하고 교활한 술수를 상징적으로 보여주는 고사성어다.

어느 날, 문무백관이 모인 조정 회의에서 조고는 사슴 한 마리를 호해에게 바치며 "폐하께서 좋아하시는 말을 한 마리 올립니다. 아주 잘생긴 작은 말입니다!"라고 말했다. 아무리 어리석어도 사슴과 말 정도는 구별할 줄 아는 호해인지라 "승상께서 지금 농담하시는 거요? 그게 사슴이지 어째서 말이오?"라며 크게 웃었다. 이에 조고는 정색을 하며 "아닙니다! 이건 말입니다"라며 주장을 굽히지 않았다. 이쯤 되면 호해도 황제 체면이 있지 그냥 넘어갈 수 없었다. 호해는 짐짓 근엄한 표정으로 신하들을 둘러보면서 "이게 말인지 사슴인지 말해보시오!"라고 명령했다.

그러나 조정 대신들은 서로 얼굴만 쳐다볼 뿐, 누구 하나 나서 대답하려 하지 않았다. 그렇지 않아도 조고의 위세에 잔뜩 주눅이 든 대신들인지라 조고의 호리병에 무슨 약이 들었는지 모르는 상황에서 함부로 입을 놀렸다간 무슨 낭패를 당할지 모른다고 생각한 것이다. 황제도, 호해도 물러서지 않았다. 양심이 조금이라도 남은 대신들은 사슴이라고 대답한 반면, 조고의 측근과 조고의 비위를 맞추려는 자들은 말이라고 대답했다. 또 양다리를 걸친 자들은 대답하지 못한 채 우물쭈물했다. 어처구니없는 일을 당한 호해는 자기가 사물을 분별하지 못할 정도로 큰 병이 든 것이 아닌지 의심이 들어 후궁으로 돌아온 즉시 무관(巫官)을 불러 자신의 운명을 점치게 했다.

무관의 점괘는 더 황당했다.

"폐하께서 제사를 올리며 목욕재계하시지 않았기 때문에 말을 사슴으로 착각하신 겁니다."

무관이란 놈도 조고에게 매수당한 것이다. 무관의 말을 사실로 받아들인 호해는 더욱더 조고의 말을 들을 수밖에 없었고, 조정의 일을

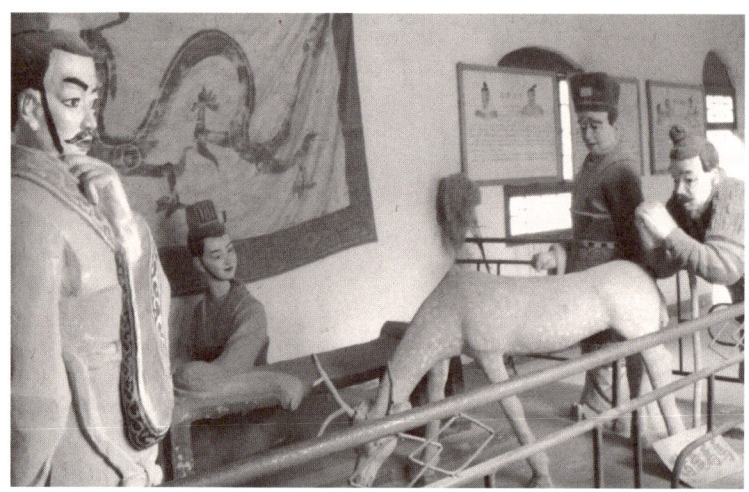

지록위마 이사까지 제거한 조고는 절대 권력을 장악했다. 이런 조고의 위세를 여실히 보여주는 고사가 바로 '지록위마'다.

모두 조고에게 맡긴 채 자신은 목욕재계를 위해 상림원으로 몸을 숨겼다. 참으로 기도 안 찰 노릇이다. 이렇게 해서 형식적으로나 실질적으로나 모든 권력은 확실하게 조고의 수중으로 들어왔다.

욕망의 말로

호해가 목욕재계를 위해 상림원으로 간 뒤, 아니 상림원으로 내쫓긴 뒤 조고는 마침내 조정의 대권을 독차지하기에 이르렀다. 조야의 모든 사람들이 조고의 눈치를 보지 않을 수 없었다. 그러나 조고가 그렇게도 갈망하던 '무소불위'의 권력을 마음껏 휘두를 수 있는 자리까지는 마지막 한 걸음이 남았다. 그 자리는 다름 아닌 황제 자리였고, 사실상 수순만 남겨놓은 상태였다.

조고는 먼저 호해를 수도 함양에서 한참 떨어진 망이궁(望夷宮)으로 보내 대신과 조정에서 완전히 떼어놓았다. 이어 조고는 서둘러 동생 조성과 사위 염락을 찾아 황제 자리를 찬탈하기 위한 행동 부대를 만드는 등 최후의 음모를 획책하기 시작했다. 조고는 주위의 눈과 귀를 가리기 위해 염락에게 봉기군으로 위장한 자들을 보내 노모를 체포하여 자신이 있는 곳으로 몰래 보내게 하고, 동시에 조성을 호해가 있는 망이궁으로 보내 산동에서 큰 반란이 일어나 민심이 흉흉하다는 유언비어를 퍼뜨리게 했다. 호해는 불안에 떨며 어쩔 줄 몰랐고, 이 틈에 염락은 도적이 쳐들어온다며 군대를 이끌고 망이궁으로 난입했다.

상황이 이런데도 호해는 여전히 똥오줌을 못 가린 채 진승의 봉기군이 진짜 쳐들어온 줄만 알았다. 그는 창칼을 들고 사나운 기세로 자기 앞에 선 자가 자신이 가장 신뢰해 마지않는 조고의 사위 염락일 줄은 꿈에도 생각지 못했다! 염락은 호해를 향해 "이 폭군아! 전국의 백성이 너에게 반항하고 있다. 자, 봐라! 이제 어쩔 것이냐?"라며 윽박질렀다. 사태가 다급할수록 호해의 머릿속에는 승상 조고밖에 생각나지 않았다. 그는 염락에게 조고를 만나게 해달라고 했다. 염락은 일언지하에 거절했다. 호해는 "그렇다면 내가 천하를 버릴 테니 군왕 자리라도 줄 수 있는가?"라며 애원조로 부탁했다. 염락은 호해의 말이 끝나기도 전에 코웃음을 쳤다. 호해는 염락의 옷자락을 붙들면서 평민이 되어도 좋으니 목숨만이라도 살려달라고 애걸복걸했다. 이 못 말리는 멍청한 황제는 죽어가면서까지 자신의 몸에 오물을 처발랐다.

호해가 자살했다는 보고를 받은 조고는 좋아 미칠 것만 같았다. 즉각 현장으로 달려가 호해가 차고 있던 옥새를 떼어 자기 몸에 달고 돌아와서는 황제의 보좌로 성큼 걸어가 등극할 준비를 했다. 그런데 뜻밖에 좌우 백관들이 조고를 따르지 않았고, 조야의 신하들도 침묵으로 반항하고 나섰다. 눈치 빠른 조고는 상황이 여의치 않음을 직감하고는 "하늘이 주시지 않고 군신들이 허락하지 않는구나!"라며 통탄해 마지않았다. 조고는 황제에 대한 욕심은 잠시 보류해 두고 응급조치를 했다. 진시황의 손자로 훗날 유방(劉

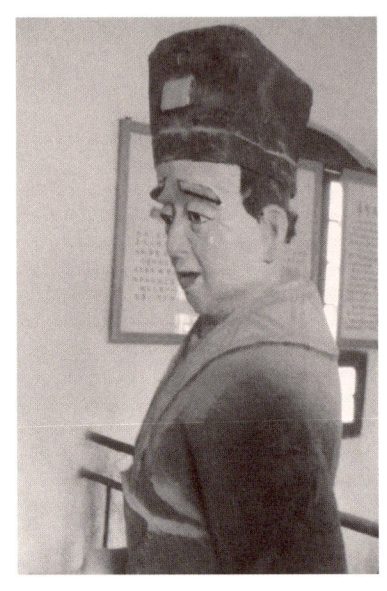

조고 환관의 몸이었지만 법률에 정통한 장점을 살려 권력의 계단을 밟아 마침내 정점에 올랐다. 그러나 조고는 애당초 권력을 제대로 행사할 능력을 갖추지 못한 권력 추구형 간신에 불과했다.

邦)에게 항복한 자영(子嬰)을 불러들여 황제 자리에 앉힌 것이다.

자영은 조고라는 인간을 잘 알았다. 그래서 자영은 자신에게 미칠지도 모르는 화를 피하면서 두 아들과 측근인 환관 한담(韓談)과 상의하여 조고를 제거할 계획을 짜기 시작했다. 그는 일단 병을 핑계로 조정에 나가지 않았다. 그러자 조고가 문병하러 왔고, 이 틈에 한담이 조고를 찔러 죽였다. 자영은 내친김에 조고의 삼족을 모두 제거했다. 음모로 남을 해치는 데 귀신같은 재주가 있는 조고가 다른 사람의 음모에 말려 죽었으니 이 또한 역사의 아이러니가 아니겠는가?

환관에서 망국의 화신으로

조고는 죽었지만 허물어지기 시작한 제국의 형세는 돌이킬 수 없었다. 자영은 함양에 입성한 유방에게 무릎을 꿇고 항복함으로써 망국의 군주가 되었다. 그는 투항하여 목숨을 부지했지만 뒤이어 입성한 항우(項羽)에게 처참하게 살해당했다.

조고의 일생을 보라. 죄인의 자식으로 환관이 되어 궁중에서 자란 조고는 생존을 위해 주위 눈치를 살피지 않을 수 없었고, 총명한 그는 남의 눈치를 파악하고 기분을 맞추는 기술을 터득해갔다. 게다가 말솜씨까지 타고났다. 사구에서 호해와 이사를 설득하던 조고의 현란한 언변을 보라!

법가 사상에 기초하여 천하를 통일하고 엄격한 법치로 통치 질서를 유지하던 진 왕국에서 법이 대접받는다는 사실을 안 조고는 주저 없이 법을 공부했다. 특히 형법에 조예가 깊었다. 상대의 기분을 파악하는 기술에 법까지 정통한 조고가 진시황의 눈에 드는 것은 시간문제였다. 진시황의 측근에서 법에 대한 자문을 하던 조고는 결국 진시황의 수레와 옥새를 관리하는 중책을 맡았고, 왕자 호해의 교육까지 담당하는 기회를 잡는다.

이 단계에 이르러 조고는 점점 더 큰 야욕을 품기 시작했고, 진시황의 갑작스러운 죽음이 결정적인 역할을 했다. 호해와 이사는 이 단계에서 조고의 야욕을 막고 사태를 수습할 수 있었다. 그러나 어리석은 호해와 개인의 출세와 부귀에만 집착한 이사는 조고의 엄청난 야욕에 동참했고, 그 결과 대제국은 멸망했다.

한순간 방심이 얼마나 엄청난 결과를 초래하는지 조고의 행적을 통

호해 묘 통일 후 15년, 단 2대만에 제국을 거덜 낸 호해. 그 뒤엔 간신 조고가 있었다. 평민의 무덤으로 남은 이세황제 호해의 무덤이 역사의 경고처럼 다가온다.

해 깊이 고민할 일이다. 그는 보잘것없는 신분으로 태어난 환관에 지나지 않았다. 그런 그가 한 단계 한 단계 권력의 정점으로 접근하는 수완은 놀랍기 그지없다. 진시황도 호해도 이사도 그가 나라 전체를 훔치리라고는 생각하지 못했을 것이다. 조고의 야욕을 확인했을 때는 늦었다.

따라서 간신이라고 판단되면 아예 가까이 하지 말 것이며, 기회가 오면 가차 없이 제거해야 한다. 이를 위해 늘 경계의 눈을 거두지 말고 주도면밀하게 이들의 짓을 살피다가 절호의 기회가 오면 결정타를 날려야 한다. 간신은 작게는 조직을, 크게는 나라를 망치는 존재다.

| 2장 |

간신은 어떻게 진화하는가?

패거리 정치로 나라의 시스템을 파괴하다

석현(石顯, ?~B.C. 32, 서한)

중국의 봉건적 군주 체제에서 황제는 모든 권력을 독차지했다. 그러나 군주의 권력 기반에 틈이 생기면 권신이나 간신배가 설치는 현상이 자주 나타났다. 황제 체제가 배태하는 필연적이자 부정적인 결과물이다. 특히 못난 황제나 어린 황제가 즉위하면 외척이나 환관이 권력을 좌지우지하는 변태적 정치 형태가 빈번하게 나타났고, 이 과정에서 외척 간신과 환관 간신이 나타날 수밖에 없었다. 이렇게 해서 환관과 외척 출신 간신이라는 역사상 '간신 현상'의 양대 축이 형성되기에 이르렀다.

환관 출신으로 악명 높은 간신이라면 앞서 살펴본 조고를 들 수 있지만, 조고는 역사 현상이라기보다는 개인적 현상에 지나지 않았다. 그러다 기원전 1세기 서한 말기에 나타난 석현(石顯)에 이르면 역사적 현상으로서 환관에 의한 간신 시대가 본격적으로 시작된다.

석현은 제남(濟南, 지금의 산동성 제남)의 부유한 지주 집안에서 태어난 망나니다. 어릴 때부터 안하무인에 제멋대로였다. 국법도 무시하고 이런 저런 범죄 행위를 자행하다 결국 궁형을 받아 환관이 되었다. 이후 석현은 궁중 생활을 기회로 삼아 갖가지 음모와 계략을 통해 출세의 길을 걸었고, 끝내 환관이 권력을 휘두르는 본격적인 환관 간신 시대를 열었다.

한나라 환관상 실질적인 환관 간신의 시조는 석현이라 할 수 있다.

궁형과 인격 장애, 그리고 환관 간신

궁형은 인류의 야만성을 극명하게 보여주는 치욕스러운 형벌이다. 궁형은 부형(腐刑)의 다른 이름으로, 이 형벌을 받으면 대개 궁궐에서 허드렛일 따위를 하기 때문에 궁형이라고 한 것이다. 궁형은 생식기를 통째로 절단하는 잔혹한 육형(肉刑)이다. 신체는 물론 인성까지 훼손하는 치욕적 형벌로, 역대 전제 통치자들은 이 형벌을 이용하여 충직한 인재들을 적잖이 해쳤다.

궁형은 인성과 인격에 상상할 수 없는 충격을 주기 때문에 형벌을 받은 사람은 심각한 인격 장애에 시달렸다. 억울하게 궁형을 당한 위대한 역사가 사마천은 "나와 같은 사람은 몸이 망가졌으니…… 남의 비웃음거리가 되어 부끄러워하는 것이 고작입니다. ……궁형을 당하는 것보다 큰 치욕은 없으며, 형을 받고 살아남은 사람을 헤아린 바 없으나 한 세대에만 있었던 것이 아니라 오래전부터 있었습니다"라는 말로 궁형의 야만성을 지적했다.

궁형을 받고도 사마천처럼 초인적 의지로 장애를 극복하고 위대한 업적을 남긴 경우도 있지만 극소수에 지나지 않고, 상당수는 권력과 이권의 눈치를 보는 소인배로 전락했다. 그 두드러진 현상 중 하나가 환관 간신의 출현이다.

석현에게도 궁형은 더없이 불행한 경험이었다. 그러나 궁형을 당한 석현이 남달리 삶에 강한 애착을 보인 것은 위대한 이상이 있어서가 아니라 젊어서부터 품은 사사로운 욕망을 충족시키지 못했기 때문이다. 열악한 성품에 치욕스러운 형벌까지 당함으로써 석현의 정신세계는 심하게 뒤틀렸고, 자신의 처지에 대한 울분을 세상과 타인에게 전가했다. 석현은 전형적인 간신으로 탈바꿈했고, 여기에 당시의 정치·사회적 조건이 겹쳐 환관 간신이 본격적으로 출현하는 역사적 현상이 나타난 것이다.

권력 중심부로 가는 매개를 발견하다

궁형을 당한 석현은 관례에 따라 황궁으로 들어가 평범하고 보잘것없는 환관이 되었다. 부잣집 망나니는 사회적 지휘가 바뀌다 보니 망나니짓을 그만두는 것은 물론 교만한 성격도 고쳐야 했다. 그는 지금까지와 달리 사람들 앞에서는 겸손하고 온화한 자세로 조심조심 처세하는 모습으로 위장했다. 공적으로나 사적으로 사소한 잘못도 범하지 않았다는 기록이 있을 정도로 근신했다.

그러나 아무리 조심하고 애를 써도 죄인의 몸으로 복역하는 새끼 환관 석현이 황제에게 가까이 갈 길은 보이지 않았다. 석현도 자신의 이런 처지를 잘 알았다. 그는 목표를 황제 주변 사람에게로 맞췄고, 아첨이라는 재주가 하나 더 생겼다. 열심히 눈알을 굴린 덕에 오래지 않아 홍공(弘恭)이란 환관이 석현의 고성능 레이더망에 포착되었다. 홍공 역시 궁형을 받고 환관이 되었지만, 다른 환관들과 달리 학문이 상당하고 법률 지식도 해박했으며 성격과 인간관계가 원만하고 처세도 노련했다. 말 그대로 석현이 갈망하던 이상형이었다.

석현은 홍공과 친해지면서 아부의 기술과 남을 속이며 처세하는 솜씨를 더욱 세련되게 익혔다. 두 사람은 손발이 기막히게 잘 맞았다. 서로서로 이끌고 밀면서 한 단계 한 단계 정상을 향해 올라갔다. 홍공은 왕조의 시스템이나 복잡한 의식 등에 정통한데다 보고서를 비롯하여 각종 고시문 따위를 잘 썼기 때문에 중서령으로 발탁되었다(중서령이란 청와대 비서실장 정도에 해당한다고 보면 무난하다). 이에 따라 석현은 자연스럽게 홍공의 조수 중서복야(비서실 차장)에 임명되었다. 석현은 이렇게 황제의 곁으로 한 걸음 더 다가섰다.

더 높은 곳을 향하여

황제를 보다 가까이서 알현하고 모실 수 있는 자리에 올라감으로써 석현은 더 높고 든든한 배경을 확보했다. 정상이 눈앞에 보이는 듯했다. 아니나 다를까, 기회는 석현을 오래 기다리게 하지 않았다.

기원전 49년 쇠퇴해가던 서한 왕조를 중흥시켰다는 평가를 받는 선제(宣帝) 유순(劉詢)이 세상을 뜨고, 성격이 우유부단하고 인재를 제대로 기용할 줄 모르는 원제(元帝) 유석(劉奭)이 즉위했다. 선제는 생전에 자질이 떨어지는 태자 유석을 폐위시킬 생각까지 했으나 태자의 생모 허씨의 애원을 저버리지 못한 채 "우리 집안을 어지럽힐 자가 있다면 틀림없이 태자일 것이다!"라는 탄식을 남기고 씁쓸하게 세상을 떴다.

원제의 즉위는 서한 왕조로서는 재앙이나 석현에게는 절호의 기회였다. 선제의 예상대로 원제는 무능 그 자체였다. 조정의 기강은 무너졌고, 간신들이 정치 무대에서 춤을 추기 시작했다. 황제는 이들의 괴뢰가 되었다. 이 틈에 석현도 서서히 자신의 야망을 실현해갔다.

원제가 즉위할 무렵 석현의 처세 능력은 물이 오를 대로 올랐다. 이권이 있는 곳이면 사냥개마냥 절대 놓치지 않고 달려들어 한몫을 차지했다. 교활한 두뇌와 독한 심보, 기막힌 말솜씨와 마당발, 상대의 심중을 읽어내는 남다른 눈치까지 갖춘 석현이 황제의 눈에 띄는 것은 시간문제였다. 과연 석현은 황제가 차마 말하지 못하는 것까지 읽어내고, 그런 황제의 욕구를 만족시킴으로써 원제를 기쁘게 했다. 마음을 움직이는 호소력 넘치는 아부와 언변은 그것이 이치와 진실을 왜곡할지라도 못난 원제를 설득하기에 충분했다. 심지어는 그런 수완으로 마음에 들지 않는 사람을 사지로 몰았을 정도다.

석현은 원제의 환심과 총애를 한 몸에 받았다. 막강한 배경이 생겼으니 입신출세는 문제 될 것이 없었다. 그리하여 오랫동안 눌려 있던 오만방자한 성격이 서서히 정체를 드러내기 시작했고, 이와 함께 권

선제와 원제 선제는 통치 기간 동안 부정부패를 없애는 데 주력, 서한의 번영기를 이끌었다. 그러나 선제의 우려대로 원제의 무능함은 기어코 간신 석현이라는 사냥개를 불러들였다. 무능한 통치자의 집권은 간신의 발호에 최적의 기회를 제공한다.

력을 향한 석현의 야심도 커져갔다.

석현은 원제의 비위를 맞추면서 든든한 지지를 확보하기 위해 끊임없이 애를 쓰는 한편, 지금까지 조정 생활을 통해 쌓은 다양하고 우월한 정보와 경험을 밑천 삼아 자신을 관할하는 상부 기관 영상서사의 견해에 반대하고 비판하는 것은 물론, 때로는 결정된 사안까지 뒤집음으로써 야심과 권력욕을 분명하게 드러내기 시작했다.

반대파를 제거하기 위한 3단계 전략

석현의 행위는 조정 내 정파의 반대에 부딪힐 수밖에 없었다. 그리하여 정파와 사파, 청파와 탁파의 지루하면서도 격렬한 투쟁이 본격적으로 전개되었다. 사파의 우두머리는 물론 석현을 필두로 한 환관 세력이고, 정파는 명망 높은 소망지(蕭望之)와 주감(周堪) 등 사대부들이었다. 소망지와 주감은 선제 때의 원로 대신이자 원제의 사부로, 선제의 유훈을 받들어 조정 대권을 쥐고 원제를 보필하고 있었다.

석현과 홍공 등을 대표로 하는 이른바 중서 세력은 대부분 권력 쟁탈을 위해 수단과 방법을 가리지 않는 소인배였다. 두 세력의 투쟁은 '중서를 폐지하여 사대부로 교체'하는 데 초점을 두고 있었다. 다시 말해 황제에게 올라가는 각종 보고서를 관장하는 환관들의 핵심 부서인 중서를 폐지하고 그 권한을 사대부로 이관하자는 것이었다. 소망지와 주감 등은 중서는 예부터 국가의 중추 기관이므로 투명하고 공평하게 일을 처리해야 한다고 주장했다. 이 주장은 논리적으로 트집 잡을 데가 없었다.

그러나 갖은 치욕을 견뎌가며 여기까지 올라온 석현이나 홍공에게 이 주장은 자신들의 목을 비트는 것이나 마찬가지였다. 상서가 폐지된다는 것은 죽음과 다를 바 없었다. 제아무리 석현이라 해도 이 타격은 견딜 수 없었다. 더욱이 눌려 있던 야심과 탐욕이 이제 막 기를 펴려는 참인데 어찌 이를 보고만 있으랴!

석현은 우유부단하고 나약한 원제를 두고 정상적이거나 강경한 방법으로는 소망지 등 명망이 높은 대신을 상대할 수 없다는 것을 잘 알았다. 그는 상대방의 정직함을 이용하여 속임수로 함정을 팠다. 이 비겁한 술수는 못난 원제의 비호 아래 위력을 발휘하여 불과 세 단계 만에 소망지와 주감 등 정파를 확실하게 옭아맸다.

첫 단계는 석현과 홍공의 밀모 아래 승진 문제 때문에 소망지나 주감에게 불만을 품은 자들을 사주하여 소망지 등이 몰래 거기장군 사고(史高) 등 외척을 제거하려는 모의를 하고 있다는 고소장을 황제에게 올리게 한 것이다. 사고 등은 황제의 친족으로 등한시할 수 없는 존재들인지라 고소장을 본 황제는 중서령에게 넘겨 심사하게 할 것으로 예상했기 때문이다. 과연 원제는 이 고소장을 홍공과 석현에게 넘겨주며 처리하게 했다.

이에 석현은 사건의 본질과 심각함은 덮어둔 채 외척에 대한 소망지의 의견을 슬그머니 끌어내는 교활한 수법을 부렸다. 솔직담백한 소망지는 계략인 줄도 모르고 외척들의 방탕한 생활이 국고를 좀먹고 있으므로 나라를 위해 이를 바로잡아야 한다는 의견을 피력했다. 그런데 석현은 소망지의 개인적 견해를 '진술'로 둔갑시켜 기록으로 남겨두었다.

'진술'을 확보하고 이를 기록으로 남긴 석현 등은 다음 단계로 원제에게 구구절절 이 일에 대한 처리 결과를 보고했다. 이들은 즉위한 지 얼마 되지 않은 원제가 공문서 용어에 익숙지 않으리라 예상하고, 보고서 끝에 '진술자를 사법에 넘겨 처리하게 하옵소서'라는 의견을 첨부했다. 아니나 다를까, 원제는 그 의도를 모르고 아무렇지 않게 결재를 해서 넘겼다. 이렇게 해서 소망지와 주감, 유명한 학자 유향(劉向)까지 감옥에 갇혔다. 얼마 뒤 이 사실을 안 원제가 깜짝 놀라며 석방했지만, 이 일로 석현 등을 처벌할 수는 없었다. 자신의 손으로 결재한 보고서가 엄연히 존재하기 때문이다.

세 번째 단계는 소망지 등과 외척 사이의 모순과 갈등을 이용하여 다시 한 번 속임수로 원제를 농락하는 것이다. 그리고 소망지를 처벌하라는 원제의 친필이 든 조서를 받자마자 눈썹이 휘날리게 조서를 밀봉하여 소망지에게 보냈다. 강직한 소망지는 자신을 처벌하라는 원제의 친필에 분통을 터뜨리며 감옥에 갇혀 치욕을 당하느니 차라리 스스로 목숨을 끊는 것이 낫겠다며 독약을 먹고 자결했다.

　소망지의 죽음은 조정 내 정파의 기를 크게 꺾어놓았다. 반면 석현을 우두머리로 하는 환관 세력은 기고만장했다. 중서령의 권력이 갈수록 커졌음은 말할 것도 없다.

가짜가 진짜가 되고 진짜가 가짜가 되다

눈엣가시와 같은 존재이자 명망 높은 정파의 지주 소망지를 제거하긴 했지만 조야의 여론은 석현에게 불리하게 돌아갔다. 야심가 석현은 불리한 여론에 두려움을 느꼈다. 그러나 석현이 누군가? 교활의 대명사 아닌가? 그는 팔색조처럼 자신을 위장하여 사람들의 눈을 가리고 귀를 막았다. 이를 위해 그가 구사한 방법은 이가난진(以假亂眞), 즉 가짜나 거짓으로 진짜와 진실을 혼란스럽게 만드는 것이다.

　당시 조정에 새로 임명된 간의대부 공우(貢禹)가 있었다. 공우는 경학에 정통한 것은 물론 높은 절개와 과감한 직언으로 수도권 일대에서 명성이 자자한 인재였다. 석현은 공우의 명성을 이용하여 자신에게 쏟아지는 비난을 모면하기로 했다. 그는 우선 공우를 더할 나위 없이 공경한 태도로 대우하는 한편 주변에 적극 추천하고 다녔다. 명성이 있는데다 권신의 추천을 받은 공우는 관운이 형통하여 승승장구, 3년이 되지 않아 어사대부에 올라 삼공의 반열에 들었다. 그러나 공우에 대한 석현의 태도는 변하지 않았다. 오히려 전보다 더 그를 공경했다.

석현의 수법은 씨가 먹혔다. 많은 사람들이 석현을 달리 보기 시작했고, 어느 정도 시간이 흐르자 소망지가 잘못해서 그렇게 된 것이라는 여론도 꿈틀거렸다. 석현의 간사하고 음험한 수법을 당시 사람들은 간파하지 못했지만, 역사서에는 '석현은 속임수로 자신의 곤경을 모면하고 황제의 믿음을 얻었다'고 분명히 기록되었다.

석현은 이 와중에서도 정파의 인물들을 모함해 하나 둘 해치고 제거하는 일을 게을리 하지 않았다. 먼저 소망지와 함께 정파를 이끈 주감을 때 아닌 이상 기후를 구실로 같은 정파의 좌장 격인 장맹(張猛)과 함께 수도에서 내쫓았다. 얼마 뒤 또 다른 기상 이변이 발생하자 제정신을 찾은 원제가 주감을 다시 불러들여 석현의 상관으로 임명하긴 했지만, 석현은 자신의 조무래기들을 사주하여 철저하게 태업과 비협조로 일관함으로써 주감을 화병으로 죽게 했다. 주감이 죽자 석현은 주저 없이 죄를 날조하여 장맹을 자살하게 만들었다.

궁문 사건

소망지와 주감 등을 제거한 석현은 말 그대로 대권을 한 손에 움켜쥐었다. 조정의 대사는 모두 그의 손을 거쳤으며, 사소한 상소문까지도 그의 결재가 없으면 황제에게 올라갈 수 없었다. 그러나 그는 자신이 인심을 얻지 못한다는 사실을 잘 알았다. 많은 사람들이 두 눈을 부릅뜨고 석현을 주시하면서 조금이라도 실수가 있으면 바로 공격했다. 석현은 온갖 술수를 동원하여 자신에게 반대하는 사람들을 제거해야 했다.

낭관으로 있던 경방(京房)은 관리들의 업적을 엄격하게 심사하는 '고공과리법(考功課吏法)'을 주장하여 원제의 눈에 들었다. 그는 석현과 그 패거리의 비리와 부정을 제거하겠다는 일념으로 이 같은 방안을 제안했고, 이를 실현하기 위해서는 석현을 없애야 한다는 사실도 잘 알았다. 그는 원제에게 과거 간신 때문에 나라를 망친 제왕들의 생생한 사례를 들어가며 석현의 위험성을 지적했고, 지금까지 꿈쩍도 않던 원제의 마음도 움직였다.

한편 이런 정황 정보를 입수한 석현은 즉각 대응에 나섰다. 그는 무엇보다 자신에 대한 원제의 신뢰를 확실히 해야겠다는 생각에서 저 유명한 '궁문 사건'을 연출했다.

어느 날 석현은 궁 밖에 볼일이 있다면서 밤늦게 돌아올 것 같으니 특별히 문지기에게 일러 궁문을 열어주도록 해달라고 원제에게 요청했다. 당시 법에 따르면 해가 지고 일정한 시간이 되면 궁문을 모두 잠그고 통행을 제한했기 때문이다. 원제는 허락했고, 석현은 그날 일부러 밤늦게 돌아와서는 문지기를 향해 큰 소리로 황제께서 특별히 문을 열어주라고 명하셨다면서 한바탕 소동을 피웠다.

이 일은 다음날 궁 전체로 퍼져나갔고, 누군가 원제에게 석현을 탄핵하는 글을 올렸다. 원제는 그 글을 석현에게 건네주면서 싱긋이 웃었다. 교활한 석현은 원제 앞에 무릎을 꿇고 자신이 이처럼 시기 질투를 받으며 산다고 너스레를 떤 다음, 이렇게 굴욕적으로 사느니 차라리 자리를 내놓을 테니 그것으로 사람들의 원망을 잠재우십사 애원했다. 석현의 이 능숙한 연기 덕분에 원제는 석현을 더욱더 믿은 것은 물론 상까지 내려 석현의 기를 살렸다.

석현은 원제의 신뢰를 한층 더 다진 다음 경방을 제거하기 위한 수순을 밟았다. 앞서 말한 경방의 '고공과리법'은 실행에 옮겨졌다. 그런데 경방의 제자가 자사로 고시를 주관하자, 석현은 황제에게 건의하여 경방을 군수로 임명하게 하여 수도에서 내보냈다. 스승이 제자보다 나아야 하고, 자리도 높아야 하기 때문이란 것이다. 그리고 당시 제후들의 반란으로 신경과민 상태에 있던 원제에게 경방이 제후들과 결탁하여 정치를 비방하고 잘못을 천자에게로 돌린다는 모함을 하여 결국 경방 등을 제거했다. 경방을 지지하던 어사대부 정홍도 파직되어 자살했다.

석현 집단의 장기 집권과 몰락

석현에게 맞서 싸울 만한 조정 내 주요 인물이 하나씩 제거되자 석현에 대항하려는 사람은 더 이상 나오지 않았다. 이에 석현은 자신을 추종하는 자들을 두루 포섭, 강력한 정치 집단으로 만들어 10년 넘게 정권을 독차지했다.

  석현의 정치 집단은 조정 안팎 구석구석까지 촉수를 뻗쳤다. 그들은 상하좌우 거미줄처럼 결탁하여 조정 내 인사권은 물론 온갖 이권에 개입하는 등 위세를 떨쳤다. 이들은 마침내 사회집단으로 확대되어 백성들에게 숱한 해악을 미쳤다. 백성들은 견디다 못해 석현을 비방하는 노래까지 만들어 부르며 시름을 달랬다. 관복에 높은 관모를 쓴 나라의 밥버러지들은 석현의 지위를 배경으로 하는, 철저히 석현을 위한 사회적 기초였다. 이들은 부정과 비리를 일삼으면서 백성의 피를 빨았다. 훗날 조사 결과 황제에게 받은 상금을 포함해 석현이 받

성제 간신은 권력자라는 숙주에 달라붙어 사는 기생충과 같은 존재다. 숙주가 사라지고 다른 숙주를 찾지 못하면 소멸할 수밖에 없다. 원제의 뒤를 이어 황위에 오른 성제(B.C. 51~7)는 석현의 숙주가 되길 거부했고, 그를 제거했다.

은 뇌물만 억 단위에 이르렀다니 이들의 해악이 어느 정도였을지 짐작하고도 남는다.

그러나 간신은 누가 뭐라 해도 군주라는 몸에 달라붙은 악성 종양과 같은 존재다. 따라서 군주라는 숙주가 존재하는 한 총애를 받으며 몸에 온갖 독을 퍼뜨리고 나아가서는 나라 전체에도 전염시키지만, 군주라는 숙주가 사라지는 순간 소멸되게 마련이다.

석현의 숙주 원제가 죽고 성제(成帝)가 즉위했다. 그는 원제와 달리 간신을 탐탁지 않게 여기는 군주다. 성제는 즉위하자마자 석현을 장신태복으로 승진시켰다. 말이 승진이지 사실 중서라는 권력의 핵심에서 밀어내 실권을 빼앗는 조치였다. 몇 달 뒤, 승상부와 어사부는 석현의 과거 행적과 죄상을 낱낱이 들추어 탄핵했고, 석현과 그 일당은 모두 축출되었다. 이로써 석현을 우두머리로 하는 중서 집단이 순식간에 붕괴되었고, 고향 제남으로 낙향하던 석현은 분함을 이기지 못하고 먹기를 거부하다가 도중에 죽고 말았다.

정치 체제와 통치자의 한계가 간신 발호의 자양분

석현이란 간신은 하드웨어와 소프트웨어를 동시에 사용할 줄 알았다. 조정의 시스템에 대한 고급 정보와 인적 네트워크를 장악하고, 조정 관료는 물론 개인의 빈객들까지 두루 포섭하여 이 네트워크를 움직이는 상당히 수준 높은 관리 능력을 보여주었다. 물론 다양한 방법으로 조직한 패거리는 늘 자신을 옹호하는 친위대로 거느렸으며, 이 패거리를 점조직으로 운영하여 정교한 기계의 톱니바퀴가 돌아가듯 민첩하고 효율적으로 가동했다.

그는 여론을 조작하는 영악한 수법도 구사할 줄 알았다. 명망가 공우를 적극 우대하고 추천하여 자신에게 불리한 여론을 극적으로 반전시켰다. 그런가 하면 황제의 마음을 돌려 자신을 제거하려던 경방에 대응하기 위해 연출한 '궁문 사건'은 석현의 마음 씀씀이가 얼마나 대단한지 실감할 수 있게 한다.

서한 초기, 황제 아래로 조정을 관장한 자리는 승상이었다. 그러나 동한 시기에 이르면 이 권한은 상서에게 완전히 넘어갔다. 석현이 설치던 서한 후기는 그 과도기다. 말하자면 석현은 중서령으로 전권을 휘두르는 유례없는 선례를 남김으로써 한나라 제도 전체에 변질을 가져오게 만든 장본인이다. 또 환관으로서 조정을 장악한 것은 물론, 정치 집단을 만들어 오랜 기간 전권을 행사하는 이른바 환관 정치의 선구자가 되었다. 중국 역사상 가장 극성을 부렸던 동한 시대의 환관 정치가 석현을 기점으로 이어졌기 때문이다.

황제 체제라는 정치 체제의 근본적 한계에 통치자의 열악한 자질이 겹쳐지면 통치 체제와 그 기능이 변질될 수밖에 없다. '변질'이란 틈

사이로 간신이 끼어들기 때문이다. 체제의 한계와 통치자의 못난 자질이 간신 출현의 원인 제공자이자 간신 발호의 자양분이라는 사실은 예나 지금이나 별반 다를 것이 없다. 지도자에게 시스템의 장단점과 한계에 대한 통찰력을 요구하는 것도 이 때문이다.

탐욕의 화신이 되어
축재와 투기에 열을 올리다

양기(梁冀, ?~159, 동한)

양기는 동한 최대의 간신으로 안정(安定) 오씨(烏氏, 지금의 감숙성 평량현 서북) 출신이다. 양기의 아비 양상(梁商)은 순제(順帝) 연간(125~144년)에 대장군으로 군권을 쥐었다. 양기의 고모와 여동생은 미모가 뛰어나 각각 순제의 황후와 귀인이 되어 궁중 권력의 중심부에 진입했다. 양기는 막강한 귀족 집안에서 태어났지만 외모가 추하고 흉악했을 뿐만 아니라, 재주도 덕도 부족하여 사람 됨됨이가 형편없었다. 꿍꿍이가 많고 교활했으며, 남을 속이기를 밥 먹듯 하고 나쁜 짓이란 나쁜 짓은 다 저지르고 다녔다.

양기는 권문세가의 방탕한 망나니였지만 집안의 권세를 등에 업고 승승장구, 아비의 뒤를 이어 대장군 자리까지 올랐다. 이후 그는 조정의 전권을 움켜쥐고 미친 듯 살상을 저질렀다. 충직한 대신들을 밥 먹

동한 순제 양기 집안은 순제 연간에 이미 막강한 권세를 휘두르며 행세했고, 양기는 집안의 배경을 믿고 망나니짓을 하고 다녔다.

듯 해쳤고, 자기를 따르지 않는 사람은 가리지 않고 공격했다. 심지어는 황제마저 멋대로 죽이고, 자기 입맛에 맞는 인물만 골라 요직에 앉히는 등 황제를 능가하는 권력을 휘둘렀다.

양기의 독재로 조정은 물론 사회 전체의 기반이 흔들렸고, 백성의 원성이 하늘을 찔렀다. 동한 왕조는 간신 양기를 기점으로 회복할 수 없는 쇠퇴의 벼랑으로 추락하여 결국 멸망하고 말았다.

환관 간신과 외척 간신의 악순환

중국 최고의 정치가이자 충절과 청렴의 상징 제갈량(諸葛亮)은 〈출사표(出師表)〉에서 후회스러운 과거사를 다음과 같이 지적했다.

선제(유비)께서는 신과 이 문제를 의논하실 때마다 환제(桓帝)와 영제 시대를 탄식하고 가슴 아파하지 않으신 적이 없습니다!

제갈량은 환제를 전후로 동한 정권이 내리막길을 걸었음을 지적한

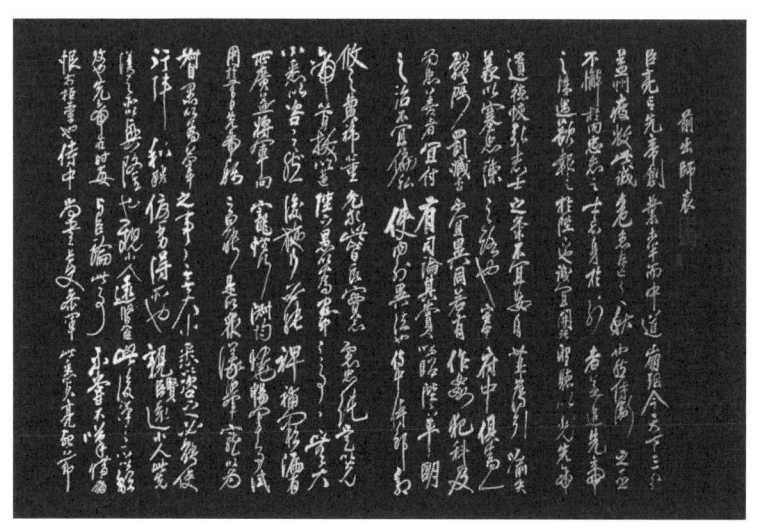

제갈량 출사표 제갈량은 과거 역사를 거울삼아 늘 간신 소인배를 경계하라고 경고했다.

것인데, 이 과정에서 양기가 초래한 악영향은 상상을 초월한다.

동한 중기를 넘어서면서 별스럽게 어린 황제가 많이 즉위했다. 그러나 그것은 자연적인 현상이 아닌 인위적인 경우가 대부분이었다. 석현을 기점으로 정치 집단으로 성장한 환관 세력과 이들을 견제하기 위해 황제가 끌어들인 외척 집단이 어린 군주의 즉위를 선호했기 때문이다. 어린 황제라야 자신들이 마음 놓고 조종할 수 있었다. 어린 황제의 죽음 역시 두 집단의 정치투쟁의 산물이었다. 정치투쟁에서 승리한 쪽이 자기들 입맛에 맞는 먹잇감(어린 황제)을 고를 수 있었다.

황제는 유명무실해졌다. 두 집단은 황제가 성인으로 자라기도 전에 격렬한 투쟁을 벌였다. 성장한 황제가 실질적인 권력을 휘두르기 전에 제거해야 했기 때문이다. 승리한 쪽이 다시 자기들 입맛에 맞는 꼭두각시를 고를 수 있었다. 이런 악순환이 반복되다 보니 정치는 물론 민생과 사회 전체가 도탄에 빠져 허덕였고, 결국 왕조의 멸망으로 귀착되었다. 환관과 외척 집단의 권력투쟁의 악순환은 대체로 다음과 같은 과정을 밟았다.

황제가 젊은 나이로 죽고 어린 황제가 즉위함 → 외척이 전권을 휘두르며 어린 군주의 불만을 삼 → 어린 군주가 성장하면 환관 세력을 이용하여 외척을 제거함 → 환관 집단이 전권을 휘두르며 황제의 불만을 삼 → 황제가 황후를 간택하면서 새로운 외척이 생겨남 → 황제가 외척을 이용하여 환관 세력을 소탕함 → 황제가 죽고 다시 어린 군주가 계승함

환관과 외척이 정권을 좌우하는 중국 황제 제도의 고질적 폐단은 환관 간신 석현과 외척 간신 양기를 기점으로 이렇게 정착되었다. 이는 후대 중국사에 엄청난 악영향을 미친 역사 현상이자 사회현상으로 자리 잡았는데, 제갈량은 과거사를 거울삼아 같은 실수와 폐단을 반복하지 않길 간절히 바라는 마음에서 이같이 경고한 것이다.

역사는 과거사를 분명하게 비쳐줄 수 있는 경고와 교훈의 거울이지만, 현재 시점에서 끊임없이 먼지를 닦아내고 자신을 비추지 않으면 교훈은커녕 우리의 발목을 잡고 진보를 향한 걸음을 후퇴시킨다.

양기의 악행 퍼레이드

양기는 권세가 집안의 자식답게 놀이란 놀이, 잡기란 잡기는 죄다 미

잡기를 즐기고 있는 동한 시대의 귀족 인류사가 잘 보여주듯 기득권층의 탐욕은 한결같았다. 양기는 그 도가 지나쳐 온갖 놀이와 도박에 탐닉하며 백성을 괴롭혔다.

친 듯 몰두했다. 주색은 기본이고 도박, 축구, 닭싸움, 경마, 개싸움 등 가리지 않았다. 이 과정에서 양기는 양민을 숱하게 괴롭혔다. 백성들의 원성이 자자했지만 그 집안의 위세에 눌려 대놓고 불만을 터뜨리지 못했다. 이는 양기뿐만 아니다. 외척 집안들이 거의 예외 없이 대동소이했다.

당시 외척 집안의 횡포가 어느 정도였는지 한 가지 사례를 들어 살펴보자.

대표적인 외척 집안으로 등씨와 양씨가 위세를 떨쳤는데, 등씨는 장장 30년 동안 권력을 좌지우지했다. 등씨 집안 사람들이 등 태후를 등에 업고 온갖 나쁜 짓을 저지르고 다녔는데, 두근(杜根)이란 사대부가 등씨에게 당한 일이 정말 기막히다. 그는 등 태후에게 권력을 황제에게 돌려주라고 요구하다가 보쌈을 당해 금난전에서 바닥으로 내팽개쳐지는 어처구니없는 꼴을 당했다. 그런데 하늘이 도왔는지 황야에 버려진 뒤 죽지 않고 깨어났다. 그는 죽은 것처럼 가장하여 사흘 동안 눈에 벌레가 생길 정도로 누워 있다가 깊은 산속으로 도망쳐 술집을 하면서 생계를 꾸렸다. 그리고 15년 뒤 등씨 외척이 실각하자 세상으로 나왔다.

자, 이제 양기로 돌아가서 136년 하남윤으로 부임한 뒤 양기가 어떤 악행을 저질렀는지 간략하게 살펴보자.

먼저 당시 낙양 현령이자 양기의 아버지 양상의 문객이던 여방(呂放)을 해친 사건이다. 여방은 양기의 비행 때문에 양씨 가문이 곤경에 처하지 않을까 걱정이 되어 양상에게 양기의 비행을 알렸다. 양기는 아버지에게 한바탕 혼이 났다. 이에 여방에게 앙심을 품은 양기는 자객을 시켜 여방을 살해했다. 영악한 양기는 이 사건의 진상을 감추려고 여방의 원수가 저지른 짓이라고 소문을 내는 한편, 여방의 동생 여우를 낙양 현령으로 추천하는 등 여씨 집안 식구들을 다독거려 시선을 돌렸다. 그리고 여방을 살해한 자객마저 죽여 입을 막았는데, 자신이 직접 손을 쓰지 않고 여방의 동생 여우에게 자객을 잡아 죽이게 했다. 이런 일이 있은 뒤 누구 하나 양기에 대해 이러쿵저러쿵하지 못했다.

광록대부 두교(杜喬)는 강직한 인물로 연주를 감찰하면서 양기의 패거리가 지은 죄상을 밝혀 상당수를 파직시켜 민심을 후련하게 만들었다. 이런 두교에게 앙심을 품은 양기는 대장군의 신분으로 두교를 곤경으로 몰아넣기 위해 뇌물을 받은 사궁이란 자를 추천해달라고 청탁했다. 두교는 물론 거절했고, 양기는 끝내 그를 해쳤다.

완현의 현령으로 발령이 나서 인사를 하러 온 오수(吳樹)에게는 완현에서 못된 짓을 일삼던 자신의 패거리를 잘 부탁한다는 청탁을 넣었다. 오수가 법대로 처리할 뿐이라며 난색을 표하자, 이에 앙심을 품은 양기는 오수가 형주자사로 승진하여 부임하면서 다시 인사를 하러 왔을 때 축하주에 독을 탔다. 독주를 마신 오수는 수레를 타고 부임지로 가던 중 급사했다.

농담 한 마디에 독살당한 황제

양기의 만행 대상에는 누구든 예외가 없었다. 심지어 황제도 마음에 들지 않으면 서슴없이 제거했다.

114년 순제가 죽자 양기는 겨우 두 살 난 유병(劉炳)을 황제 자리에 앉혔다. 이가 충제(沖帝)다. 대권은 거의 양기 수중에 들어갔다. 그런데 불행인지 다행인지 충제가 이듬해 갑자기 유명을 달리했다. 후계자를 놓고 양기와 태위 이고(李固)가 격렬하게 투쟁했다. 이고는 외척이 정치에 관여하는 것을 막기 위해 나이가 들고 품행이 양호하며 시시비비를 가릴 줄 아는 청하왕 유산(劉蒜)을 적극 옹립했고, 양기는 그 반대 이유로 여덟 살 난 유찬(劉纘)을 후계자로 밀어 결국 황제 자리에 앉혔다. 이가 질제(質帝)다.

그런데 어린 질제는 양기의 행패가 마음에 들지 않았는지 어느 날 문무백관이 모인 자리에서 양기를 가리키며 "저자가 발호장군인가?"라며 양기를 비웃었다. '발호장군'이란 제멋대로 설치고 다니는 장군이란 뜻으로, 어린 질제로서는 자신이 할 수 있는 최대의 저항을 한 셈이다.

농담조로 던진 야유이자 조롱이지만 양기는 절대 그냥 넘어가지 않았다. 양기는 질제가 먹을 떡에 독을 타서 갖다 주게 했다. 독이 든 떡을 먹은 질제는 창자가 끊어질 것 같은 고통 속에서 계속 물을 찾았지만, 양기는 "물을 마시면 안 된다. 물을 마시면 토한다!"며 시종들을 윽박질러 물도 못 주게 했다. 이러는 동안 질제는 때를 놓치고 그대로 숨이 넘어가고 말았다.

황제까지 독살할 정도로 간이 크고 막강한 권력을 잡은 양기에게 감히 대들 수 있는 사람은 없었다. 양기에게 잘 보이려고 애쓰는 새끼 간신들이 넘쳐났고, 관리를 뽑는 정상적인 통로는 완전히 무너졌다. 썩은 고기에 파리가 몰리고 이어 구더기가 넘쳐나는 전형적인 부패상이 조정을 뒤덮었다. 뇌물은 다반사고, 횡령은 지극히 정상적인 행위로 치부되었다. 당시 상황이 어떠했는지는 장안을 떠돌던 유행가 가사가 잘 보여준다.

> 수재라고 뽑혀 온 자들, 글을 모르고
> 효성과 청렴으로 추천된 자들, 부모와 따로 살고 있네.
> 모든 것이 진흙탕에 뒤엉켜 흐려졌고
> 문무 고관들 닭 새끼처럼 목을 움츠리는구나.

축재와 부동산 투기의 원조

외척 간신 양기의 간행에서 가장 눈길을 끄는 부분은 어마어마한 축재와 상상을 초월하는 사치다. 이런 탐욕스러운 생활에는 양기의 마누라 손수(孫壽)도 한몫했다. 중국의 원로 역사학자 사식(史式) 선생이 쓴 《청관탐관각행기도(淸官貪官各行其道)》를 참고로 양기의 축재 상황을 살펴보자.

먼저 양기의 부동산 보유 현황이다. 대장군이란 직함으로 받은 식읍은 3만 호나 되었다(쉽게 말해 3만 호가 내는 세금에 대한 권리는 물론 이들에 대한 생사여탈권까지 쥐고 있었다). 대장군 밑에서 일하는 자들은 재상 그룹에 소속된 관리보다 두 배나 많았다. 동생과 아들도 작위에 1만 호를 식읍으로 받았다. 심지어는 아내 손수까지도 양적이란 지방에서 바치는 세금을 차지했는데, 1년에 5000만 전 이상을 거둬들였다. 이 여자가 입고 다니는 복장은 황제의 고모 장 공주를 능가할 정도였다.

다음으로 축재 현황이다. 양기는 지방 부호들에게 돈을 빌리는 수법으로 그들의 재산을 갈취했는데, 돈을 빌려주지 않거나 양이 적으면 없는 죄목을 붙여 옥에 가둔 다음 지독한 고문으로 재산을 내놓게 만들었다. 섬서성 부풍 사람 사손비는 5000만 전을 빌려달라는 양기에게 3000만 전만 빌려주었는데, 화가 난 양기는 사손비의 어머니가 절도죄를 저질렀다며 사손비 형제를 잡아다 고문하여 죽게 하고는 재산 1억 7000만 전을 몰수했다.

아내 손수는 한술 더 떠

손수 양기의 탐욕스러운 간행을 부채질한 것은 그 아내 손수였다. 두 사람은 미친 듯 축재에 몰두하는 한편 무한 사치 경쟁에 나섰고, 이 과정에서 많은 사람들이 희생당했다.

요란한 몸치장으로 장안의 유행을 주도했다. 이 여자는 질투심이 하늘을 찔렀는데 심지어는 남편의 축재와 투기, 부동산에도 질투를 느껴 미친 듯 경쟁할 정도였다. 양기가 큰 저택을 짓자 손수도 거리를 사이에 두고 집을 지었는데, 장안의 건축 자재를 모조리 사들이는 등 서로 경쟁했다.

이들의 집은 수십 채에 이르는 누각이 모두 회랑으로 연결되었고, 기둥과 벽은 조각 장식으로 수놓았다. 무지개 모양 돌다리가 수로를 따라 이어지고, 금고에는 금은보화와 온갖 진기한 물건들로 넘쳐났다. 정원은 비유하자면 용인 에버랜드를 방불케 했다.

손수는 집 안에서도 짙은 화장에 호화스러운 차림으로 지냈으며, 잘 차려입은 무용수와 악단을 대동하고 이들의 음악을 듣고 춤을 보는 것을 낙으로 삼았다. 손수는 울긋불긋 양산이 달리고 금은으로 장식된 초호화판 수레에 느긋하게 몸을 맡긴 채 자기 집을 구경하며 다녔는데, 어떤 때는 먹고 마시고 놀면서 광란의 밤을 지새웠다.

절대 권력의 착시현상과 양기의 몰락

이 정신 나간 부부는 정말이지 미친 사람처럼 부를 탐했고, 자신들의 부를 온 천하에 떠벌리고 다녔다. 양기가 집권한 약 25년 동안 이들에게 해를 입고 파멸한 집안은 헤아릴 수 없을 정도로 많지만, 이들 부부는 남의 이목이나 불만에는 눈썹 하나 까딱하지 않았다. 그러나 사람들은 눈을 부릅뜨고 이 부부의 행동을 지켜보았고, 마음에 씻을 수 없는 원한을 품은 채 이들이 미친 무대 위에서 내려올 날을 손꼽아 기다렸다.

양기 집안은 20년 넘게 조정의 인사권을 장악하면서 황후 세 명과 귀인 여섯 명을 배출했다. 또 이들의 치맛자락을 붙들고 막강한 권력을 쥔 대장군 두 명, 봉후 일곱 명, 부마 세 명 등 헤아릴 수 없이 많은 고관대작을 배출했다. 동한 시대 여러 집안의 외척들이 권력을 휘둘렀지만 양기 집안을 능가할 세력은 없었다.

달도 차면 기울고, 붉은 꽃도 열흘이라고 했다. 권력은 균형을 이루지 못하면 착시 현상을 일으키고, 결국은 인간의 정상적인 판단력마저 왜곡시키는 마력이 있다. 거의 모든 권력자들이 그렇듯 양기 역시 자신의 권력은 영원할 것으로 생각했다. 권력의 '자기 확신'이다. 자신이 세운 꼭두각시 환제 또한 영원히 자신의 말을 고분고분 들을 것이라 철석같이 믿었다. 150년, 양 태후가 죽고 환제가 친정을 시작했다. 환제의 나이 19세였으나 양기는 환제를 전혀 존중할 줄 몰랐다.

당시 눈 밝은 사람이라면 황제의 나이가 들어갈수록 양기의 위기도 깊어간다는 사실을 일찌감치 알아차렸다. 황제가 언제까지나 꼭두각시 역할에 만족하리라 믿는 사람은 거의 없었다. 그런데도 양기는 전혀 개의치 않고 여전히 황제를 깔보고 무시하고 윽박질렀다.

159년, 환제의 나이 28세가 되었다. 황제 자리에 앉은 지 13년, 친정을 시작한 지도 9년째 접어들었다. 환제의 머릿속에는 어떻게 하면 양기를 제거할 수 있을까 하는 생각뿐이었다. 말로는 '지고무상'한 권력을 가진 황제라면서 무엇 하나 제 손으로, 자기 생각대로 할 수 없는 현실에 환제는 짜증이 났고, 급기야 절망감에 시달렸다. 그러나 하늘이 무너져도 솟아날 구멍이 있다던가. 환제의 의중을 간파한 환관들이 하나 둘 환제 곁으로 모여들어 세력을 형성하기 시작했다.

환제 질제를 독살한 양기 남매에 의해 옹립, 황제가 되었다(146~167 재위). 그는 기민하게 양기 부부를 제거했으나 이 과정에서 환관 세력을 끌어들이는 치명적 실수를 저질렀다.

그러던 중 태사령 진수가 양기 부하에게 고문을 당해 사망하는 사건이 발생했다. 여기에 이 사건의 진상을 조사하던 환제의 주변 인물을 양기가 자객을 시켜 해치려다 미수에 그친 사건까지 겹쳤다. 환제는 용상을 박차고 일어났다. 측근 환관들과 대책을 논의한 끝에 공개적으로 상서들을 소집하여 궁중을 호위하게 하는 한편, 군대를 동원하기 위한 부절을 회수케 하여 군권을 장악했다. 양기의 대장군 직인도 회수했다. 이상의 조치는 전광석화처럼 이루어졌다. 모든 것이 환제의 지시에 따라 일사불란하게 진행되어 기밀이 새어나가지 않았다.

양기와 손수 부부는 미처 도망도 못 가고 함께 자결했다. 두 집안의 친인척도 모두 목이 잘렸다. 이 대숙청에 연루되어 죽은 고위 관료가 수십 명에 이르렀고, 파면된 관리는 300명이 넘었다. 하루아침에 조정이 텅 비었다. 양기가 죽었다는 소식에 백성들은 모두 뛰쳐나와 만세를 부르며 서로 축하했다. 이어 조정에서는 양기 부부의 재산을 조사하여 모두 공적 자금으로 압수했는데, 그 액수가 무려 30억 전이 넘었다. 1년 국가 예산의 절반에 해당하는 금액이다.

권력자, 특히 절대 권력이나 정당치 못한 수단으로 차지한 권력을 휘두른 독재자의 말로치고 평범하거나 해피엔딩으로 끝난 경우는 없었다. 그 다음에는 어김없이 준엄한 역사의 심판이 따랐고, 심판에 따라 영원히 역사의 죄인으로 남았다. 양기는 여기에 한 가지 더, 영원한 웃음거리라는 치욕이 추가되었다.

간신 백태의 1차 토양은 가정

간신이 자라는 또 다른 토양은 가정이다. 우리 사회에서 벌어진 숱한 권력형 비리 사건에서 비리를 저지른 장본인의 가족이 어떤 반응을 보였는지 돌아보자. 어떤 부모가 나서서 못된 짓을 저지른 자식을 나무랐는가? 어떤 아내가 자기 남편이 저지른 짓거리를 부끄러워했으며, 어떤 남편이 자기 아내의 부정과 비리에 고개를 숙였는가? 가정에서 부모와 부부가, 자식이 서로 잘못을 눈감아주고 심지어는 손잡고 부정과 비리를 부추기고 저지르는데 어떻게 간신이 태어나지 않을 수 있겠는가? 그 집안이 부와 권력을 쥔 집안이라면 간신의 출현은 100%다. 양기 부부의 천인공노할 간행은 우리 사회 지도층이 벌이는 온갖 추태의 오리지널 버전이자 적나라한 예고편이다.

간신에게도 허점과 약점은 있게 마련이지만, 그 약점을 빨리 간파하여 통제하거나 제거하지 않으면 그 해악이 너무 크다는 것이 문제다. 또 간행을 다 저지른 다음 허점을 찾아 제거하려 할 때는 제거한다 해도 그동안 쌓인 폐해를 돌이킬 수 없다. 젊은 날 양기의 악행을 저지하지 못한 결과가 어떠했는지 잘 보지 않았는가?

간신들이 설칠 때마다 거의 예외 없이 올바른 뜻을 펼치는 인물이

나타나 간신의 근절 대책을
정확하게 제기했다는 사실
에도 주목해야 한다. 다만
이들과 그 충고를 받아들이
지 않은 것은 물론, 박해를
가해 배척함으로써 정의의
목소리가 계속해서 나오지
못하게 만들고, 결국 더 큰
문제를 초래했다는 것이 문
제다. 양기가 발호할 때도
두교나 이고와 같은 강직한
인물들이 나서 저항했지만,
나머지 사람들은 이들을 도
와 함께 양기를 규탄하고 제

두교 양기와 그의 패거리에 맞서 법을 엄격하게 집행했으나 끝내 희생당하고만 강직한 성품의 두교. 소인배에게 배척되는 군자의 예로 흔히 인용되는 인물이다.

거할 힘을 보태주지 않았다. 오히려 반대로 양기에게 달라붙어 부귀영화를 추구한 지식인들이 더 많았다. 이들이 결탁하여 조정과 사회를 혼란으로 몰아넣었고, 동한 왕조는 걷잡을 수 없는 멸망의 구렁텅이로 빠졌다. 나라의 멸망도 문제지만 멸망에 이르기까지 나라가 만신창이가 된다는 것이 더 큰 문제다. 간신과 그에 기생하는 세력이 준동할 때는 말이다.

　모두 자각해야 할 시점이다. 지금 우리 사회도 온갖 간신들이 넘쳐나기 때문이다. 정치판의 간신 정간(政奸)은 기본이고, 이들에 빌붙어 알랑거리는 언론계의 언간(言奸), 배운 것을 왜곡하여 학문적 양심은 물론 자신의 영혼마저 저당 잡히길 서슴지 않는 학간(學奸), 권력마저 돈으로 살 수 있다며 열심히 권력자의 비위를 맞추는 상간(商奸), 심지어 무인이 갖춰야 할 최소한의 기본기마저 망각한 채 더러운 권력의 쓰레기 더미를 향해 킁킁거리며 달려가는 무간(武奸), 종교라는 권위에 빌붙어 세상을 밝히기는커녕 악취만 풍기고 다니는 가증스러운 목간(牧奸), 여기에 대중을 기쁘게 하고 즐겁게 하던 딴따라가 하루아침에 권력자의 꽁무니를 졸졸 따라다니며 아양을 떠는 뭐라 이름 붙이기조차 민망한 간신들까지. 구역질 나는 온갖 간신들이 한데 엉켜 간통하는 것도 모자라 자신까지 강간하며 나라 전체를 온통 악취에 시달리게 만들고 있다.

무엇보다 중요한 것은 간신은 싹트기 전에 잘라야 한다는 사실이다. 그러기 위해서는 인간의 본질을 정확하게 간파할 수 있는 이성적 판단과 과학적 사고, 투철한 역사관으로 무장하는 수밖에 없다. 그리고 또 하나, 가정교육을 혁명적으로 바꿔야 한다. 기득권을 장악한 간신배가 조작해놓은 결과가 뻔한 게임에 제 발로 들어가 자식을 망치고 가정을 망치고 나라를 망치는 미친 짓거리에서 과감하게 발을 빼고, 인간으로서 갖춰야 할 최소한의 존엄성을 회복하는 길로 나서야 할 것이다. 간신이 자라는 1차 토양은 가정이고, 간신을 키우는 2차 토양은 사회며, 간신에게 우리의 심장을 도려낼 수 있는 권력을 쥐여주는 마지막 토양이자 가장 기름진 토양은 다름 아닌 우리의 비겁함과 연약함이기 때문이다.

무력을 동원하여
무소불위의 권력을 휘두르다

동탁(董卓, ?~192, 후한)

동탁 하면 누구나 《삼국지연의》를 떠올릴 것이다. 여기에 나타난 동탁의 이미지는 잔인하고 흉악한 난세의 간웅으로 인간 이하의 평가를 받고 있다. 소설이라 사실과 다른 부분도 있고 다소 과장된 부분도 없지 않으나, 동탁이 군대로 조정을 유린하고 사회 혼란을 가중시킨 '무간'의 시대를 연 인물이라는 점에서는 달리 이견이 없을 것이다.

동탁은 동한 말기 롱서 임조(지금의 감숙성 민현) 출신으로 자를 중영(仲穎)이라 했다. 태어난 해는 알 수 없고, 헌제(獻帝) 초평 3년(192)에 피살되었다. 동탁은 일찍부터 변방의 강족(羌族)과 친분이 두터워 '강족통'으로 명성을 날렸고, 이를 기반으로 권력의 중심에 진입하기 시작했다. 환관과 외척, 사대부의 피 튀기는 정치투쟁을 관망하면서 서서히 자기 세력을 확대한 다음 일거에 수도 낙양을 점거하여 소제

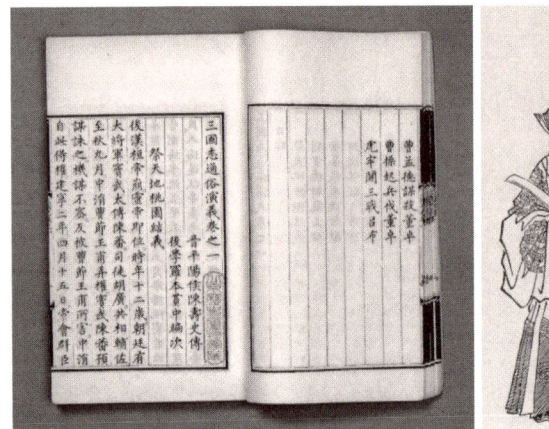

《삼국지연의》와 동탁 동탁의 만행은 소설 《삼국지연의》를 통해 널리 알려져 있다. 동탁은 또 무인 간신의 대표적인 인물이기도 하다.

를 폐위시키고 헌제를 옹립함으로써 대권을 장악했다.

조조(曹操)와 원소(袁紹) 등이 동탁의 전횡을 성토한다는 명분으로 그를 공격하자 헌제를 끼고 장안으로 천도했다. 이 과정에서 낙양에 불을 지르고 역대 제왕들의 무덤을 파헤치는 등 낙양을 완전히 초토화시켰다. 동탁은 장안을 근거지로 스스로 태사가 되어 무제한의 권력을 행사하고 백성을 해치다가 왕윤(王允)과 여포(呂布)에게 피살되었다.

동탁이 등장한 사회적 배경

동탁은 중국사에서 가장 많은 사람들의 이목을 집중시킨 '삼국 시대'를 연 장본인이다. 그는 군사력으로 정치를 장악한 전형적인 군벌로,

그가 출현한 데는 동한의 부패하고 혼란한 정치라는 심각한 시대적 배경이 있었다.

몇 차례 언급했다시피 동한은 환관과 외척이 번갈아 정권을 잡으면서 조정과 황제는 유명무실해졌고, 정치는 극단적 부패상을 노출했으며, 사회와 민생은 도탄에 빠졌다. 이 투쟁에는 환관과 외척뿐만 아니라 사대부(조정의 문무관)까지 합세함으로써 극도의 혼란상을 보였다. 사대부는 때로는 외척과 손을 잡고 환관을 공격했다. 이들의 공격은 그 잔인함에서 환관이나 외척의 그것을 능가할 정도였다.

변태적 정치투쟁의 악순환 때문에 정치와 사회는 피 말리는 긴장감 속에서 침체를 면치 못했다. 특히 166년 발생한 지식인에 대한 환관의 박해와 18년에 걸친 당고(黨錮 : 공권 박탈과 고향을 떠나지 못하게 하는 조치)를 초래하여 동한을 철저히 부패하게 만들었다.

이어 터진 역사적인 황건(黃巾) 농민 봉기가 백성들에게 한 줄기 희망을 안겨주는 듯했으나 간신히 11개월을 버티고는 각개격파 당해 실패로 끝났다. 문제는 이 과정에서 동한 정부가 과거 강족을 토벌하면서 막강한 군벌로 성장한 동탁에게 농민 봉기의 진압을 맡겼다는 사실이다. 동탁은 무자비한 살육과 약탈, 방화로 봉기군을 진압했다. 동탁이 이끄는 양주(凉州) 군단은 말 그대로 피비린내를 맡으며 성장한 것이다.

난무하는 권력 투쟁

189년 사대부 지도자의 한 사람인 금위군관 원소와 외척의 대표인 대장군 하진(何進)이 연합하여 환관을 제거하기로 모의했다. 그러나 하진의 동생 하 태후가 동의하지 않는 바람에 계획이 어리석은 방향으로 수정되었다. 원소는 당시 하동(산서성 하현)에 주둔하던 대장 동탁에게 밀명을 내려 낙양으로 들어와 황제 측근의 환관들을 토벌함으로써 하 태후를 압박하라고 했다. 이에 대해 또 다른 금위군관 조조가 "환관은 법관이 상대하면 그만이다. 그런데 방향을 그런 쪽으로 돌리면 정변을 유도할 수 있고, 사태는 수습할 수 없을 정도로 대란에 빠질 것이다"라며 반대했지만 묵살되었다.

그런데 이 음모를 사전에 알아낸 환관들이 하진을 황궁으로 유인하여 목을 베어버렸다. 상황이 여의치 않자 원소는 금위군을 이끌고 황궁으로 진입하여 환관들의 씨를 말리겠다는 기세로 살육을 자행했다. 그런데 이 과정에서 수많은 낙양 시민들이 수염이 없다는 이유로 목이 잘리는 어처구니없는 사태까지 발생했다.

원소가 황궁으로 난입하자 환관 장양(張讓)은 막 즉위한 13대 황제 소제(少帝) 유변(劉辯)을 끼고 포위망을 뚫고 북쪽으로 도주했으나, 결국 추격병을 따돌리지 못하고 황하에 몸을 던져 자결했다. 중국사 최초의 환관 시대는 이렇게 막을 내리고 환관 세력은 철저하게 실패했다. 그러나 승리한 사대부는 더 비참한 운명을 맞이하지 않으면 안 되었다. 동탁의 시퍼런 칼날이 그들의 목덜미를 겨누고 있었기 때문이다.

정치군인으로서 행보

환관과 외척, 사대부들의 격렬한 정치투쟁에서 동탁은 일단 중립을 취했다. 원소의 요청에도 그는 군대를 동원하지 않았다. 다만 수도 낙양 근처에 주둔하면서 사태를 주의 깊게 살피고 있었다. 그는 병권을 가지고 있어야 자기 몸을 지키는 것은 물론 기회가 오면 대권을 장악할 수도 있다는 사실을 경험으로 알았다. 강족을 토벌하는 과정에서 끊임없이 자신의 몸집을 불려온 것도 그 때문이다. 이는 매우 단순하고 무식한 생각이며, 대단히 위험한 생각이다. 훗날 동탁이 벌인 무자비한 살육은 바로 이런 생각에서 초래된 최악의 결과다.

병권에 목숨을 건 동탁이기에 고위 관직을 주어 병권을 내놓게 하려는 조정의 명령도 듣지 않았다. 하기야 이 무렵 동한은 조정이나 황제의 명령이 제대로 집행되지 않을 정도로 무기력했다. 조정 내부의 권력투쟁도 극에 이르렀다. 동탁은 이런 형세에 속으로 쾌재를 불렀다. 난세에 영웅이 나고, 혼란 속에서 득을 취하기 쉬우며, 변란 통에 권력을 빼앗을 수 있다는 것을 신봉하던 동탁은 촉각을 곤두세운 채 사태의 변화를 살피고 있었다.

소제 유변 환관 시대는 막을 내렸지만 군벌의 발호가 기다리고 있었다. 동탁이 소제를 끼고 천하를 호령하기 시작한 것이다. 176~190(189 재위).

앞서 말한 대로 189년 원소가 환관을 학살하고, 환관 장양은 황제 소제를 끼고 도망하다 황하에 투신자살했다. 이때 황하 남쪽 기슭 소평진에서 소제를 구하러 달려간 군대가 바로 동탁의 군대다. 동탁이 드디어 기지개를 켠 것이다. 소제는 동탁의 양주 군단의 호위를 받으며 낙양으로 입성했다. 동탁의 군대가 동한의 심장부에 진입하는 순간이자, 군인 동탁의 정치적 행보가 본격적으로 시작되는 기점이다.

그런데 환관과 외척이 격렬하게 투쟁한 과정을 가만히 들여다보면 동탁의 교묘한 정치적 술수가 작동한 것을 발견할 수 있다. 동탁은 단순 무식한 무인이 아니었다.

권력 장악의 수순

당초 환관 집단을 일망타진하라는 원소의 밀지를 받은 동탁은 때가 왔음을 직감했다. 그는 내심 기쁘기 이를 데 없었다. 하지만 바로 군대를 움직이지 않고 계속 사태를 관망하면서 계산기를 두드렸다. 동탁은 우선 환관, 하진으로 대표되는 외척, 사대부 집단의 투쟁을 더 격하게 도발하여 각 세력에게 치명적 상처를 입히는 수단을 취했다.

동탁은 진군하는 도중에 지금 천하가 혼란에 빠진 것은 모두 황문상시 장양이 패역무도하게 나라의 기강을 어지럽히기 때문이며, 자신은 장양 등을 제거하여 황제의 주변을 정리하겠다는 글을 황제에게 올렸다. 여기에는 동탁의 두 가지 꿍꿍이속이 있다. 하나는 자신의 출병은 이유가 있음을 들어 진짜 의도를 감춘 것이다. 다른 하나는 자신의 입성은 누군가 제공한 정보에 따른 것이라는 점을 암시함으로써

원소와 조조 명문가 출신의 원소는 동탁을 견제할 유력한 후보였으나 동탁의 기세에 눌려 달아났고, 조조는 동탁의 회유와 협박을 견디다 못해 조용히 빠져나가 후일을 도모한다.

장양과 하진의 싸움을 도발한 다음, 이후 사태는 직접 수습하겠다는 것이다.

그의 속셈은 적중했다. 장양 등 환관 집단이 선수를 쳐 하진을 살해했고, 이 소식을 들은 하진의 부하 원소 등이 궁정으로 난입하여 인정사정없는 대도살을 자행하여 환관 세력을 말살했다. 이때 살해된 환관만 2000명이 넘는다. 기회를 잡은 동탁은 장양을 추격하여 자살하게 만들고, 소제를 찾아서 의기양양하게 낙양으로 개선했다.

입성하자마자 동탁의 양주 군단은 즉각 낙양을 통제했다. 원소와 조조의 금위군은 동탁의 양주 군단을 상대하기에는 역부족이었고, 차례차례 낙양을 빠져나갔다. 동탁은 수도를 통제하는 것은 황제를 통제하는 것과 같고, 황제를 통제하는 것은 전국을 통제하는 것과 같다는 사실을 발견했다. 잠재되어 있던 야심이 걷잡을 수 없이 팽창했고, 급속한 상황 변화와 무장으로서 단순한 판단력이 결합되면서 그는 정치를 지나치게 단순화하기 시작했다. 그는 권력이 곧 정치라는 단순 논리를 맹신했고, 이내 권력의 함정에 빠져들었다.

절대 권력의 횡포

권력의 함정에 빠지는 첫 수순은 자신의 힘을 과시하는 것이다. 이는 다른 사람을 겁주기 위함이다. 낙양에 진입한 동탁은 자신이 끌고 온 병사 3000명을 낮에 성으로 들어왔다가 밤에 성 밖으로 나간 다음 이튿날 아침 성문이 열리면 다시 들어오게 하는 방식으로 병력을 부풀렸다. 물론 밤에 나갈 때는 몰래 나가고, 들어올 때는 군악을 울리고 깃발을 날리며 요란스럽게 입성하게 함으로써 자신의 대군이 성을 압도한다는 인상을 주어 문무백관과 백성을 겁나게 만들었다. 아니나 다를까, 많은 사람들이 동탁의 무력에 겁을 먹고 그에게 투항했다.

다음으로 부대를 병합하기 시작했다. 병권이 권력의 원천이라고 철석같이 믿는 동탁으로서는 당연한 수순이었다. 그는 강온책을 병행하면서 하진의 부대를 어렵지 않게 손에 넣었고, 이어 수도의 치안을 맡은 정원(丁原)의 부대를 무력화시키려 했다. 동탁의 심보를 아는 정원이 순순히 말을 듣지 않자 간교한 수단으로 정원을 제거했다. 정원의 부장으로 있던 여포가 변덕스러운 인간임을 안 동탁은 여포를 돈으로 매수하여 정원을 살해하게 한 것이다. 동탁은 여포를 확실히 자기편으로 만들기 위해 그를 양아들로 삼는 치밀함도 보였다. 그러나 이 관계가 훗날 동탁에게 치명적으로 작용할 줄은 예상치 못했을 것이다. 권력 확장에만 눈이 어두운 동탁에게 권력의 함정은 꿀물과도 같은 것이었기 때문이다.

세력을 한껏 확장한 동탁은 반대파를 제거하기 시작했다. 동탁은 자기에게 고분고분하지 않은 사람들은 무슨 수를 써서라도 제거하거나 내쳤다. 반면 원소나 조조처럼 병권을 갖거나 영향력이 있는 사람은 자기편으로 끌어들이려고 애썼다. 그러나 나름대로 야심을 품은 이들이 동탁의 울타리 밑으로 들어갈 리 있겠는가? 몇 차례 회유가 소용없자 동탁은 조정에 검을 차고 들어가 원소를 협박했고, 놀란 원소는 자신의 군대를 이끌고 발해군으로 도망가 자립했다. 조조에게는 효기교위를 주면서 합작을 권했으나 조조가 이를 거절했다. 동탁이 자신을 해치려는 낌새를 맡은 조조는 인사도 없이 낙양을 빠져나갔다.

원소와 조조가 이탈했으니 동탁을 견제할 수 있는 세력은 완전히 제거된 셈이었다. 동탁의 권력은 절정에 이르렀다. 다음 수순은 최고 권력자 황제를 폐위시키고 다른 황제를 세우는 것이다. 이 수순은 봉건시대 모든 야심가와 음모가들이 권력을

동탁이 진류왕(헌제)을 황제로 세우는 장면 동탁은 하루아침에 소제를 폐위시키고 진류왕 유협을 황제로 옹립함으로써 자신의 절대 권력의 위력을 과시했다.

채옹 후한의 문인으로 젊어서부터 박학했으며 음악적 재능도 뛰어났다. 오나라에 망명해 있는 동안 동탁에게 불려가서 기용되었다. 동탁은 무부였지만 그 나름대로 민심을 잡기 위해 명사를 조정에 기용하는 얄팍한 잔꾀도 부릴 줄 알았던 것이다.

찬탈하기 위한 관례와 같다. 동탁은 아무리 꼭두각시 같고 무능하더라도 다른 사람이 세운 황제는 믿을 수 없었다. 자신의 손으로 세운 자라야 마음껏 가지고 놀 수 있다고 본 것이다. 그는 문무백관이 모인 자리에서 "지금 황제는 못나고 약해 빠져서 종묘사직을 받들 수 없다. 이윤(伊尹)과 곽광(霍光)의 고사처럼 진류왕(陳留王)을 황제로 세우려 하는데 여러 사람들의 생각은 어떤가?"라며 큰 소리를 쳤다. 이런 상황에서 누가 감히 반대하고 나서겠는가? 동탁은 다음날 소제를 폐위시키고 헌제 유협(劉協)을 옹립했다. 이어 숨 돌릴 틈도 없이 폐위시킨 소제를 살해하고 하 태후를 독살함으로써 하씨 외척 세력을 멸종시켰다.

동탁에게는 민심을 파악하는 나름의 풍향계가 있었다. 그는 당시 천하 사람들이 환관의 권력 남용을 얼마나 증오하는지 잘 알았다. 그래서 자신이 재상이 되어 권력을 독점한 뒤로는 지금까지와 달리 살육 본성과 감정을 숨긴 채 명망 있는 지식인들을 요직에 기용했다. 이렇게 해서 조정에 들어온 명사로는 큰 유학자로 이름난 채옹(蔡邕)을 들 수 있다. 동탁은 또 정쟁에서 희생된 진번(陳蕃) 등 여러 사람을 복권시키는 등 민심을 매수하여 자신의 통치를 유지하려는 약삭빠른 정치 술수도 보여주었다.

최후를 향해 달려가는 무소불위의 권력

동탁은 정말이지 철두철미 권력욕에 사로잡힌 무간이었다. 모든 것이 권력에서 나오며, 그 권력은 무력에서 나온다고 확신했다. 그는 권력을 완전히 장악하자 이리와 같은 본성을 유감없이 발휘하여 자신이 그토록 맹신하는 권력을 향해 무한 질주를 시작했다. 조정 대권을 독차지하기 위해 그는 자신의 작위를 끊임없이 늘리고 높였다. 태위에서 상국으로 다시 태사까지 보탰는데, 부끄러운 줄도 모르고 그 옛날 주나라를 건국한 무왕(武王)이 건국에 절대적인 공을 세운 강태공 강상(姜尙)을 '상보(尙父)'라 부른 것에 착안하여 헌제에게 자기를 '상보'라 부르게 했다.

그는 천자를 끼고 천하의 제후를 호령했는데, 조정에 들어와서 잰걸음으로 걷지 않아도 되며, 심지어 검을 차고 들어올 수도 있었다. 대신들이 마음에 들지 않으면 내키는 대로 잡아 죽였다. 병사들을 풀어 부녀자들을 강간하고, 민간의 재물을 닥치는 대로 약탈하게 했다. 동탁의 천인공노할 만행을 가장 잘 보여준 것이 낙양 대겁탈이다.

동탁은 자신을 토벌하려는 세력이 벌 떼같이 일어나자 낙양을 버리기로 결정한다. 낙양에 진입한 지 불과 여섯 달 만이다. 동탁은 낙양에서 빠져나가며 살아 있는 것은 모조리 죽이고 태우는 '삼광(三光)'을 실행했는데, 불을 지르고 민간을 닥치는 대로 약탈하고 죽여 화려한 번영을 누리던 고도 낙양이 잿더미로 변했다. 수십 리 안에서 밥 짓는 연기를 볼 수 없을 정도였다.

창졸지간에 수도를 옮겨야 했던 백성들은 계획도 준비도 없는 상황에서 마치 죄인처럼 길 양옆에서 동탁의 양주 군단이 휘두르는 채찍을 맞아가며 이동했다. 말발굽, 굶주림, 질병으로 낙양에서 장안에 이르는 도로 500km에 시체가 널브러졌다.

동탁은 나름대로 정치적 두뇌를 발휘한다고는 했지만 어디까지나 살육이란 수단에 의존하는 무부에 불과했다. 그의 권력 기반은 군대가 전부였다. 이는 마치 독사의 이빨 위에 앉은 것과 같았다. 그런데도 그가 3년 반이나 권력을 행사할 수 있었던 것은 동한 정권의 한계와 당시 뚜렷한 대권 주자가 부각되지 않은 정세 덕분이다.

192년, 사도 왕윤은 정국이 어느 정도 교착 상태에 빠지고 동탁이 사치와 방탕한 생활을 일삼을 때 동탁의 양아들이자 가장 신임하는 부장 여포를 부추겨 동탁이 입궁한 틈을 타서 그를 살해했다(《삼국지연의》에는 왕윤이 미녀 초선을 이용한 미인계로 동탁과 여포의 사이를 갈라놓은 다음 동탁을 죽이는 것으로 나온다). 사소한 일로 동탁에 대해 섭섭한 마음이 있던 여포는 기꺼이 왕윤의 밀모에 가담했다. 이들은 병으로 고생하던 헌제가 자

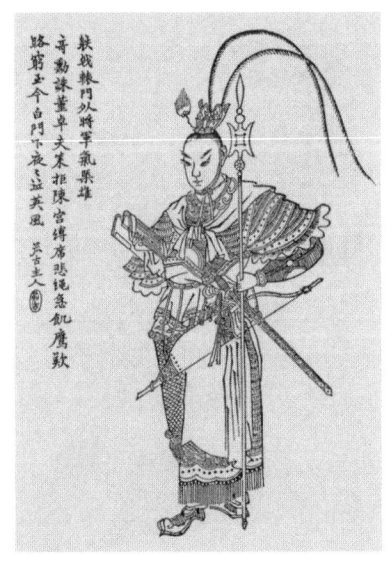

여포 동탁은 정작 자신의 양아들 여포가 배신할 줄은 꿈에도 몰랐다. 자아도취형 권력자는 영원히 외눈박이 신세에 지나지 않는다.

리에서 일어난 것을 축하하기 위해 열린 미앙궁 대집회 때 자신들의 측근 병사 10여 명을 궁궐 수비군으로 위장시켜 궁문을 지키게 했다. 동탁이 궁문에 들어서자 병사들이 수레 위로 뛰어올라 그를 찔렀다. 부상 당한 동탁은 수레에서 떨어지며 "여포야, 빨리 와서 나를 구해라!"라고 고함을 질렀다. 이에 여포는 "도적놈 동탁을 죽이라는 황제의 명령이 계셨다!"며 들고 있던 긴 창으로 동탁을 찔러 죽였다. 동탁은 꿈에도 생각지 못한 양아들 여포의 배신으로 최후를 맞았다.

동탁이 죽었다는 소식은 삽시간에 장안성 전체로 퍼져나갔고, 백성들은 모두 뛰쳐나와 쓰고 있던 모자나 옷가지를 벗어던지고 덩실덩실 춤을 추며 만세를 불렀다. 동탁의 죽음을 축하하기 위해 나온 백성들로 거리는 발 디딜 틈이 없었고, 술집의 술과 안주는 동이 났다. 더 기가 막힌 것은 누군가 동탁의 시체를 발견하고는 돼지처럼 살찐 동탁의 배에 심지를 꽂고 불을 붙였더니 이틀 동안 탔다는 이야기다(한 달이나 탔다는 과장된 이야기도 전한다). 이를 두고 훗날 북송의 시인 소동파(蘇東坡)는 동탁의 뱃살에 불을 붙이니 등이 없어도 될 만큼 밝았다고 비꼬기도 했다. 살찐 도적놈에 대한 백성의 원한이 얼마나 깊었는지 잘 보여주는 이야기다.

군사 독재 권력의 특징

간신을 외면하거나 무시하는 일은 절대 금물이다. 동탁과 같은 무간도 마찬가지다. 무인은 단순하고 무식하다는 선입관을 가지고 무시하는 경향이 있는데 결코 그렇지 않다. 정치적 두뇌와 자질 면에서 무인이 기성 정치가에 비해 상대적으로 떨어지지만, 권력을 향한 집착과 욕망은 어느 정치가 못지않다. 더욱이 권력을 잡은 뒤 벌이는 무자비한 탄압과 살육은 다른 정치가들은 엄두를 내지 못하는 영역이며, 이에 따른 사회적 혼란과 민생 파탄은 수습이 불가능할 정도다. 따라서 권력에 눈독 들이는 무인들이 감지되면 가차 없이 제거해야 한다.

권력을 향한 동탁의 행보는 많은 것을 생각하게 한다. 무엇보다 명사를 기용하여 민심을 매수한 것이나 환관에 대한 백성의 적대감을 한껏 이용한 것 등은 민심의 단선적 한계를 이용하여 흑백논리로 적을 만들고 들끓는 여론으로 정적을 제거하려는 술수로, 단순하지만 상당한 호소력과 파괴력이 있기에 만만히 보아 넘길 수 없는 대목이다. 최근 우리 사회에 회자된 포퓰리즘의 한 유형으로 분류할 수도 있다.

동시에 동탁은 독재자의 전형적인 모습을 잘 보여준 무간이다. 이는 권력의 속성과 관련하여 심각한 메시지를 던진다. 동탁이 권력의 표면적 징표라 할 수 있는 자리(직위나 작위 등)를 끊임없이 높임으로써 주위를 압도하려 한 것은 전형적인 권력 도취형 독재자의 심리를 반영한다. 죽는 순간까지 자신을 해치려는 자가 철석같이 믿은 양아들 여포라는 사실을 몰랐던 것도 그가 권력에 철저하게 도취된 결과라 할 것이다. 우리 현대사를 암울하게 수놓았던 군사 독재 정권의 최후와 동탁의 최후가 겹쳐지는 것도 이 때문이다. 독재 권력이 가는 마지막 여정이자 속성이란 점에서 공통점을 발견할 수 있다.

또 동탁의 죽음을 통해서 역사의 법칙 한 가지를 통찰할 수 있다. 독재자의 공포정치는 측근들에게도 공포를 심어준다는 사실이다. 독재자들이 흔히 측근에게 살해당하는 이유도 여기에 있다. 폭력에 따른 극도의 공포감은 폭력으로 해결하거나 해소하는 것이 가장 빠르고 정확한 방법이기 때문이다.

　동탁은 죽었지만 동한 정권은 사태를 수습할 능력이 없었다. 무력을 무력으로 진압하고, 폭력으로 폭력에 대항하고, 피로 피를 씻는 악순환이 반복되었다. 황제와 남은 문무 대신들이 낙양으로 돌아왔지만 폐허에서 어전회의를 진행해야 할 정도로 모든 것이 엉망진창이었다. 전국은 크고 작은 군벌들이 차지한 채 혼전에 혼전을 거듭했고, 결국 '삼국 정립'이란 일시적이고 구차한 형태의 안정 국면으로 마무리되었다. 하지만 그것은 또 다른 혼란의 시작이었다.

주변에 늘 권력의
기생충들을 달고 다닌다

우문호(宇文護, 515~572, 북주)

우문호는 남북조시대가 막바지로 접어들 무렵 북주(北周)의 실권자다. 그 역시 시대가 낳은 간신들 중 하나지만, 인생 유전이 남다른 변종에 속하는 인물이다. 그는 북주 우문씨 정권이 건립될 때 실질적인 정책 결정자 역할을 했고, 그 뒤 점차 조정의 권력을 독점하기에 이르렀다. 이 과정에서 그는 간신 소인배를 가까이 두면서 권력 기반을 다졌고, 그것을 이용해 공공연히 정적을 제거하고 심지어는 황제를 시해하는 권력 독단의 극한적 상황에까지 치달았다. 그러다 그에게 독살당한 명제(明帝)의 현명한 사후 조치 덕분에 즉위한 무제(武帝) 우문옹(宇文邕)에게 주살되었다.

변태적 시대 상황

3세기 초 동한이 멸망하고 중국은 셋으로 쪼개졌다. 어린아이도 안다는 삼국시대가 시작된 것이다. 삼국은 통일을 향해 달려가는 것 같았으나 어느 쪽도 상대방을 압도하지 못한 채 약 60년을 끌다가 280년 무렵 서진(西晉)이 깜짝 통일을 이루었다. 그러다가 4세기가 접어들기 무섭게 장장 300년 가까이 지속된 대분열 시대로 접어들고 말았다 (정확하게는 304년부터 589년까지 286년 동안이다).

대분열 시대는 '5호 16국 시대'로 불리는 전기와 남북조시대로 불리는 후기로 나뉘는데, 589년 수(隋)가 통일하기 직전인 6세기 중·후반은 말 그대로 비정상적일 뿐만 아니라 변태적인 정치적 상황이 곳곳에서 벌어졌다. 북조의 북제(北齊)는 미치광이 집단이 세운 나라라 해도 과언이 아니다. 일례를 들어 북제를 개국한 고양(高洋)이란 자의 행각을 보면 구역질이 날 정도다. 재상으로 있던 이지(李遲)가 죽자 조문을 가서는 이지의 아내를 희롱하면서 "남편이 생각나는가?"라고 물었다. 그 아내가 "부부의 인연을 맺었는

우문각 북주 정권을 수립한 우문각 뒤에는 우문호가 있었다. 이로써 북주는 우문호에 의해 좌지우지되는 상황에 놓였다.

데 어찌 생각이 안 날 수 있겠습니까?"라고 대답하자, 고양은 "그렇게 생각이 난다면 왜 따라가지 않느냐?"면서 칼로 그녀의 목을 베어 담장 밖으로 던졌다.

간신 우문호의 북주도 상황은 크게 다르지 않았다. 북제가 건국되고 6년 뒤인 556년, 서위(西魏)의 재상 우문태(宇文泰)는 세상을 떠나기 전에 열여섯 살인 아들 우문각(宇文覺)에게 재상 자리를 물려주면서 조카 우문호에게 아들을 맡겼다. 557년 우문호가 서위의 마지막 황제 탁발곽(拓跋廓)을 윽박질러 우문각에게 선양하게 함으로써 서위는 망하고 북주가 건국되었다. 우문호의 간행은 이런 배경에서 그 음울한 걸음을 내딛기 시작했다.

우문호의 간행을 입체적으로 이해하기 위해 북주 왕조의 세계도를 제시한다.

북주 왕조 세계도(557~581)

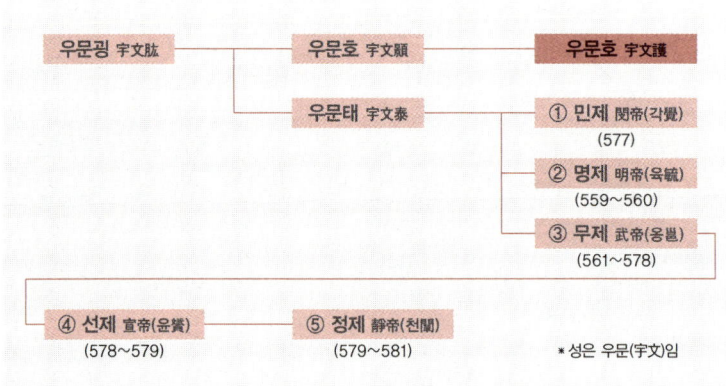

우문호의 인생 유전과 대권 장악 과정

북주 왕조의 세계도에서 보다시피 우문호는 우문태의 형 우문호(宇文顥)의 셋째 아들로, 북위 선무제 때인 513년에 태어났다. 북주 정권에서 진공에 봉해졌고, 주살당한 다음 탕(蕩)이라는 시호를 받았다.

우문호는 어릴 때부터 사람의 마음을 홀리는 재주가 있어 할아버지 우문굉(宇文肱)의 사랑을 한 몸에 받았다. 어린 시절은 6진의 군인들과 전국의 인민이 봉기를 일으키는 혼란기였고, 이 와중에 할아버지와 아버지, 둘째와 셋째 삼촌이 모두 전사하는 아픔을 겪었다. 524년 아버지가 전사할 당시는 겨우 열한 살이었다.

이후 우문호는 숙부들을 따라 군대에서 생활했고, 열여덟 살이 되던 531년부터는 넷째 숙부 우문태를 따라다니며 본격적으로 군인의 삶을 시작했다. 군인 집안에서 태어나 어린 시절과 청년 시절을 모두 전란 속에서 보낸 것이다. 고향 마을은 파괴되고 집안은 풍비박산 났다. 친척들은 포로나 노비로 잡혀가 흩어지거나 전사했다. 이런 험난한 상황은 우문호의 심리에 큰 자극을 주었을 뿐만 아니라, 사상과 성격 형성에도 적잖은 작용을 하여 훗날 그의 행동을 어느 정도 규정했다.

우문호는 우문태를 늘 공손하게 대했고, 자식들이 아직 어린 우문태는 성인이 된 우문호에게 집안일을 맡기다시피 했다. 우문호 또한 일솜씨가 여간 다부진 것이 아니어서, 집안을 엄격하면서도 조리 있게 다스려 우문태의 환심을 샀다. 이 때문에 우문호는 약관의 나이에 하발악(賀拔岳) 밑에서 정식으로 관직 생활을 시작할 수 있었다.

이후 우문호는 숙부 우문태의 후광과 자신의 능력을 충분히 이용하여 해마다 전공을 세움으로써 초고속 승진을 거듭했다. 우문태는 임종을 앞두고 어린 아들 우문각에게 자신의 자리를 잇게 하는 한편, 뒷일을 모두 우문호에게 맡겼다. 그러나 안팎으로 정세가 어지러운 상황에서 문무 대신들은 우문호에게 의지할 수밖에 없었다. 이에 우문호는 서위 황제를 윽박질러 우문각에게 자리를 양보하도록 하고, 관작으로 사대부와 대신들을 농락했다.

우문호는 우문태의 장례가 끝나기 무섭게 자신의 생각을 행동으로 옮겼다. 서위의 황제는 우문태 때부터 손바닥 안의 장난감이자 정치적 장식품, 대문 앞의 설치물에 지나지 않았다. 우문호는 때가 무르익었다고 판단했고, 별 힘 들이지 않고 우문각을 황제로 등극시킨 것이다. 이어 대대적인 공신 책봉과 논공행상을 통해 우문씨의 북주 왕조 통치를 확립했다. 그때 우문호의 나이 42세였고, 자신은 진국공에 대총재가 되어 15년 넘게 무관의 황제 노릇을 한다.

'효'를 과장하다 대사를 그르치다

권력을 장악한 우문호는 자신의 정체를 감추고 신임을 얻기 위해 위아래로 '효(孝)'라는 봉건적 관념을 한껏 이용하기로 했다. 전쟁통에 아버지가 전사하고 큰형 우문계비(宇文計肥)는 고환(高歡)에게 피살되었으며, 둘째 형 우문도(宇文導)도 일찍 죽었다. 어머니와 친척들도 죄다 북제로 잡혀가 노비가 되었는데, 두 나라 사이가 좋지 않아 생사조차 확인할 길이 없었다.

우문호는 재상이 된 다음 사람을 보내 어머니와 친척의 생사를 확

북제인 출행도 북조 시대는 군대의 위력이 절대적이었고, 우문호도 군인 집안을 배경으로 세력을 키우면서 권력에 대한 야욕을 불태웠다.

인하게 함으로써 자신의 효성을 과시하고자 했다. 그들의 생사는 확인하지 못했지만 자신이 인자하고 효성스럽다는 인상을 내외에 심을 수 있었다.

563년, 북주는 돌궐과 연합하여 북제를 공격했다. 장성이 무너졌고, 북제의 중요한 근거지 병주 지역을 무너뜨리고 대대적인 공격을 준비했다. 이에 북제의 무성제(武成帝) 고담(高湛)은 우문호의 어머니 민씨와 북주 무제의 넷째 고모를 이용하여 정치적 거래를 시도했다. 우문호의 어머니를 돌려보내는 조건으로 화친을 제안한 것이다. 우문호는 이를 받아들였고 그 어머니는 마침내 북제에서 돌아왔다.

그런데 어머니를 봉양하는 우문호의 행동은 누가 봐도 지나쳤다. 사치스럽고 화려한 생활환경은 말할 것도 없고, 원하는 것은 무엇이든 들어주었다. 오죽했으면 역사책에 '그 부귀영화와 귀함은 지금까지 듣도 보도 못한 정도였다'라고 기록되었을까? 효성도 이 지경에 이르면 변태라고 할 밖에 다른 표현이 없다. 이 방면에서 우문호의 위선은 정말이지 동한 말기 온 세상을 속이고 동한을 멸망으로 이끈 희대의 위선자 왕망(王莽)에 버금간다고 할 것이다.

봉건사회에서는 늘 충효를 제창했다. 그러나 우문호는 이것이 지나쳐 어머니를 돌려보낸 북제를 향해 그 은혜와 덕에 말할 수 없는 감사를 표한다는 등 비굴한 자세로 일관하다가 결국 북제를 정벌할 시기를 놓침으로써 나라의 큰 틀을 흔들어놓고 말았다. 564년 10월, 북주의 20만 대군이 북제 정벌에 나섰을 때 총사령관을 맡은 우문호는 어머니를 돌려보낸 북제를 공격하기를 꺼렸고, 작전과 전투에서 시기를 놓치는 등 결정적인 실책으로 크게 패하고 만 것이다.

권력 독단을 위한 칼바람

대권을 장악한 우문호는 통치의 큰그림을 고려하기보다는 철저하게 자기 자신을 드러내는 일에만 신경을 썼다. 늘 자기 공을 앞세워 조정을 독단하고 제멋대로 정책을 결정했다. 이와 함께 은근히 황제 자리에 대한 야욕마저 드러냈다. 이에 따라 우문호는 자신에게 반대하거나 따르지 않는 사람은 누구든 온갖 수단을 동원하여 제거하는 일도 서슴지 않았다. 게다가 우문호는 늘 사소한 일을 가지고 대신들을 괴롭히는 것은 물론, 심하면 의심만 가지고 사람을 못살게 굴었다. 특히 황제와 가까이 지내는 자들을 눈엣가시처럼 여겨 수단과 방법을 가리지 않고 해쳤다.

우문호는 효민제(孝閔帝)가 즉위한 지 얼마 되지 않아 공신 조귀(趙

독고신 묘지 북주의 공신으로, 특히 그의 일곱 딸 중 장녀는 우문태의 며느리이자 북주 명제 우문육의 황후인 주명경후이며, 사녀는 당 태종 이세민의 할머니인 원정황후, 칠녀는 보통 독고황후로 불리는 수 문제의 황후인 문헌황후이다. 그러나 정작 독고신은 다른 공신들과 함께 우문호의 박해를 받고 자살했다.

貴)를 모반죄로 몰아서 살해했다. 동시에 만사기통, 질노홍, 왕용인, 장손승연 등도 조귀와 공모했다고 무고하여 모두 목을 베었다. 한 달 뒤에는 공신 독고신(獨孤信)을 자살하게 만들었다. 우문호는 자신에게 불만이 많고 전국적으로 명망이 높은 이들을 제거하지 않으면 자신의 권력 독단에 방해가 된다고 판단, 이들에게 모반이란 죄명을 조작하여 제거한 것이다.

또 다른 원로 대신 후막진숭(侯莫陳崇)도 우문호에게 불만을 표시했다가 피살되었다. 563년 후막진숭은 무제를 수행하여 원주(지금의 영하회족자치구 고원현)로 출정 나갔는데, 무제가 밤중에 갑자기 수도로 돌아가겠다고 했다. 모두 그 이유를 모른 채 의아해했다. 평소 우문호의 발호가 탐탁지 않고, 무제도 그의 꼭두각시 노릇을 싫어한다고 생각하던 후막진숭은 측근 상승에게 무제가 진공(우문호)을 죽이려고 야밤에 서둘러 돌아가려는 것 같다고 말했다. 그런데 이 대화의 내용이 우문호의 귀에 들어갔고, 우문호는 이를 이용하여 무제에게 후막진숭을 처벌하도록 했다.

우문호를 제거하기 위한 조건이 성숙하지 않았다고 본 무제는 일단 자신이 처한 곤경에서 벗어나기 위해 대덕전에 대신들을 모아놓고 공개적으로 후막진숭을 꾸짖었다. 그러나 음흉한 우문호는 이 정도로 포기하지 않았다. 무제를 지지하는 자들을 제거하기로 한 이상, 그에게 동조하는 자들에게 경고하기 위해 그날 밤으로 군대를 보내 후막진숭의 집을 겹겹이 포위한 채 그에게 자살을 강요했다. 후막진숭을 제거한 우문호는 아주 차분하게 공작의 예로 장례를 치러주었다. 이는 물론 우문호의 위장술이다.

북주의 맹장 하약돈(賀若敦)은 용맹한 명성 때문에 죽음을 당한 대표적인 경우다. 우문호는 그가 자신의 명성을 가리는 것을 용납하지 못했고, 결국 시기와 질투에 사로잡혀 하약돈을 해쳤다. 45세 한창 나이의 명장은 이렇게 한을 품은 채 구천을 떠도는 처지가 되고 말았다.

우문호는 전후 효민제, 명제, 무제까지 세 황제를 옹립하여 그들을 통제했는데, 황제와 가까운 사람은 반드시 제거했다. 570년 두치(竇熾)는 우문호에게 대권을 27세의 무제에게 넘기라고 충고했다. 두치는 오래전 토끼 사냥에서 우문호를 앞지른 적이 있는데, 이 일로 체면을 구긴 우문호는 무려 10년 넘게 깊은 원한을 품었다. 그런데 권력을 무제에게 넘기라고 했으니 그냥 넘어갈 리 있겠는가? 우문호는 즉각 두치를 강등시켜 의주자사로 쫓아버렸다.

무제의 신임을 받던 우익(于翼)도, 나라와 무제에 충성을 다하던 후식(侯植)도 우문호의 구박을 당해 밀려나거나 죽었다. 설단(薛端)은 우문호가 소집한 군신 회의에서 민제의 폐위 문제를 상의하다 약간 다른 의견을 피력했다는 이유로 강등되었고, 재능이 남다른 행정 관리 배한(裴漢)은 다른 소인배처럼 우문호에게 아부하지 않는 바람에

8년 동안 승진하지 못했다.

당시 조야에 명성을 떨치던 명사 영호정(令狐整)과 유경(柳慶)은 우문호의 권좌가 오래가지 못할 것임을 예견하고 갖은 회유와 위협에도 우문호에게 협력하지 않았다. 그 결과 영호정은 관직을 박탈당했고, 유경의 경우는 그의 조카가 아버지 원수를 갚기 위해 사람을 죽이자 우문호는 이를 구실로 유경의 가족과 조카를 모두 잡아들여 제거했다.

우문호는 이렇게 공신과 정적들을 제거함과 동시에 자신의 패거리를 대거 요직에 기용하여 권력을 구석구석 장악했다. 조정의 모든 일은 우문호의 결재 없이는 집행되지 않았고, 황제를 비롯한 요인들의 일거수일투족이 그에게 보고되었다. 우문호는 마침내 자신이 옹립한 민제를 폐위한 뒤 시해하고, 역시 자신의 손으로 앉힌 명제까지 독살함으로써 권력 독단의 극한 상황까지 치닫고 말았다.

권력의 기생충들

권력자 주변에는 늘 파리와 구더기가 꼬이게 마련이다. 이것들을 가까이 하느냐 물리치느냐에 따라 권력자의 자질과 품질이 결정된다. 이에 따라 '충'과 '간'이 갈라지고, 궁극적으로는 나라의 안위와 흥망이 좌우된다.

북주의 대권을 장악한 우문호의 주위로 파리와 구더기가 꼬이는 것은 당연했다. 우문호가 권력을 장악하자 지식인들이 한자리하기 위해 온갖 아첨을 떨며 달라붙었다는 기록이 있을 정도다. 그리고 사실이 증명하듯 우문호가 중용한 자들은 하나같이 쓸모없는 무뢰한이었다.

위왕에 봉해진 우문직(宇文直)은 경박하고 간사하고 탐욕스러운 무뢰배로, 우문호가 집권하자 친형 무제를 배반하고 우문호에게 투항했다. 우문호는 그를 가까이 두고 중용했으나 그는 다시 우문호를 배신하고 우문호를 죽이는 일에 가담했다. 우문직은 한 번 소신을 버린 자가 두 번, 세 번 소신과 신의를 버리는 일은 결코 어렵지 않다는 사실을 잘 보여준다.

설선(薛善)은 밀고를 통해 우문호의 사랑을 받았다. 제궤(齊軌)가 군권은 천자에게 귀속되어야 하거늘 어찌 권문(우문호)의 손에 있냐며 열을 올리는 말을 듣고 바로 우문호에게 밀고했고, 제궤는 이 때문에 해를 입었다. 설선은 밀고를 통해 부귀영화를 누렸지만 끝내는 역사에 오명을 남겼다. 우문호를 제거한 무제는 설선에게 '무공(繆公)'이란 시호를 내려 그의 황당한 행위를 비꼬았다.

우문호의 사촌형제 하란상(賀蘭祥)은 어릴 때부터 우문호와 함께 자라면서 관계를 돈독히 했는데, 우문호가 집권하자 그를 도와 명사 조귀, 독고신, 후막진숭을 해치고 민제를 폐위하고 시해하는 데 중요한 역할을 했다.

가장 볼 만한 것은 질나협(叱羅協)이다. 그는 자신을 굽혀 주인을 기막히게 잘 섬기는 인물로, 우문호는 물론 갈영(葛榮), 이주조(爾朱兆), 두태(竇泰) 등을 섬겨 예외 없이 환심을 샀다. 또 주변 상황이 어떻게 변하는지 낌새를 잘 맡는 재주가 있었다. 질나협은 우문호를 죽기 살기로 모셨고, 우문호 또한 그를 곁에 두고 신임했다. 하지만 질나협은 천하가 다 아는 경박하고 천박한 인물이다. 이런 사실은 명제조차 알 정도였는데, 명제는 여러 차례 "네 놈이 그걸 어떻게 아느냐?"며 질나협에게 면박을 주었다. 하지만 우문호가 감싸고 있으니

질나협 묘지 우문호가 권력을 독단하자 그에게 잘 보여 부귀영화를 누리려는 새끼 간신배들이 꼬였다. 질나협은 그중에서도 아주 독보적인 인물이었다.

어쩔 수가 없었다. 왜소하고 비루한 질나협은 당시 모든 사람의 조롱거리였으나 우문호는 꿈쩍 않고 그를 요직에 앉혔다.

우문호는 이런 기생충 같은 소인배 외에 자기 자식들에게도 관작을 수여했다. 우문훈, 우문회, 우문지, 우문정, 우문건, 우문건기, 우문건광, 우문건울, 우문건조, 우문건위 등이 모조리 높은 자리와 작위를 받았다. 그런데 문제는 이 자식들이 죄다 백성을 등치는 망나니라는 사실이다. 역사책에는 우문호의 패거리와 자식들이 그의 위세만 믿고 정치를 망치는 것은 물론 백성들의 생활에 막대한 피해를 주었다고 기록되었다.

"눈물로 제거할 수밖에 없었다"

우문호는 창피한 줄도 모르고 수하들을 이용하여 황제에게 글을 올려 자신을 칭송하게 했다. 자신을 주공에 비유하면서 그에 걸맞은 예우를 요구했다. 즉위한 지 얼마 되지 않은 무제는 일단 우문호의 비위를 거스르지 않으려고 이들 소인배의 건의를 받아들여 우문호의 할아버지 우문굉의 사당을 별도로 만들어 계절마다 제사를 드리도록 허용했다. 등급을 중시하는 봉건사회에서 규정을 넘어선다는 것은 질서를 어기는 심각한 행위다. 사당을 별도로 세우는 입묘(立廟)는 죽은 황제나 누릴 수 있는 대례로 의식은 황제가 직접 주관한다. 그러니 우문호에게 그의 아버지의 입묘를 허용한 것은 국가의 대례와 황제를 무시하는 조치가 아닐 수 없다. 우문호의 참람함이 이와 같았다.

자기 패거리만 챙기고 황제조차 안중에 두지 않는 우문호에게는 또 다른 문제가 있었으니, 술과 오락에 탐닉한다는 것이다. 이런 것들이 복합적으로 작용한 결과, 우문호는 한 걸음 더 나아가 황제를 내쫓고 죽인 다음 자신이 황제가 되려는 망상을 품었다. 그것은 동시에 그의 몰락을 예고하는 전조기도 했다.

민제는 즉위 당시 열여섯 살에 불과했지만 과감하고 결단력 있는데다 식견이 대단했다. 그는 안하무인으로 권력을 독단하는 우문호가 못마땅해서 그를 제거하기로 결심했다. 민제는 우문호가 황제 자리까지 넘보고 있다는 낌새를 채고 그의 발호를 증오하는 이식(李植), 손항(孫恒)의 지지를 업고 을불봉, 하발제, 장광락, 원진 등과 함께 우문호를 제거하기로 밀약했다.

그런데 장광락이 이 계획을 우문호에게 고자질했다. 우문호는 자신의 직권으로 이식과 손항을 좌천시켰다. 민제가 장광락이 고자질한 사실을 모르는 상황에서 우문호의 정적 제거 계획은 계속 추진되었다. 그러니 계획마다 우문호에게 탐지될 수밖에 없었다. 이에 우문호는 선수를 쳐서 민제를 도운 대신들을 가택에 연금하고, 공경대신들을 전부 소집하여 민제가 소인배만 가까이하고 황음무도한 짓거리를 일삼는 무능한 황제라는 구실을 붙여 폐위시켜야 한다고 목청을 돋웠다. 우문호의 위세에 눌린 공경대신들은 누구도 반대하지 못하고 그저 "이건 공의 집안일이니 누가 감히 명을 따르지 않을까?"라며 혀를 찼는데, 어쩔 수 없이 굴복한다는 미묘한 느낌을 주는 말이 아닐 수 없다.

이어 우문호는 화근을 제거하기 위해 이식과 손항을 불러들여 살해했다. 심지어 북주의 공신이자 이식의 아버지인 이원과 이식의 동생들까지 살해한 다음, 하란상을 보내 민제마저 시해했다. 민제는 무제가 즉위하여 우문호를 주살할 때까지 장례도 제대로 치르지 못했다.

우문호는 민제를 제거했지만 이목이 두려워 감히 자신이 황제 자리에 앉지는 못하고 우문태의 맏아들 우문육(宇文毓)을 옹립하니 이가 명제다. 이제 우문호의 위세는 아무도 말리지 못할 것 같았다. 그러나 스물넷 한창 나이의 명제는 인품이 넉넉하고 아는 것도 많아 결코 만만한 상대가 아니었다. 시간이 흐를수록 위기를 느낀 우문호는 명제도 제거해야겠다는 생각이 들어 궁중의 음식을 책임지던 수하 이안을 시켜 명제의 음식에 독을 넣어 독살했다. 이 해가 560년, 명제의 나이 스물일곱이었다.

명제는 젊은 나이지만 재위한 3년 동안 근검절약과 부지런함으로 솔선수범을 보이고 원로 대신들을 단합시키는 등 많은 업적을 남겼다. 그러나 권력욕에 사로잡힌 우문호가 집권 15년 사이에 두 황제를 죽이고 수많은 적정을 해치는 등 정치적으로 중대한 사변을 저지른 탓에 건국된 지 얼마 되지 않은 북주 정권은 안정을 얻지 못한 채 크게 흔들렸다.

그런데 명제는 자신의 죽음을 예견이라도 한 듯 사전에 우문태의 넷째 아들이자 자신의 동생 우문옹에게 자리를 잇게 하라는 구두 조서를 남겼다. 이 조서이자 유서 때문에 황제 자리에 오르려던 우문호의 야욕이 좌절되었다. 후계자를 선정하는 명제의 안목은 대단했다. 제위를 이어받은 무제 우문옹은 명제의 기대를 저버리지 않고 마침내 15년 동안 전권을 휘두르던 우문호를 제거하고 북방을 통일하는 데 성공했기 때문이다.

무제는 우문호의 폭정을 눈으로 보고 피부로 느낀 인물이다. 그는 열여덟 살에 즉위한 이후 늘 자신의 속마음을 감춘 채 우문호와 충돌

무제 우문옹(무제)은 자기 손으로 직접 우문호를 제거하는 결단과 현명함을 보여주었다. 간신은 다른 사람 손을 빌려 제거하기보다는 직접 없애는 쪽이 훨씬 효과적이다.

을 피했다. 사람들은 무제의 속을 헤아릴 수 없었다. 이렇게 10년을 보냈으니 무제의 인내력은 정말이지 대단했다. 이쯤 되자 우문호도 무제에 대한 경계를 늦추지 않을 수 없었다. 그러는 동안 무제는 왕궤, 우문신거, 우문효백 등과 늘 우문호를 제거할 방책을 논의했고 나중에는 우문직까지 가담했다. 이렇게 해서 무제는 자신을 도울 원군을 확보했다. 이는 우문호를 제거한 다음까지 대비하자는 의도에서 나온 대단히 현명한 절차였다.

572년 3월 18일, 우문호가 동주에서 수도로 돌아오자 무제는 그를 접견한 다음 황태후가 좋은 술을 준비했다면서 황태후에게도 인사를 올리게 했다. 그러면서 우문호에게 황태후를 위해 직접 술과 관련한

글을 읽도록 했다. 우문호는 별다른 경계심 없이 글을 읽었고, 무제는 그 틈을 타 단단한 옥 덩어리로 우문호의 뒤통수를 내려쳐 기절시키고 환관 하천에게 우문호의 목을 베게 했다. 하천이 망설이며 우문호의 목을 베지 못하자 숨어 있던 우문직이 나와 그의 목을 베었다. 그리고 그날로 우문호 일당을 일망타진했다.

무제가 우문호를 제거한 데서 돋보이는 대목은 우문호의 목을 벤 다음이다. 무제는 우문호 일당을 제거하고 지체 없이 우문호의 죄상을 공식적으로 발표했는데, 이 조서에서 무제는 신하로서 도리를 다하지 못한 우문호를 나라와 백성을 위해 '눈물로 제거할 수밖에 없었다'고 했다. 제거의 변도 참으로 적절했던 것이다. 만 가지 죄상을 늘어놓아도 시원찮을 우문호지만 무제는 간결한 해명으로 명분과 실리를 다 챙길 수 있었다.

주도면밀한 간신 제거 시나리오

간신 우문호가 설치던 시대는 망나니 유전자를 가진 자들만 태어난 듯, 그야말로 발광하는 시대였다. 우문호는 이런 시대적 상황을 한껏 이용하여 권력을 움켜쥐고 위세를 떨쳤다.

착취 제도 아래서 권력과 권세는 정치적 특권은 물론 사회적 지위, 경제적 특혜, 물질적 풍요, 심리적 만족 등 모든 것을 가져다줄 것처럼 생각된다. 이는 권력의 속성이 갖는 치명적 결함이자 한계다. 그리하여 착취자는 늘 미친 듯 권세를 추구하며 그 권세 속에서 광란한다. 이 길은 돌아올 수 없는 길이다. 이어 권세자의 주위로 파리와 구더기들이 꼬이고, 이들이 합세하여 나라와 사회의 기강을 어지럽히며, 급기야 나라를 파멸로 이끄는 것이다.

간신은 파리와 구더기의 숙주와 같다. 따라서 구더기와 파리는 간신이 없으면 존재하지 못한다. 세상 사람들이 모두 경박하고 천박하다고 조롱하고 비웃는 질나협을 거리낌 없이 요직에 기용한 우문호의 배짱을 보라! 썩은 생선과 파리, 구더기의 관계가 아니고야 어찌 이럴 수 있단 말인가? 세상이 손가락질하는 인간들을 국가의 요직에 기용하는 사례가 지금도 버젓이 벌어지는 현상을 보노라면 간신이란 존재에 치가 떨리는 것은 물론, 온몸을 엄습하는 두려움에 어찌할 바를 모를 정도다.

요컨대 시대와 제도의 틈에서 자란 간신은 거꾸로 그 취약한 부분을 파고들어 시대와 제도를 파괴하는 것이다. 시대와 제도는 인간 활동의 시간이자 공간이다. 따라서 이 시간과 공간을 통찰하여 그 한계와 약점을 끝없이 보완하는 일이야말로 간신의 성장과 발호를 막는 가장 효과적인 저지선이 된다.

인간 유형이 그렇듯 간신의 유형도 참으로 다양하다. 그러나 유형을 불문하고 인간이라면 가질 수밖에 없는 보편적 인성의 약점에 '악'이란 필수 성분과 기타 보통 사람이라면 꺼리는 불량한 요소 내지 유해 성분이 첨가된 존재가 간신이라는 점은 같다. 이런 인간 유형이 외부를 향해 작용할 때 사회 기풍과 국가 기강에 악영향을 미칠 수밖에 없다.

또 간신이 보여주는 행위는 전염성이 강해 마음이 굳세지 못한 많은 사람들을 방탕과 음란, 사치 등 불량의 늪으로 끌고 들어간다. 인간으로서 갖춰야 할 보다 높은 차원의 인격보다는 한순간의 안락과 부귀영화를 갈망하는 저급한 욕망만을 사납게 부추긴다. 간신 주위로 기생충 같은 소인배가 꼬이는 것도 이 때문이다. 수양이 덜 된 지식인이 자기만 못한 간신에게 아부하는 것도 사사로운 욕망으로 포장된 사악한 지식에 고귀한 영혼을 담보 잡힌 결과다. 이래서 간신과 그에 기생하는 무리를 통해 한 시대를 통찰할 수 있다고 하는 것이다.

간신 우문호의 사례에서 주목할 것은 우문호를 제거한 무제의 행동이다. 무제는 간신 제거의 귀중한 사례를 남겼다. 대사를 남에게 맡기지 않고 직접 손을 쓰는 현명한 판단과 과감성, 결단력은 정말 돋보인다. 그리고 우문호를 제거하면서 남긴 '눈물로 제거할 수밖에 없었다'는 변도 참으로 적절했다. 명분과 실리를 모두 챙기는 영리함을 보여주었기 때문이다. 우문호에게 독살당하면서 사후 문제를 현명하게 준비해둔 명제의 안목에도 눈길을 줄 필요가 있다. 간신은 단순한 방법이나 엉성한 계획으로 제거할 수 있는 존재가 절대 아니다. 힘으로만 없앨 수도 없다. 주도면밀한 준비와 치밀한 계획, 후환을 남기지 않는 완벽한 시나리오에 따라 제거해야 한다. 물론 간신이 자라지 못하게 사전에 방지하는 것이 최선이지만.

| 3장 |

간신은 어떻게 기생하는가?

간신은 간군을 만들고, 간군은 간군을 낳는다

양소(楊素, ?~606, 수)

　양소는 수 왕조가 수백 년에 걸친 남북조시대의 대혼란을 수습하고 천하를 재통일하는 과정에서 군공으로 명성을 떨쳤으며, 개국 후에는 권력을 독점한 권신으로 조야를 떨게 했다. 그는 이 과정에서 간신으로서 면모를 유감없이 발휘했다. 즉, 양소는 명장, 권신, 간신의 면모를 모두 갖춘 다중 인격체로서 '시대의 기형아'라 불릴 만하다.

　양소가 천하를 울린 명장에서 세상 사람들의 손가락질을 받는 간신으로 변질되는 과정은 우리에게 간신을 개인이 아닌 역사적 차원에서 깊이 검토할 필요성을 제기한다.

막강한 가문, 야심의 배경

양소는 막강한 집안에서 태어났다. 그의 집안은 당시 '홍농(弘農, 하남성 영보현) 양씨'라는 대명사로 불릴 만큼 명문가였다. 6대조 양파는 북위의 명신이었고, 5대조(태조) 양휘는 낙주(하남성 낙양) 자사, 고조 양은은 하간(하북성 하간) 태수를 지냈다. 증조부 양균은 박학다식으로 이름을 날리며 여러 요직을 역임했고, 죽은 뒤에는 임정현백으로 추증되었다. 조부 양훤은 보국장군 간의대부를 지냈고, 528년에는 위 광양왕 심을 따라 6진 봉기군을 진압하다 갈영과 치른 전투에서 전사하여 전중상서 화주자사에 추증되었다. 아버지 양부(楊敷)는 증조부 양균의 작위를 물려받고 정위소경에 임명되었고, 566년에 분주자사로 승진했다가 571년 북제의 단소(段韶)가 분주를 포위 공격할 때 포로로 잡혀 업(鄴, 지금의 하북성 남쪽 끝)에 수감되었다가 죽었다. 이렇듯 북위에서 북주에 이르는 동안 홍농 양씨 일족은 조정의 중신에 각종 작위를 받으며 당대 최고 가문으로 떠올랐다.

이런 가문에서 태어난 양소는 어려서부터 좋은 교육을 받아 남다른 지식을 습득했고 문장력도 뛰어났다. 그러나 그는 글보다 벼슬자리

양소 쟁쟁한 명문가 '홍농 양씨' 집안에서 좋은 자질을 갖고 태어나 좋은 교육을 받으며 자라서 명장으로 이름을 떨친 양소가 일대 간신으로 변모하는 과정은 간신이 개인적 차원이 아닌 역사적 현상이란 사실을 잘 일깨워준다.

에 관심이 많았고, 잘난 조상 덕에 순조롭게 관리 생활을 시작할 수 있었다. 양소는 남다른 야심과 담력이 있었고, 이는 그가 성공하는 중요한 요인으로 작용했다. 그의 야심과 담력을 잘 보여주는 일화가 있다.

북주 무제가 간신 우문호를 제거하는 과정에서 우문호의 측근이던 양소는 자연히 무제에게 냉대를 받았다. 양소는 이에 불복하여 자기 아버지가 군대에서 공을 세웠는데도 작위를 받지 못했다며 여러 차례 글을 올려 따지고 들었다. 화가 난 무제는 양소를 죽이려 했으나, 양소는 두려워하기는커녕 "무도한 천자를 섬기느니 차라리 죽겠습니다!"며 대들었다.

무제는 양소의 대담함을 보고 죄를 사면하는 한편, 그 아버지에게 대장군을 추증하고 충장이란 시호를 내렸다. 양소는 거기대장군으로 발탁했다. 이와 함께 무제는 양소에게 글재주가 있다는 것을 알고 조서의 초안을 맡겼다. 양소의 글은 문장이 화려하여 무제의 마음을 사로잡았다. 무제는 "일을 잘하는 것을 보니 부귀는 걱정 안 해도 되겠다"며 칭찬을 아끼지 않았는데, 뜻밖에 양소는 "부귀가 저를 억누를까 걱정이지 부귀를 도모할 마음은 없습니다"라며 태연해 했다. 양소는 이 일로 더욱 무제의 신임을 받았다.

여기서 주목할 대목은 양소가 아버지가 죽은 뒤 아홉 달 동안이나 침묵하다가 자신이 의지하던 우문호가 피살된 다음에야 글을 올려 아버지의 군공을 들먹였다는 사실이다. 이는 양소가 아버지의 추봉을 얻어내는 과정을 통해 자기 집안의 기반을 다지는 것은 물론, 새로 의지할 곳을 물색하기 위한 정치적 계산에서 나온 고의적인 행동이었음을 말해준다. 즉, 자신이 우문호의 사람이었다는 사실을 가지고 고의로 무제의 분노를 자극한 것이다.

이 일은 상대의 마음을 파악하고 상황을 반전시키는 모략가로서 양소의 모습을 잘 보여준다. 양소는 고의로 큰 소리를 쳐서 상대의 심리를 자극하고, 이를 통해 상대의 마음과 신임을 얻는 권술을 잘 구사했는데, 이를 통해 높은 관직과 많은 녹봉을 차지할 수 있었다.

첫 정치적 타격과 화려한 재기

양소는 군사적 재능이 뛰어났으며, 특히 엄격한 규율로 군대를 잘 다스린 것으로 유명했다. 그는 병사들을 잔인하게 다루고 생명을 가볍게 취급했지만, 전장에서는 누구보다 용맹했고 상벌이 분명하여 병사들이 기꺼이 그의 지휘에 따랐다. 그는 무제를 따라 여러 차례 정벌전에 나서 공을 세웠고, 양견(楊堅)이 황제를 칭하고 수 왕조를 세우는 데도 힘을 보탰다.

양소는 군사적 재능과 군공에 힘입어 초고속 승진을 거듭했고, 양견의 두터운 신임을 받아 주국공으로 봉해졌다. 같은 홍농 양씨 출신인 양견은 양소에 대해 '그 재능이 둘도 없다'며 과장된 칭찬을 아끼지 않았다.

이런 상황은 양소의 자만심을 부추기기에 충분했고, 그에 따라 야심도 팽창하기 시작했다. 양소의 야심을 잘 보여주는 흥미로운 일화가 전한다.

언젠가 양소는 아내 정씨와 한바탕 부부 싸움을 벌였는데, 아내의 강짜를 참다못한 양소는 "내가 천자가 되면 절대 너를 황후로 삼지 않겠다!"며 씩씩거렸다. 이 말은 부부 싸움 끝에 그냥 해본 말로 치부할 수 있지만, 양소의 야심이 자기도 모르게 표출된 것으로 볼 수도 있다. 그런데 뜻밖에 아내 정씨가 이 일을 황제 양견에게 일러바쳤다.

격노한 문제(文帝) 양견은 바로 양소를 파직했다. 양소는 처음으로 심각한 정치적 타격을 입었다. 이때가 584년 무렵이고, 양소는 40줄에 접어들어 한창 일할 나이였다. 양소는 이 일로 큰 교훈을 얻었고, 이후 그의 행적은 더욱 정교하고 은밀해졌다.

양소는 이듬해인 585년, 재기를 위한 적극적인 활동에 나섰고, 문제가 진(陳)을 정벌하는 데 계책을 올려 신주총관에 임명되었다. 상주국의 작위도 함께 회복함으로써 말 그대로 재기에 성공했다.

587년, 문제가 자신에 대한 모욕의 언사가 담긴 진의 국서를 신하들에게 보여주자 양소는 군주가 욕을 당하면 신하는 죽음으로 맞서는 것이라며 재차 죄를 청하고 하약필(賀若弼), 최중방(崔仲方) 등과 함께 진을 평정하는 대책을 올렸다. 그런 다음 영안(사천성 봉절현)으로 돌아와 배를 만들고 수군을 훈련시켜 진을 공격할 준비에 들어갔다.

이후 양소는 진을 정벌하는 전투에서 여러 차례 큰 공을 세웠고, 후에는 서쪽의 돌궐 정벌에도 공을 세워 문제의 마음을 흡족하게 만들었다. 이로써 양소는 월국공에 봉해지고, 그 자제들도 대부분 작위를 받아 조정에 들어왔다. 그야말로 화려한 재기였다.

재기 과정에서 양소가 보여준 행적은 그가 거의 완전히 간신의 길로 들어섰음을 잘 보여준다. 한순간 실언 때문에 낭패를 본 양소는 그 일을 거울삼아 매사에 언행을 조심했고, 상대(권력자)의 심기를 헤아리는 요령을 터득해 갔다. 문제가 자신을 모욕하는 국서를 신하들에게 공개했을 때 '군주가 치욕을 당하면 신하는 죽음으로 맞서는 것'이라며 양견의 비위를 맞춘 것은 양소가 간신의 대열에 들었음을 잘 보여주는 사례라 하겠다. 이 일로 양견은 양소에 대한 의심을 어느 정도 거뒀으며, 양소의 군공이 이어지자 과거를 완전히 잊고 그를 더욱 신임하기에 이르렀던 것이다.

권력자 한 사람을 위한 무리한 토목공사

양소의 간행을 가장 잘 보여주는 사건은 뭐니뭐니해도 문제의 비위를 맞추고 총애를 독차지하기 위해 무리한 토목공사를 벌인 일이다.

양소는 군대에서 세운 공을 믿고 자기 과시욕이 대단했다. 그러나 정치에서는 그다지 볼 만한 것이 없었다. 황제의 신임은 두터웠지만 중요한 정책이나 국가 대사에서 역할을 해내지 못했다. 당시 좌우 승상을 맡은 고경(高熲)이나 소위(蘇威)에 비하면 한참 뒤떨어졌다. 이는 사서에도 분명히 기록되었을 정도다.

자신을 과시하기 좋아하던 양소로서는 이런 현실이 만족스러울 리 없었다. 모든 간신에게서 나타나는 가장 중요하면서 공통된 특징이 바로 시기와 질투 아닌가. 양소에게도 선량한 충신이나 보통 관리들에게는 없거나, 있어도 감히 드러내지 못하는 시기와 질투심이 있었다. 그것도 아주 많이. 시기와 질투는 간신의 힘이자 존재 이유다.

양소는 그간의 군공을 인정받은데다 만년에 접어든 문제의 흐려진 판단력과 잘못된 정책 등에 힘입어 52세 때 마침내 소위를 대신해서 우상에 올랐다. 재상 반열에 든 것이다. 이제 황제를 제외한 최고 자리의 턱밑까지 온 셈이다. 문제는 모든 사람의 반대에도 기어이 그를 우상에 임명했다. 통치자의 그릇된 판단력은 언젠가는 일을 크게 망

양견 수나라 초대 황제(581~604 재위)로 581년 남북조를 통일했다. 양소가 간신으로 성장한 데는 수 문제 양견의 원칙 없는 인사와 편애가 크게 작용했다.

치는 원흉으로 작용한다. 아무튼 양소의 정치적 실적은 볼 것이 없었고, 이 때문에 양소는 행여 황제의 총애를 잃지 않을까 늘 전전긍긍했다. 그런데 기회가 엉뚱한 곳에서 찾아왔다.

593년에 문제는 기주(섬서성 봉상현)에 이궁을 지으라는 명령을 내렸다. 양소는 이것이야말로 확실하게 공을 세워 황제의 총애를 독차지하고, 정치적 기반을 확고하게 다질 수 있는 절호의 기회라고 생각했다. 그래서 양소는 나이와 우상이라는 지위도 아랑곳없이 직접 기주로 내려가 인수궁 건조를 총지휘했다.

그는 백성들의 고통과 국가 재정은 완전히 무시한 채 산을 옮기고 계곡을 메우는 대역사를 밀어붙였다. 수십 만 명이 강제로 동원되어 밤낮없이 고된 노동에 시달렸다. 양소는 오로지 황제를 기쁘게 하겠다는 일념으로 불도저처럼 공사를 재촉했고, 2년 1개월 만에 인수궁은 완공되었다. 그 사이 무리하고 위험한 공사판에서 죽어나간 백성은 수만에 이르렀다.

장엄하고 화려한 인수궁이 백성들의 원망 속에서 준공되었다. 굽이굽이 돌아가며 이어지는 정자와 누각들이 보는 사람의 눈을 의심케 했다. 말 그대로 세상에 둘도 없는 이궁이었다. 욕망으로 가득 찬 호화판 이궁은 정직한 신료들과 선량한 백성들의 비난을 받을 수밖에 없었다. 특히 좌상 고경의 비판이 거셌다. 문제조차 지나치다고 생각했는지 "양소가 백성들의 힘을 소모하여 이궁을 짓는 바람에 내가 천하의 원망을 듣게 되었구나!"라며 양소를 원망하기에 이르렀다.

간사하고 교활한 양소는 조정 대신들의 비난과 공격은 조금도 두렵지 않았다. 그러나 권력이라는 마술 지팡이를 쥔 문제의 노여움은 겁이 날 수밖에 없었다. 양소는 문제가 이토록 화를 내고 자신을 원망하리라고는 예상치 못했다. 그 나름대로 천신만고 끝에 이룬 일이 자칫 수포로 돌아갈 수도 있는 상황이었다. 그러나 양소의 욕망이 이를 용납할 리 없다.

황제의 뜻하지 않은 반응에 당황한 양소는 같은 패거리 봉덕이와 대책을 상의했다. 그 결과 양소는 뒷문을 통해 독고 황후와 접견을 추진했다. 치맛바람을 이용할 속셈이었다. 독고 황후를 만난 양소는 인수궁 축조 문제를 이렇게 해명했다.

"제왕의 법도에 이궁과 별관이 있습니다. 지금 천하가 태평해졌으니 궁전 하나 짓는 것이 무슨 문제겠습니까?"

그 정도 이궁은 충분히 가질 자격이 있고, 그 정도 호화로움은 누릴 만하다는 뜻이다. 독고 황후는 양소의 말에 홀딱 넘어갔다. 나이도 있고 정치적 판단과는 거리가 있는 여자인지라 양소의 해명이 충분히 씨가 먹힌 것이다. 더욱이 독고 황후는 정치적 판단력이나 정세를 읽는 능력은 없지만, 남다른 시기와 질투로 황제에 대한 통제권은 확실히 쥐고 있었기 때문에 양소가 목표물을 제대로 고른 셈이었다. 독고 황후는 문제 앞에서 양소 대신 변명했다.

이 무렵 문제는 연로하여 판단력이 크게 흐려진 상태였다. 속은 자꾸 좁아지고, 작은 일에도 의심을 품기 일쑤였으며, 충신과 간신을 분간하지 못해 우왕좌왕했다. 황후의 설득에 넘어간 문제는 바로 양소를 불러들여 "그대가 늙은 우리 부부에게 오락거리가 없을까 마음이 쓰여 이렇듯 궁전을 성대하게 장식했다니 정말 충성스럽구나"라며 100만 전과 비단 3000필을 상으로 내렸다.

이 일로 양소는 문제의 크나큰 총애를 받았다. 여기서 우리는 권력자의 판단력이 간신을 막느냐 키우느냐를 결정하는 리트머스시험지와 같다는 것을 새삼 확인할 수 있다.

희대의 드라마, '황위 찬탈극'을 연출하다

양소의 간신 행적에서 하이라이트는 역시 중국사 최대의 간군(奸君)으로 꼽히는 양제(煬帝) 양광(楊廣)을 도와 황제 자리를 찬탈한 대목이다. 문제는 황후 독고씨와 사이에 다섯 아들을 두었다. 얼핏 보기에는 부부의 금슬이 좋아 조강지처에게서 아들을 다섯이나 둔 것 같지만, 사실은 독고씨의 질투가 심해 문제가 후궁을 두지 못했을 뿐이다. 그런데도 문제는 "지난날 제왕들은 첩이 많아 자식들의 어미가 죄다 다른 탓에 분란이 끊이지 않았다. 우리 자식 다섯은 모두 한 어미 뱃속에서 나왔기 때문에 손발처럼 사이가 좋다"며 너스레를 떤 적이 있다.

이 다섯 아들 중에서 관심의 대상은 태자로 책봉된 맏아들 양용(楊勇)과 둘째 아들 양광이다. 문제의 자랑대로 한 어미의 뱃속에서 나온 자식들이 사이좋게 잘 지냈다면 별 탈이 없었을 것이고, 수 왕조는 당 왕조 못지않은 전성기를 누렸을지도 모른다. 하지만 인성과 인륜을 파괴할 수 있는 것이 권력과 돈이다. 둘째 아들 양광이 권력 때문에 큰형 양용에게 독수를 뻗치기 시작한 것이다.

태자 양용은 통이 크고 호인이었다. 첩도 많이 거느려 조강지처를 화병으로 죽게 했다. 이런 점이 가뜩이나 첩질 하는 남자를 증오하던 어머니 독고 황후를 자극했고, 음주가무를 즐기던 양용의 취미는 아버지 문제의 심기를 불편하게 만들었다. 문제는 술 좋아하는 신하들을 가장 싫어했다. 하지만 이런 것들은 작은 틈에 불과했다. 양광이 이 작은 틈 사이로 쐐기를 박고, 권신 양소가 그 일을 거들기 시작함으로써 일은 갈수록 커졌다.

양광은 완벽하게 자신을 위장해가며 황제와 황후를 속이는 한편, 양용을 모함했다. 양광은 자신의 처소에 일부러 먼지가 잔뜩 앉은 거문고를 갖다놓고, 노복도 모두 늙고 못생긴 사람들로 배치해서 황제와 황후를 흐뭇하게 만들었다. 또 황제 주변의 인물들을 매수하여 황제 부부의 동정을 면밀하게 살피게 하여 정보를 바로바로 입수했다.

한 아들이 미워지니까 다른 아들이 더 예뻐 보인다고나 할까? 문제 부부의 마음은 갈수록 태자 양용에게서 멀어졌고, 상대적으로 양광에 대한 호감은 더욱 커졌다.

상황을 주시하던 양소는 마침내 양광과 손잡고 본격적으로 '적자의 자리를 빼앗는' 이른바 '탈적(奪嫡)' 투쟁에 뛰어들었다. 황제 부부의 심기를 파악한 양소는 황제 앞에서 태자 양용의 흠을 지적했고, 서서히 태자 폐위 문제가 불거지기 시작했다. 중신 고경은 태자 폐위는 있을 수 없는 일이라며 극구 반대했다. 이에 양소는 양용의 폐위를 더 적극적으로 고려하는 독고 황후를 자극했다. 그리하여 고경과 황후 사이를 이간질하고, 황후는 다시 황제와 고경의 사이를 이간질하게 만들어 결국 고경을 모반으로 몰아 조정에서 내쫓았다. 고경의 추천으로 조정에 들어온 양소가 고경을 제거한 것이다. 그러면서도 양소는 교활하게 어느 쪽도 편들지 않는 모호한 태도를 취했다.

600년, 마침내 태자 양용도 모반이란 죄명을 뒤집어쓰고 평민으로 강등된 채 궁궐 깊은 곳에 연금 당했다. 양광의 탈적이 최후의 성공을 거두는 순간이었다. 602년, 독고 황후가 세상을 떠났다(독고 황후는 이후 벌어진 비극적 상황은 목격하지 않은 채 죽었으니 팔자 편한 사람이라 해도 할 말 없을 것이다).

604년, 문제가 인수궁으로 피서를 갔다가 병으로 드러눕고 말았다. 병세가 심각해지자 문제는 양광을 불러 간호를 하게 했다. 이제 황제 자리는 떼놓은 당상인 상황에서 양광은 서서히 본색을 드러내기 시작했다. 먼저 아버지가 총애하는 진(陳) 부인을 다른 곳도 아닌 변소에서 희롱했다. 놀란 진 부인이 문제에게 달려와 이 사실을 알리자, 문제는 화가 머리끝까지 치밀어 "독고(죽은 황후)가 나를 망치는구나!"라고 씩씩거리더니 장안으로 사람을 보내 양광을 소환했다.

놀란 양광은 양소에게 이 사실을 알리고 도움을 청했다. 양소는 일단 황제가 보낸 관리를 잡아두게 한 다음 계엄령을 내려 인수궁을 포위함으로써 외부와 연락을 완전히 차단했다. 이어 양광의 부하 장형(훗날 양광에게 살해당한다)이 문제의 침실로 뛰어들어 늙은 문제를 질질 끌고 나와선 가슴팍을 사정없이 공격했다. 문제는 피를 토하며 즉사했다.

아비를 죽인 양광은 자신이 희롱한 아름다운 서모 진 부인을 찾아 잠자리를 같이 하고, 장안으로 사람을 보내 형 양용을 죽였다. 양광은 황제 자리를 빼앗기 위해 무려 14년 동안 자신을 위장한 채 추악한 음모를 진행시켰고, 마침내 그 결실을 거뒀다.

이 과정에서 양소는 사태를 관망하며 권력의 저울추가 어느 쪽으로 기우는지 예의 주시하다가 마침내 양광에게 붙어 태자 양용을 폐위시키는 데 결정적인 역할을 했다. 그는 태자의 일거수일투족을 감시하면서 태자의 약점과 사소한 잘못을 찾아내 황제 부부에게 보고하는 등 비열하고 저급한 사찰 역할을 담당했다. 또 양용이 폐위된 뒤로도 마음을 놓지 못하고 문제에게 "독사에게 손이 물리지 않도록 조심할 것이며, 절대 화근을 남겨서는 안 됩니다"라고 건의하여 양용의 측근을 모조리 제거했다.

양소는 문제 부부의 독선과 오만, 만년의 흐려진 판단력이란 틈을 기가 막히게 비집고 들어갔다. 여기에 권력욕의 화신 양광이 등장함으로써 양소의 간행은 날개를 달았다. 양소가 파고든 틈은 좁았으나 헤집어놓은 규모와 깊이는 상상을 초월한다. 권력욕으로 말하자면 한 치의 양보도 없는 희대의 두 인간이 손을 잡았으니 천하무적이었다. 그런 만큼 나라를 거덜 내는 것도 시간문제였다.

권력의 정점=몰락의 출발점

599년 고경이 파면되면서 양소는 재상권을 독점하기에 이르렀고, 이후 606년까지 8년 동안 그의 권세는 끝 간 데를 모를 정도로 팽창한다. 나라와 백성을 위해 땀 한 방울 흘리지 않은 일가친척이 줄줄이 관작을 받았다. 그는 양광의 찬탈을 도운 공으로 황제를 능가할 권력을 원 없이 휘둘렀다.

거의 모든 문무 대신이 그에게 능욕을 당했다. 조금이라도 자기 마음에 들지 않거나 자기 뜻을 거스르는 사람은 내쫓는 것은 물론 가차 없이 죽였다. 조정은 공포로 떨었다. 반면 그에게 아부를 일삼는 파리 떼와 천박한 인간들이 그의 발을 핥았다. 양소는 이런 자들에게 예외 없이 자리를 주었다.

간신들의 최대 특징인 시기와 질투는 양소도 예외가 아니었다. 명장 사만세(史萬歲)를 비롯하여 역시 명장이자 자신의 사촌인 하약필, 명장 한금호, 아부하지 않던 문신 유욱, 직언을 서슴지 않던 이강 등이 모두 양소의 비열한 모함과 무고로 살해당하거나 쫓겨났다.

사만세는 잔인하고 가혹한 양소와는 전혀 다른 유형의 장수로, 병사들 사이에서 존경을 한 몸에 받던 명장이다. 전투에서도 사만세에게 뒤진 양소는 엄청난 질투와 시기에 시달렸다. 그리하여 사만세가 항복하려고 하는 돌궐을 자기 공만 생각해서 성급하게 공격하는 바람

양광(양제)과 그의 무덤 수나라 2대 황제(604~618 재위)로 만리장성을 수축하고 대운하를 완성했다. 그러나 수나라의 수명은 그의 대에서 끝났으니, 간신 양소와 간군 양광의 결탁은 말 그대로 환상적 조합이었다. 하나로도 충분한데 둘이 되었으니, 수나라의 멸망이 그래서 그렇게 빨랐던 것이다.

이강 황제 앞에서도 직언을 서슴지 않으면서 양소의 심기를 단단히 건드린 이강 역시 조정에서 배척당해 쫓겨났다가 왕조가 바뀌고서야 비로소 인정을 받았다.

에 사태를 더 키웠다고 모함했고, 문제는 이 일로 사만세를 의심하기 시작했다. 사만세에 대한 문제의 신뢰가 무너지고 있음을 확인한 양소는 사만세가 폐위 논란을 불러일으키는 태자 양용과 가까운 사이라고 무고하여 문제의 마음을 더욱 흔들었다.

이런 상황에서 어느 날 사만세가 입궁하고도 황제보다 태자 양용을 먼저 찾아갔다고 양소가 거짓 보고를 하자, 화가 난 문제는 사만세를 불러 심하게 꾸짖었다. 사만세 역시 부당한 질책을 참지 못하고 공을 세운 장수를 조정이 압박한다며 불만을 토로했고, 격노한 문제는 그 자리에서 사람을 불러 사만세를 죽였다. 그리고 과거의 자질구레한 일과 양소가 모함한 내용까지 전부 죄상이라며 발표했다. 사만세가 죽던 날, 세상 모든 사람이 그의 억울한 죽음에 분통을 터뜨렸다.

절대 권력은 반드시 부패한다. 권력의 정점은 쓰레기가 썩는 냄새로 진동했다. 백성들에게는 더욱 가혹한 부역과 세금이 부과되었다. 일찍이 인수궁 건조 때 한 번 맛을 본 이상 끊을 수가 없었다. 자리와 권력을 이용한 치부는 철두철미 사리사욕을 위한 것이다. 투기, 약탈, 탈세 등 할 수 있는 모든 수단을 동원하여 탈법과 불법을 일삼았다.

양소는 수도와 지방을 가리지 않고 땅을 긁어모았고, 저택도 헤아릴 수 없을 만큼 지었다. 돈은 더 좋아하여 산더미처럼 쌓아놓고 살았는데, 재산이 얼마인지 자기도 모를 정도였다. 사치와 방탕은 말로 할 수 없었으며, 자신을 시중드는 가동과 처첩, 노비와 기생이 1000명을 헤아렸다. 집의 벽은 모조리 핏빛을 칠해 호화의 극을 달렸다. 이 모든 것이 무고한 백성들의 피와 땀을 쥐어 짠 결과물이었다. 사람들은 양소를 천박한 인간이라며 비웃었으나 이 소리가 그의 귀에 들릴 리 없었다.

간신의 인간관계는 이해관계에 기반을 둔다. 간신과 그를 총애하는 군주의 관계도 그렇고, 간신끼리 관계도 마찬가지며, 간신과 그 조무래기들의 관계도 대동소이하다. 이런 이해관계로 맺어진 야합은 어느 한쪽의 신뢰가 무너지면 그 관계도 무너질 수밖에 없는데, 특히

사만세와 한금호 간신 특유의 시기와 질투는 많은 인재를 해치는 것으로 귀결된다. 명장 사만세와 한금호가 이렇게 희생되었고, 양소는 권력의 정점을 향해 무한 질주했다.

'이해'와 '득실'의 저울추가 한쪽으로 쏠릴 때 이 현상은 가속화될 수밖에 없다.

605년, 양소는 상서령 태자태사에 오르더니 이듬해 사도로 승진하여 수 왕조의 유일무이한 재상이 됨으로써 신하로서 오를 수 있는 최고의 자리에 올랐다. 그러나 권력의 정점은 권력의 추락점이기도 하다. 양제와 양소 역시 철두철미 이해관계에 기반을 둔 사이였다. 따라서 뼈다귀를 놓고 개가 개를 무는 모순과 갈등은 언제든지 발생할 수 있었다.

관계의 변화 조짐은 양제에게서 시작되었다. 그는 1인자 황제의 권위와 권력을 능가하는 2인자의 존재를 용납할 수 없었다. 이는 파워게임의 철칙이기도 하다. 양제는 서서히 양소를 멀리하기 시작했고, 형제와 아비마저 죽인 양제가 자기를 버리는 것은 시간문제임을 직감한 양소는 운명을 받아들이는 수밖에 없었다. 바야흐로 사냥개 노릇이 끝난 것이다.

양소는 우울증에 시달리다 병들어 자리에 누웠다. 양제는 의원을 보내 양소의 병세를 살피게 하면서 의원에게는 은밀히 양소의 수명이 얼마나 남았는지 알아 오게 했다. 양소는 얼마 뒤 쓸쓸히 죽었다. 대략 66세 무렵으로 추정한다(양소의 죽음과 관련하여 다른 속설도 있다. 이에 따르면 원덕 태자가 술자리에서 양제가 내린 독주를 잘못 마시고 죽자 그 뒤 양소도 독살되었다는 것이다. 어느 쪽이든 마음 편히 죽은 것은 아니다).

간신 뒤에는 간군이 도사리고 있다

양소의 행적에서 심상치 않은 교훈과 통찰을 얻을 수 있다. 먼저 통치자의 잘못된 판단이나 오만한 행보 뒤에는 틀림없이 교활한 간신이 웅크리고 있다는 점이다. 이는 역사적 사실이 한 치의 오차도 없이 명명백백하게 입증하고 있다. 양소를 간신으로 기른 것은 수 문제 양견이다. 양소의 정치적 능력은 어느 정도 안목을 갖춘 사람이라면 누구나 알 수 있을 정도로 보잘것없었다. 이는 역사서에도 빠지지 않고 언급한 점이다.

　문제 부부의 그릇된 판단력과 자식들에 대한 오만한 자부심까지 겹쳐 사태는 걷잡을 수 없을 정도로 악화되었고, 결국 희대의 간군 양제를 탄생시키고 말았다. 간신은 언제나 권력자의 방심을 노린다. 백성의 허술한 의식도 공략 대상이다. 간신이 비집고 들어온 틈은 작아 보이지만 비집고 들어온 다음이 문제다. 조직은 물론 나아가서 나라 전체를 헤집어놓기 때문이다. 가까스로 천하를 재통일한 수 왕조가 불과 2대를 넘기지 못하고 멸망한 것도 결국 통치자가 양소라는 간신이 파고들 틈을 보였기 때문이다. 하나 마나 한 가정이지만 문제가 적어도 양소 하나만 통제했다면 희대의 간군 양제도 출현하지 않았을 것이고, 수 왕조도 그렇게 단명하지 않았을 것이다. 간신이 설칠 수 있다는 것은 그 뒤에 어리석은 군주나 간군이 도사리고 있을 가능성이 그만큼 크다는 방증이다. 양소와 양제는 이런 점에서 이란성쌍둥이와 같다고 할 것이다.

　거물급 간신일수록 어마어마한 규모의 사업을 통해 자신의 존재감을 과시하려는 변태적 심리 상태를 갖고 있다. 양소가 인수궁을 건조한 것이 대표적인 사례다. 집권에 성공한 뒤에는 이런 무분별한 토목사업이 그 도를 더했는데, 양제도 양소를 본받아 전국 각지에 이궁과 별궁을 지어 사치와 향락에 탐닉했다. 간신들이 재력으로 자신의 존재감을 만천하에 과시하는 것도 같은 맥락이다. 양소가 각지에 집을 수없이 지은 것이나 자신도 모를 만큼 돈을 쌓아둔 것이나 곳곳에 땅을 차지한 것 등이 이를 잘 말해준다. 이 모든 짓은 철저히 사리사욕을 위한 것임은 두말할 나위도 없다.

    간신들의 공통된 특징으로 기회주의와 이기주의를 빼놓을 수 없다. 기회주의자와 이기주의자는 진실과 진리를 최대한 이용하지만 진실과 진리를 견지하지 않는다. 이들의 진실과 진리는 주구로 변하여 필요할 때마다 튀어나와 사람을 물어뜯는다. 양소를 비롯한 모든 간신들의 일생을 대충 훑어만 봐도 이들이 자신의 이익을 위해 한시도 기회를 놓치려 하지 않았다는 사실을 발견할 수 있다. 간신들은 심지어 자신에게 불리한 상황조차 유리하게 바꾸는 절묘한 술수를 구사한다. 간신을 위험한 존재라고 하는 까닭도 여기에 있다. 나라를 발전시키고 강하게 만드는 데는 충직한 일꾼 열로도 모자라지만, 나라를 망치는 데는 간신 하나면 충분하기 때문이다.

'왕의 여자'의 마음을 다독여 권력을 얻다

이의부(李義府, 614~666, 당)

이의부는 '소리장도(笑裏藏刀)'라는 별명으로 유명한 간신으로, 이는 '웃음 속에 비수를 감추고 있다'는 뜻이다. 그는 남다른 재능으로 태종의 눈에 들어 승승장구했다. 고종 이치(李治)가 태자로 있을 때만 해도 이의부는 행동과 몸을 바르게 하고 아첨하는 자들을 조심하라는 말을 할 정도로 상당히 깨어 있는 지식인이었다. 그러나 권력의 맛을 보면서 점점 소인배와 어울리고, 자신의 자리와 권력을 유지하기 위해 최고 권력자의 눈치를 살피기 시작함으로써 끝내 간신의 길로 빠져들었다. 그는 타고난 총명함으로 권력자의 심기를 귀신같이 헤아리고, 이를 기회로 자신에게 반대하는 세력을 하나하나 제거했다.

이의부는 권력이라는 편리한 수단에 힘들이지 않고 접근, 타고난 총명함과 눈치로 미래의 권력자에게 끈을 대어 자신의 자리를 보장받음은 물론 최고 관직에까지 올랐다. 특히 상대를 정면에서 비판하거나 해치지 않고 등 뒤에서 절묘하게 해를 가했기 때문에 당시 사람들은 그를 '인간 살쾡이'라 불렀다. 권력을 쥔 뒤로는 집안이 총동원되어 관직을 사고파는 등 온갖 불법과 비리를 저질렀는데, 이는 오늘날 우리 정치판을 휩쓸고 있는 공천 장사나 돈 선거 같은 망국적 행태의 원형을 보는 듯하다.

총명하고 재능이 출중했던 젊은 시절

이의부는 지금의 하북성 요양현에 해당하는 영주 요양 출신이다. 할아버지가 신주 사홍현(사천성 사홍현) 현령으로 발령이 나서 가족이 영태(사천성 사홍현 동북)로 이주했다. 이의부는 어려서부터 남달리 총명하고 재능과 공부가 출중했다. 검남도 순찰대사 이대량이 순찰을 나왔다가 그를 알아보고 발탁한 것도 이 때문이다. 그 뒤로도 황문시랑 유목과 어사 마주의 눈에 들어 당 태종에게 추천되었다.

이의부를 만난 태종은 그 자리에서 새를 소재로 시를 짓게 했고, 이의부는 다음과 같은 시로 태종을 만족시켰다.

> 하룻밤 사이에 조정으로 날아들어
> 거문고 소리와 함께 밤들이 우는구나.
> 상림원에 남은 나무 있거든
> 아까워 말고 한 가지 빌려주려무나.

이 시는 새를 가지고 자신의 출세욕을 은근히 드러낸 것인데, 이의부는 감찰어사에 임명됨과 동시에 진왕 이치를 모시게 되었다. 이치가 태자로 책봉된 뒤에는 다시 태자사인 겸 숭학관직학사로 승진했다.

그는 태자를 모시면서 "작아도 선행을 가볍게 보지 마십시오. 작은 것이 쌓이면 절로 이름이 납니다. 미미한 행동을 우습게 여기지 마십시오. 미미한 것이 쌓이면 몸이 절로 바르게 됩니다"라고 충고한 적도 있고, "아부하는 무리도 종류가 있고 사악한 재주도 다양하니 그 싹을 미리 자르지 않으면 피해가 커집니다"라는 말도 했다. 이는 적어도 이의부가 타고난 간신이 아니며, 간신과 소인배의 기량과 피해를 잘 알고 있었음을 말해준다.

이의부는 이런 언행으로 태종의 칭찬과 상을 받았고, 《진서(晉書)》 편찬에도 참여했다. 그러나 이처럼 반듯하던 이의부는 시간이 흐르면서 점점 간신의 길을 걷기 시작했는데, 이 과정에서 그는 뛰어난 능력과 연기력을 유감없이 뽐냈다.

《진서》 이의부는 지난 왕조의 역사책인 《진서》 편찬에도 참여할 정도로 총명하고 재능이 출중한 인재였다.

간신의 길로 접어들다

이의부가 간신의 길로 접어든 계기는 알 수가 없다. 모든 간신이 그렇듯 권력이란 당의정에 중독되어 거기에서 벗어나지 못한 것으로 보일 뿐이다. 이는 그의 간신 행적을 통해 충분히 짐작할 수 있다.

태자 이치가 황제 자리를 이어받은 것은 650년이다. 태자 시절부터 이치를 모신 이의부는 중서사인이 되었고, 이후 해마다 승진하여 조야의 주목을 한 몸에 받았다. 이 무렵 이의부는 조정의 권세가들과 결탁하여 정치적 기반과 권력의 기초를 다지는 데 집중하기 시작했다. 이는 그가 조정 안팎에서 벌어지는 온갖 정치 활동과 관련한 최신 정보를 입수할 수 있었다는 의미다.

이의부가 자신을 추천한 유목, 마주 등과 같은 대신은 물론 허경종(許敬宗) 등과 같은 최고 실세들과 결탁하기 시작하자 조정 중신 장손무기(長孫無忌)는 앞날이 걱정되어 고종에게 이의부를 외지로 보낼 것을 강력하게 건의했다. 고종도 조정의 대들보와 같은 장손무기의 경고와 건의를 무시할 수 없어 이를 받아들이기로 했다. 그런데 황제의 명령이 하달되기도 전에 이 정보가 이의부에게 전해졌다. 조정 곳곳에 있는 측근과 패거리가 제공

허경종 이의부의 간행은 또 다른 간신 허경종 등과 결탁하면서 더욱 본격화된 것으로 보인다.

장손무기 조정의 중신 장손무기는 이의부의 본색을 간파하고 하루 빨리 내칠 것을 강력히 주장했으나 이의부의 선수로 기회를 놓쳤다.

무측천 간신은 권력자의 욕망을 부추기고 그것을 만족시키기 위해 어떤 짓도 마다하지 않는다. 황후 자리에 눈독을 들이던 무소의(훗날 무측천)의 심기를 읽어낸 이의부의 간행은 이를 계기로 더욱 극성을 부린다.

하는 정보력이 얼마나 대단한지 실감할 수 있는 대목이다.

놀란 이의부는 중서사인 왕덕검(王德儉)과 대책을 상의했다. 왕덕검은 실세 허경종의 조카로 음침한 외모와 다양한 잔꾀로 유명한 인물이다. 그는 또 조정 안팎의 정보통으로 사람의 마음과 뜻을 잘 헤아렸다. 그는 자신이 장악한 각종 정보를 종합하여 이의부에게 지금 황제가 총애하는 소의(昭儀) 무조(武曌, 미래의 무측천)를 황후로 추천할 것을 제안했다. 이의부는 이야말로 천재일우의 기회라 판단하고 과감하게 도박을 하기로 결심했다. 만에 하나 무조가 황후가 되는 날에는 전화위복이 아니고 무엇이겠는가? 황후가 되지 못하더라도 황제의 심기를 읽고 환심을 살

수 있으니 손해 볼 것 없는 일이다. 오히려 황제의 눈에 들어 귀여움을 독차지할 가능성도 없지 않았다.

당시 고종은 무조를 황후로 삼고 싶은 마음이 간절했으나, 조정에서 논의가 어떤 방향으로 진행될지 확신이 없어 말을 꺼내지 못했다. 이러던 차에 이의부가 무조를 극찬하며 황후로 추대해야 마땅하다는 글을 올렸으니 얼마나 기뻤겠는가? 고종은 즉시 이의부를 불러들였다. 유배령이 취소된 것은 말할 것도 없고 상까지 받았다. 무조 역시 몰래 사람을 보내 감사의 뜻을 전했다.

얼마 뒤 무조는 황후로 책봉되었고, 이의부는 허경종, 원공유 등과 함께 무측천의 심복이 되어 출세 가도를 달렸다.

웃음 속에 감춰진 비수

위기를 모면하기 위해 부린 술수의 엄청난 위력을 맛본 이의부는 이후 모든 일을 음모와 간계로 처리하기 시작했다. 이와 함께 일의 초점을 어디에다 맞춰야 하는지 확실하게 알았다. 이의부는 자신이 가야 할 방향을 정확하게 설정했고, 권력자의 입맛에 맞는 일만 했다. 그는 초고속 승진을 거듭하여 중서시랑, 동중서문하삼품, 감수국사를 거쳤고, 광평현 남작 작위를 하사받았다. 권력이라는 수단에 힘들이지 않고 접근하여 권력의 단물을 맛보고, 권력이란 마술 지팡이의 위력을 확인한 이상 권력을 절대 놓칠 수 없다. 이의부는 이 권력을 지키고 더 튼튼히 다지기 위해서는 음모와 계략만 한 것이 없다고 판단했고, 최고 권력자의 총애를 확실하게 얻는 것이 지름길임을 알았기 때문이다.

최고 권력이라는 마술 지팡이에 가장 가까이 접근한 이의부는 자신의 지위를 받쳐줄 패거리를 모으기 시작했다. 자신에게 반대하는 세력을 공격하고 제거하기 위해 필요한 것이 앞잡이 아닌가.

이의부는 늘 온화하고 부드러운 표정을 지었고, 대화를 나눌 때도 얼굴에서 웃음이 떠나지 않았다. 누구라도 감동시킬 정도로 부드럽고 공손한 자세와 상대의 마음을 녹이는 살인 미소라고 할까? 그러나 정작 그의 속마음은 음험하고 교활했으며, 다른 사람에 대한 시기와 질투로 불타올랐다. 자기 뜻에 따르지 않거나 자신의 이익에 눈독을 들이는 사람이 있으면 수단과 방법을 가리지 않고 해쳤다. 당시 조야는 이의부의 무시무시한 보복과 잔인한 행동에 치를 떨면서 그를 '소리 장도'라 불렀다. 또 부드러움으로 사물을 해친다고 해서 '인간 살쾡이' '이씨 살쾡이'라고 불렀을 정도다.

조야를 뒤흔드는 권세

이의부의 악명은 금세 조야를 뒤흔들 정도가 되었다. 원로 대신들과 중서령 두정륜은 이의부의 발호에 큰 우려를 표시하며 중서시랑 이우익과 상의하여 그의 비리를 사찰하기 시작했다. 그러나 이런 움직임은 하루도 못 가 이의부에게 탐지되었고, 이의부는 즉각 이 사실을 고종에게 보고했다. 고종은 이의부와 두정륜을 불러 심문했고, 두 사람은 황제 앞에서 서로 격렬하게 공격하며 논쟁을 멈추지 않았다.

당시 조정의 여론은 두정륜을 지지했으나 무후는 이의부를 비호하고 나섰다. 여론이 심상치 않자 고종은 두정륜을 횡주(광서성 횡현 남쪽) 자사로 강등시키고, 이우익은 봉주(월남 하노이 서북)로 유배 보냈다. 이와 함께 이의부도 보주(사천성 안악현) 자사로 강등시켰지만, 무후의 후원을 받고 1년도 되지 않아 복직했다. 현경 4년(659) 고종은 조서를 내려 이부상서, 동중서문하삼품을 내리고 나머지 관작도 그대로 유지해주었다. 이 사건은 이의부의 권세가 어느 정도인지 확인케 하는 사례다.

문제는 고종 황제다. 우유부단하고 무능한데다 병까지 겹쳐 국가 대사에 대한 올바른 판단을 기대할 수 없었기 때문이다. 재상 등이 의견을 내야 간신히 결정을 내리는 정도였다. 한 사람에게 절대 권력이 집중된 황제 체제에서 이런 상황은 치명적일 수 있고, 이의부는 이 틈을 교묘하게 파고들면서 자신의 권력 기반을 한층 더 단단히 다져나갔다. 이러던 차에 이의부의 권세와 권력 기반을 더욱 굳혀주는 사건이 발생했으니, 정권이 유약한 고종에서 무후에게 넘어간 것이다. 그때가 660년이다.

남편 대신 권력을 넘겨받은 무후는 자신의 정권 기반을 안정시키기 위해 모반 사건을 조작하여 원로 대신의 우두머리이자 황제의 장인 장손무기를 비롯하여 그 자손과 조정

건릉 당 고종 이치와 무측천의 합장묘. 간신의 온상은 무능한 권력자다. 고종은 아내 무측천에게 권력을 완전히 넘겼고, 이로써 이의부의 간행은 날개를 달았다.

대신 등 13명을 죽이거나 내쳤다. 이 과정에서 이의부는 철저하게 무후 편에 서서 음모를 진행시켰다. 내친김에 무후는 태종 연간에 편찬된 《씨족지(氏族志)》에 무씨가 빠졌다는 사실을 지적, 이를 수정하고 싶다는 마음을 내비쳤다. 명망 있는 가문들의 내력을 기재한 《씨족지》를 개편하여 원로파 세력에게 타격을 가하겠다는 의도였다.

이의부가 이 기회를 놓칠 리 만무다. 그는 자신의 가문은 물론 자신의 명망을 한껏 드높일 수 있는 절호의 기회로 판단하여 《씨족지》의 개편을 적극적으로 주장했다. 그러면서 자신은 조군의 이씨 출신으로 여러 이씨들과 멀고 가까운 관계에 있음을 한껏 드러냈다. 이에 이씨 자제들은 이의부의 권세가 두려워 너나 할 것 없이 형님 동생 하며 달라붙었다. 당초 급사중으로 있던 이숭덕은 이의부가 보주자사로 강등되자 이의부를 조군 이씨 족보에서 삭제한 일이 있었다. 복직 후 이의부는 죄를 날조하여 이숭덕을 자살하게 만들었다. 또 과거 명망 높은 가문에게 혼인을 여러 차례 요청하다 거절당한 일이 있었는데, 《씨족지》를 개편하면서 7개 명문가들이 서로 혼인하지 못하도록 막았다. 자기 가족을 족보에 넣기 위해 조정에서 5품 이상을 지낸 사람은 모두 사류(士流)로 올려 족보에 기재하도록 했다. 이렇게 해서 이의부는 무씨를 명문가로 편입시키려는 무후의 욕망을 만족시키는 듯했지만, 실제로는 자신의 가문을 명문 대족으로 만들고자 하는 목적을 달성한 것이다.

이의부는 내친김에 할아버지의 무덤을 개장하기로 하고 황제 고종의 윤허를 얻었다. 이의부는 이 일을 가문의 영광이라고 판단하여 토목공사를 크게 일으키는 한편, 부근의 현에 사람을 보내 이 공사에 참여할 것을 독촉했다. 삼원현의 현령은 이의부에게 잘 보이기 위해 있는 힘 없는 힘 다 쏟았고, 다른 7개 현의 현령들은 사람과 수레 등을 보냈다. 그런데 일이 얼마나 힘들었는지 고릉현 현령 고경업이 공사장에서 과로로 사망하는 일까지 발생했다.

이의부 할아버지의 무덤 개장 작업이 얼마나 대단했는지 공왕 이하 각급 관리들이 모두 와서 축하를 올렸는데, 그 예물 행렬이 70리 길을 메웠다고 한다. 당 왕조가 개국한 이래 왕공 대신의 장례, 그것도 개장이 이렇게 호화롭고 요란스러운 적은 없었다. 이의부는 할아버지의 개장을 성공적으로 치름으로써 조상과 가문을 빛낸 것은 물론 엄청난 하례품까지 챙기는 영악한 수완을 한껏 뽐냈고, 그의 명성은 말 그대로 조야를 쩌렁쩌렁 울렸다.

자멸의 길

이의부의 권세는 지지 않는 태양 같았다. 그는 봉건 제왕 체제에서 제왕의 총애가 모든 것을 결정한다는 사실을 간파, 무능한 고종과 자신을 지지하는 무후의 비위를 철저하게 맞춤으로써 권력 기반을 다졌다. 뜻 있는 인사와 충직한 신하들이 나서보았지만 별다른 방법이 없었다. 이와 관련하여 이의부의 권세가 어느 정도인지 잘 보여주는 사건을 살펴보자.

낙주(낙양)에 순우씨라는 미모의 여자가 죄를 지어 대리시 감옥으로 압송되었다. 이 일을 보고받은 이의부는 대리승 필정의에게 압력을 넣어 무죄로 방면한 다음 자기 첩으로 삼았다. 대리경 단옥현이 이 사실을 알고 고종에게 보고했다. 고종은 급사중 유인궤, 시어사 장륜에게 사건을 조사하게 했다. 사태가 심상치 않게 돌아가자 이의부는 진상을 은폐하기 위해 필정의를 핍박하여 옥중에서 자살하게 함으로써 입을 막았다. 그러나 시어사 왕의방이 사건의 진상을 확실히 밝혀야 한다면서 이의부가 사실을 감추기 위해 필정의를 죽여 입을 막는 등 그 마음 씀씀이가 악랄하다며 이의부를 내쫓아야 한다고 주장하고 나섰다.

그런데 이의부의 반응은 놀랍게도 차분하기 이를 데 없었다. 마치 아무 일도 없다는 듯 태연한 것은 물론, 도리어 왕의방을 압박해 들어갔다. 왕의방이 이의부를 탄핵하며 고종의 측근을 깨끗하게 정리할 것을 요구한 점이 고종의 심기를 건드린 것이다. 황제의 측근을 정리하라는 것은 황제의 주변이 깨끗하지 못하다는 뜻이기 때문이다. 이의부에 빠져 헤어나지 못하는 고종이 이런 말을 듣고 가만히 있을 리 없었고, 이의부는 이 점을 정확하게 읽었기에 그토록 태연자약할 수 있었던 것이다. 화가 난 고종은 왕의방이 조정에서 불손한 언행으로 비방을 일삼고 대신에게 모욕을 주었다는 죄목을 걸어 내주(산동성 액현)로 보냈다. 물론 이의부는 아무런 벌도 받지 않았다.

이의부의 세도는 이 정도에서 그치지 않았다. 고종과 무후의 총애를 업은 그는 죽고 없는 부모와 아들들, 강보에 싸인 갓난아기까지 관작을 수여했다. 그 자식과 사위들은 수중의 권력을 이용하여 매관매직을 서슴지 않았다.《당서(唐書)》〈이의부전〉에 따르면 이들의 매관매직이 문전성시를 이뤘다고 한다. 누구든 돈만 주면 고관대작을 손에 넣을 수 있었고, 누구든 금은만 가지고 있으면 국법이든 형법이든 거래가 가능했다. 그러나 이의부의 이런 교만 방자하고 무도한 불법·탈법 행위에 감히 맞서는 사람이 없었다. 고종이 이런 사실을 알고도 한 눈은 뜨고 한 눈은 질끈 감은 채 나 몰라라 했기 때문이다. 한 번은 고종이 이의부에게 아들과 사위들이 너무 설치며 나쁜 짓을 한다고 경고하면서, 내외에 알리지 않고 여러 차례 봐주었으니 더는 시끄럽지 않게 조심하라고 주의를 주었다. 그런데 놀랍게도 이의부는 고종에게 머리 숙여 사죄하기는커녕 되레 누가 그런 소리를 하냐며 발끈했다. 고종도 이의부의 반응에 놀랐는지 자신의 말이 맞으면 그렇게 따르면 될 일이지 누군지 알아서 뭐 하냐며 대충 얼버무리고 넘어가고 말았다.

그러나 이의부는 넘어선 안 될 선을 넘고 말았다. 권력이란 마술 지팡이를 무시할 정도로 오만 방자해졌으니 아무리 못난 고종이라도 심기가 편할 수 없었다. 이 무렵 이의부는 자신의 집에 좋지 않은 기운이 서려 있어 2000만 전을 쌓아 그 기운을 누르지 않으면 안 된다는 말도 안 되는 점쟁이의 말을 믿고 마구잡이로 돈을 긁어모았다. 또 모친상을 빌미로 평민 복장을 하고 무덤 위에 올라가 하늘을 살피는 등 해괴한 행동도 서슴지 않았다. 조정 대신들은 고종에게 이의부의 행동을 규탄하는 글을 연이어 올렸고, 황제의 권위마저 무시하는 이의부의 이런 대담한 행동에 의구심을 품던 고종도 마침내 그를 제거하기로 결심한다.

663년, 고종은 이의부의 관작을 박탈하고 휴주(사천성 월서)로 유배를 보냈다. 세 아들과 사위도 무기한 유배에 처해졌다. 666년 대사면령이 내려졌을 때도 이의부는 사면을 받지 못했고, 우울증과 화병에 시달리다가 53세로 죽었다.

타고난 간신은 없다

당 왕조 시대에 휴주는 더위와 전염병이 창궐하는 황무지로 중죄인을 유배 보내는 곳이었다. 이의부는 이곳에서 2년 넘게 유배 생활을 하다가 죽었다. 그가 죽었다는 소식을 들은 장안의 백성들은 너나 할 것 없이 박수를 치며 환호성을 질렀다. 조야를 떠들썩하게 하던 당대의 둘도 없는 간신 이의부의 씁쓸한 최후다.

간신은 죽고 백성들은 환호했지만 간신이 남긴 후유증은 엄청났다. 당의 정치는 흑백이 뒤섞여 한 치 앞을 내다볼 수 없는 상황이 되었다. 이의부와 그 패거리가 남긴 여파로 당 왕조의 정치 향방은 오리무중이 되고 말았기 때문이다. 특히 가족이 총동원되어 관직을 사고파는 등 온갖 불법과 비리를 자행한 것은 비리의 종합판이었고, 이에 따른 폐단은 이루 말할 수 없었다.

시대가 영웅을 만들 듯 간신도 시대의 산물이다. 타고난 간신은 없다. 이의부도 처음에는 정상적으로 관직 생활을 시작했다. 오히려 태자 시절 고종에게 아부하는 자를 멀리하고 올바른 길을 걸으라고 충고할 정도였다. 그가 어떻게 간신의 길로 접어들었는지 알 수 없지만, 한 가지 분명한 사실은 심지가 올곧은 사람이 아니라면 곤경이나 위기에 처했을 때 쉽게 변절하거나 뜻을 굽히기 일쑤라는 점이다. 이의부도 장손무기라는 조정 원로의 강력한 제동에 직면하여 절대 권력자 고종의 비위에 맞춰 무조를 황후로 추천함으로써 위기를 모면했다.

간신은 싹이 트기 전에 뿌리째 뽑아야 한다. 이는 한두 사람의 힘만으로는 거의 불가능하다. 무엇보다 최고 권력자의 명철한 판단력이 중요하다. 이의부가 기세등등하게 간행을 일삼을 수 있었던 것도 무능한 황제 고종과 황후의 자리를 탐낸 무후의 욕망이 배경이 되었기 때문이다. 간신의 자질을 갖춘 인간과 이를 이용하여 사사로운 욕망을 충족시키려는 권력자가 만나면 간신은 한 단계 진화하고, 그렇게 해서 간신이 권력을 쥐면 또 한 단계 진화한다. 인재가 진화하듯 간신도 주변 여건 변화에 따라 끝없이 진화한다는 사실을 명심해야 할 것이다. 이의부가 훌륭한 반면교사다.

입에는 꿀을 바르고 뱃속에는 검을 감추다

이임보(李林甫, ?~752, 당)

'소리장도' 이의부와 쌍벽을 이루는 간신 이임보의 별명은 '구밀복검(口蜜腹劍)'이다. 입은 꿀을 바른 듯 달콤한 말만 쏟아내지만 속에는 검을 감추고 있다는 뜻이다. 이 말은 소리장도와 함께 간신을 대변하는 사자성어가 되어 지금까지 전해온다.

이임보는 8세기 중반 대당 제국이 전성기에서 쇠퇴기로 넘어가는 과도기를 '화려하게' 장식한 대간(大奸)이다. 그는 집요한 로비를 통해 권력의 심장부로 진입하여 황제의 눈과 귀를 가리고 많은 인재를 해쳤다. 자기 수양과 학문적 소양이 천박한 이임보는 특히 훌륭한 인재들을 많이 핍박했는데, 겉으로는 공손한 척하지만 돌아서서는 온갖 방법을 동원하여 모함하고 해를 가했다. 그래서 사람들은 이임보의 뱃속에 칼이 감춰져 있다고 했다.

이임보는 개인의 영달과 사리사욕을 위해 태자를 모함하는 일까지 서슴지 않았다. 통치 전반기 '개원의 치'라는 전성기를 구가하며 명군으로 이름을 떨치던 현종은 통치 후반으로 가면서 그 명철한 판단력을 끝까지 유지하지 못하고 이임보를 비롯한 간신들에게 둘러싸여 나라를 그르치고 말았다. 빛바랜 '개원의 치' 이면에 간신이 도사리고 있었던 것이다.

개원의 치 통치 전반기 '개원의 치'라는 전성기를 이루어낸 당 현종 이융기(712~756 재위)는 후반으로 가면서 갖가지 허점과 약점을 드러냈고, 그 틈으로 간신 이임보가 스며들었다.

당 대명궁 유지 당 제국의 화려했던 과거를 씁쓸하게 보여주는 대명궁 유지.

집요한 로비스트

이임보는 당 왕조의 종친이라는 막강한 배경을 가지고 관직 생활을 시작, 현종 이융기의 집권기 40년 동안 무려 19년이나 재상 자리를 움켜쥔 인물이다. 그러나 역사서에 보면 그의 개인적 자질은 형편없었다고 기록되어 있다. 학문적 소양이라고는 붓을 겨우 쥘 정도였고, 천박한 말투는 경멸의 대상이었다. 인간적 자질은 더 나빠서 늘 부드러운 표정으로 좋은 말만 하면서 좀처럼 감정을 드러내지 않았지만, 속은 아주 음흉하여 자기 마음에 들지 않거나 자신에게 반대하는 사람은 무슨 수를 써서라도 중상하고 모략했다.

학문이 얕은 이임보는 과거로 입사하지 못하고 종친이란 배경을 통해 보잘것없는 태자중윤이란 자리로 관직 생활을 시작했다. 그러나 천박한 학문과 대조적으로 야심은 커서 그 자리에 만족하지 못했다. 그는 어사중승 우문융(宇文融)과 결탁하여 우승상 장열(張說)을 탄핵하는 일에 앞장섰다. 당시 장열은 쥐새끼 같은 작자들이 무슨 일을 할 수 있겠냐며 이들을 깔보다가 결국 조정에서 쫓겨나는 수모를 당했다. 이 일로 이임보는 조정의 주요 부처인 형부와 이부의 시랑이라는 요직을 얻었다.

당 조정의 여러 기구 중 이부는 관리를 선발하는 중요한 기구다. 이임보는 이부의 권력을 장악하기 위한 수순을 밟아나갔다. 그는 궁중의 귀하신 분들을 대상으로 집요한 로비를 펼쳤다. 먼저 매관매직으로 왕공 등과 같은 종친들의 호감을 샀다. 이 과정에서 이임보는 이들에게 자신의 좋은 이미지를 심기 위해 무던히 애를 썼다. 한번은 황제 현종의 형 영왕(寧王) 이헌(李憲)이 그에게 관리 열 명을 선발하는 권한을 주었다. 이임보는 이야말로 자신의 이미지를 확실하게 심을 수 있는 절호의 기회로 판단했다. 그는 선발된 관리 열 명 중 고의로 한 명을 탈락시켰다. 이유인즉 그의 품행이 방정하지 못하다는 것이다. 그리고 그가 자신의 품행을 반성하고 개선하자 다시 기용한 다음 이 사실을 대중에게 공개적으로 발표했다. 이렇게 해서 이임보는 영왕의 요구를 만족시킨 것은 물론 자신이 얼마나 공정하게 일을 처리하는 사람인지 이미지를 심은 것이다.

이임보는 자신의 지위를 이용하여 불고염치하고 고관대작의 부인에게 로비의 손을 뻗치기 시작했다. 이리저리 줄을 댄 끝에 시중 배광정(裵光庭)의 부인 무씨와 결탁했고, 배광정이 죽은 뒤 더 끈끈한 관계가 되었다. 배광정의 부인이 실세 무삼사(武三思, 무측천의 인척)의 딸이고, 환관 세력의 우두머리 고력사(高力士)와도 보통 관계가 아니었기 때문이다. 재상 자리를 탐내던 이임보로서는 황제 앞에서 자신을 추천할 수 있는 고력사와 같은 존재가 필요했고, 그에 앞서 고력사에게 자신에 대해 좋은 말을 할 수 있는 무씨와 같은 끈이 필요했다. 이해관계를 놓고 주판알을 두드린 이들이 단단히 손을 잡았음은 물론이다.

얼마 뒤 고력사는 현종이 명성 높은 한휴(韓休)를 재상으로 삼으려 한다는 낌새를 채고 이 사실을 무씨에게 알렸고, 무씨는 다시 이임보에게 알렸다. 교활한 이임보는 자신이 아직 재상감으로 지목될 정도로 황제의 눈에 들지 않았음을 알고 작전을 바꿨다. 미래의 재상 한휴에게 잘 보이는 쪽이 낫다고 판단한 것이다. 이임보는 한휴를 직접 찾아가 그의 능력과 학문을 침이 마르도록 칭송하는 한편, 슬며시 자신이 입수한 정보를 한휴에게 알려주었다. 순진한 한휴는 멋도 모르고 깊이 감동하여 이임보를 친구로 여겼다. 얼마 후 재상으로 임명된 한휴는 귀한 정보를 미리 알려준 이임보에게 감사하는 뜻으로 황제에게 이임보를 추천한다.

아부와 떠받들기의 명수 이임보는 권세가 있는 사람이라면 누구든 접근해서 관계를 맺었다. 현종이 혜비(惠妃) 무씨를 총애한다는 사실을 알고 엄청난 재물을 뿌리며 혜비의 환심을 사는 한편, 대담하게도 혜비의 아들 수왕이 황제 자리를 잇기 바란다는 역심까지 내비쳤다. 이러니 혜비도 넘어가지 않을 수 없었다. 혜비는 베갯머리송사를 이용하여 황제에게 이임보의 능력이 대단하다며 극구 칭찬했고, 이임보는 승진에 승진을 거듭한 끝에 734년 마침내 예부상서가 되었다.

황제의 권력을 이용해 정적을 제거하다

실력이나 능력도 없으면서 근성이 나쁜 자들은 남이 자기보다 잘나고 강한 것을 못 견디는 경우가 많다. 동네 양아치나 건달들이 대개 그런 것과 비슷하다. 옆 동네 누가 자기보다 주먹이 세다고 하면 당당하게 맞짱 뜨지도 못하면서 여러 사람 앞에서 헐뜯고 뒤로 온갖 나쁜 방법을 동원하여 해치려 한다. 간신들의 속성도 이와 유사한데, 다만 이들은 동네 건달이나 양아치보다 머리가 훨씬 좋다.

당나라 조정은 세 재상이 주도하는 시스템이었다. 당시 이임보와 함께 재상을 맡고 있던 인물은 시중 배요경(裴耀卿)과 중서령 장구령(張九齡)이었다. 두 사람은 학문이 넓고 깊은데다 재능과 식견도 뛰어난 인재였다. 게다가 황제의 면전에서도 직언을 할 정도로 성품이 강직했다. 황제의 결정이 옳지 않다고 생각하면 있는 힘을 다해 논쟁을 벌여 황제의 심기를 불편하게 만들기 일쑤였다. 반면에 학문도 재능도 천박하고 말재주까지 없는 이임보는 황제 앞에서 우물쭈물 더듬더듬 멍청한 모습으로 일관했다. 이런 자가 재상이란 직책에 어울릴 수 없지만, 현종은 이런 이임보의 무능을 좋아했다. 재위 기간이 길어지고 현종의 나이가 많아지면서 명석한 두뇌와 날카로운 판단력이 무뎌지고 그 틈으로 무사안일이 서서히 파고들기 시작한 것이다(당 현종 이융기는 712년 28세로 즉위하여 756년 72세로 죽을 때까지 45년간 재위했다). 이런 시점에 자신의 말이라면 죽는 시늉도 마다치 않는 이임보가 등장했으니 참으로 기막힌 타이밍이라 아니 할 수 없다.

  권력 독단을 꿈꾸는 이임보에게 배요경과 장구령은 최대의 장애물이었다. 이임보의 야망은 장애물이 높고 튼튼한 만큼 더욱더 부풀어 올랐고, 그에 따라 장애물을 제거하려는 마음 또한 한껏 커져갔다. 그러나 정상적인 방법으로 이들을 제거할 수 없는 상황에서 비열한 이임보가 선택한 방법은 뻔하다. 그는 장구령과 배요경에게 한껏 꼬리를 낮췄다. 늘 선한 얼굴로 이들의 의견을 따르면서 좌우의 눈치를 살폈다. 앞에서는 웃고 돌아서

장구령 간신은 정적 앞에서도 자신을 한껏 굽히며 본색을 숨기는 무서운 존재다. 명재상 장구령과 배요경도 간신 이임보의 간행을 뻔히 보면서도 막지 못했다.

독수(毒手)를 쓰겠다는 심산이었다. 그렇다면 뒤에서 은밀히 사용할 독수의 힘은 어디서 얻는단 말인가? 바로 황제의 권력이다. 황제의 권력만 빌릴 수 있다면 이들을 제거하기란 그리 어렵지 않다.

자, 이제 이임보가 독수의 원천인 황제의 권력을 어떻게 얻어 장구령과 배요경을 제거하는지 보자.

평소 이임보는 장구령, 배요경과 사이좋게 지냈다. 그들이 내놓는 의견에 토를 달거나 반대하는 법이 없었다. 여러 사람이 있는 자리에서 입만 열었다 하면 두 사람을 칭찬했다. 그러나 두 사람이 보이지 않으면 황제에게 험담을 늘어놓아 두 사람에 대한 황제의 불만에 불을 지폈다.

한번은 이런 일이 있었다. 낙양으로 순수를 나간 현종이 조금 일찍 장안으로 가겠다는 생각을 신하들에게 비쳤다. 장구령과 배요경은 추수철이라 바쁜 백성들에게 피해를 줄 수 있다는 이유를 들어 반대하면서 겨울이 된 다음 장안으로 돌아가는 것이 좋겠다고 건의했다. 두 재상의 반대에 부딪힌 현종은 머뭇거리며 결정을 하지 못했다. 자리에 함께 있던 이임보는 아무런 의견도 내놓지 않았다. 현종이 별다른 말을 하지 않자 장구령과 배요경은 물러갔다. 그러나 이임보는 자리를 뜨지 않고 있다가 현종에게 "장안과 낙양은 모두 폐하의 궁전입니다. 폐하의 궁전을 오가는데 무슨 때를 선택해야 하단 말입니까? 백성들이 다소 불편하겠지만 이듬해 세금을 조금 줄여주면 그만입니다"라고 말했다.

장구령과 배요경의 반대에 기분이 상한 현종은 이임보의 말에 금세 기분이 좋아져 그 자리에서 장안으로 돌아갈 것을 결정했다. 이 일로 현종은 장구령과 배요경에게 큰 불만을 품었고, 반면에 장안으로 일찍 돌아가고 싶어하는 자신의 마음을 잘 헤아린 이임보에 대해서는 큰 호감을 가졌다.

통치 후반기로 갈수록 현종의 방탕한 생활은 도를 더해갔다. 국사를 게을리 하는 것은 말할 것도 없었다. 여기에는 양귀비도 한몫 거들었다. 그러다 보니 장구령이나 배요경 같은 조정 대신들의 충고가 갈수록 귀찮게 들리고 결국은 이들을 증오하기 시작했다. 충성스러운 말은 귀에 거슬린다고 하지 않던가? 그 경계를 극복하고 허심탄회하게 충언을 받아들이는 리더는 성공했지만, 그렇지 못한 리더는 실패했다. 이것이 에누리 없는 역사의 철칙이다. 현종의 통치망에, 아니 당 왕조에 작지만 심각한 결함이 발생한 것이다. 권력자의 자기 통제라는 둑이 무너지면 그 둑을 넘어 부패와 비리, 간신이라는 바이러스가 사정없이 밀고 들어오고, 결국은 나라를 떠받치는 제방 전체가 무너지는 것이다. 무너진 둑으로 이임보가 성큼 들어왔다. 현종은 못나고 어리석은 혼군(昏君)의 길로 들어섰고, 이임보가 그 길을 재촉했다.

방탕과 음탕의 길로 빠진 현종에게는 이임보와 같은 간신배가 훨씬 쓸모가 있었다. 간신에게도 현명한 군주보다는 어리석은 군주가 훨씬 쓸모 있다. 이임보는 황제의 마음을 사기 위해서라면 수단과 방법을 가리지 않았다. 황제에게 보고하거나 요청할 일이 있으면 반드시 황제의 심기를 살폈고, 뒤에서는 사소한 일이라도 부풀리고 수작을 부려 장구령과 배요경 같은 정적을 공격하고 배제했다. 현종은 이임보의 끈질긴 도발과 음모에 말려 두 사람을 재상에서 파면하고 변방으로 유배 보냈다.

자신의 기만술과 음모가 먹히자 이임보는 더욱 대담하고 노골적으로 충직한 신하들을 배제하기 시작했다. 앞에서는 좋은 말을 하고 뒤에서는 덫을 놓아 함정에 빠뜨렸으며, 제거하고자 하는 대상들의 사소한 모순이라도 찾아 이를 침소봉대하여 서로 이간질시키는 고차원의 술수까지 동원했다. 이렇게 해서 현종이 신임하던 노순, 엄정지, 이적지, 배관 등과 같은 당 왕조의 중신과 충직한 문무 대신들이 하나 둘 조정에서 쫓겨나거나 살해되었다.

하늘을 가리고 땅을 속이다

장구령이나 배요경 같은 중신들을 제거한 이임보의 권세는 한결 커졌다. 기고만장한 이임보는 대권을 독점하기 위해 황제 현종마저 우롱하기 시작했다. 이임보는 글도 읽을 줄 모르는 망나니 우선객(牛仙客), 부적을 만들어 가진 자에게 아부나 하는 진희열(陳希烈) 같은 작자들을 재상으로 추천함으로써 완전히 자신의 통제 아래 놓인 내각을 구성했다. 이렇게 해서 이임보는 마침내 '일인지하(一人之下), 만인지상(萬人之上)'의 자리에 올랐다. 그는 현종의 총애만 있으면 하늘도 가리고 땅도 속여 자기가 하고 싶은 대로 할 수 있을 것이라 확신했다. 이를 위해 이임보는 놀라운 일들을 벌이기 시작했다.

첫째, 그는 대담하게도 조야의 여론을 전달하고 황제에게 직언하는 간관(諫官)들의 입을 봉쇄했다. 노골적인 언론 통제의 야욕을 드러낸 것이다. 한번은 조정에 모든 간관을 소집하여 한바탕 훈화를 했는데, 참으로 망령되게 간관들을 조정의 의장대가 사열할 때 모는 구색용 말에 비유하며 아무 소리 않고 있으면 먹을 것을 주겠지만 찍소리라도 냈다간 바로 조정에서 내쫓겠다며 위협했다. 이런 위협에 굴하지 않고 이임보의 월권 행위를 비판하는 글을 올린 간관 몇몇은 다음날로 파면되었다.

그는 자신의 수하를 조정 곳곳에 풀어 관리들을 삼엄하게 감시하는 한편, 조금이라도 자기에게 불만을 나타내는 관원이 있으면 그 사람의 사소한 비리라도 끝까지 들춰내 탄압했다. 천보 8년(749), 태수 조봉장이 이임보의 죄상 20여 조항을 열거하며 이임보를 탄핵하는 일이 발생했다. 그런데 조봉장의 상소문이 황제에게 전달되기도 전에 이 정보를 입수한 이임보는 조봉장이 요사스러운 말을 퍼뜨린다고 모함하여 곤장을 쳐 죽였다. 조정 인사들은 이임보의 위세에 눌려 바른 말은커녕 하나같이 자기 자리를 지키는 데 급급했고, 당 왕조의 기운은 날이 갈수록 암울해졌다.

둘째, 이임보는 인사권을 틀어쥐고 어질고 유능한 인재들을 배제했다. 사서에 '관리로 입사하는 사람으로 이임보의 집 대문을 나서지 않는 사람은 반드시 무슨 죄든 씌워 제거했다'고 기록되었을 정도니 긴말해서 무엇 하겠는가? 이임보는 재상 자리를 영원히 지킬 요량으로, 변방을 지키는 데 큰 공을 세운 인물을 재상으로 발탁하던 당 왕조의 전통적인 제도에 칼을 댔다. 그는 자신의 뜻을 관철하기 위해 현종에게 문인과 귀족 자제를 변방의 장수로 임용해선 안 된다는 간계를 올렸다. 사실 이 간계는 일거양득의 효과를 노리려는 수작이었다. 능력 있는 문인과 귀족 자제가 변방의 장수로 임명되어 공을 세울 기회를 원천 봉쇄하고, 자신의 측근을 그 자리에 앉힐 수 있기 때문이다. 또한 유능한 변방의 무장이나 중신이 내각 핵심부로 진입하는 것도 막을 수 있다. 대신 변방의 소수민족 출신의 무식하고 소양 없는 자들을 장수로 앉힘으로써 훗날 당이 외환으로 엄청난 시련을 겪는 화근을 만들었다. 이렇게 해서 조정에 충원되는 문무백관은 모조리 이임보의 손에 조종되었고, 그중 대부분이 이임보의 패거리가 되거나 그에게 달라붙어 덩달아 간행을 일삼기에 이르렀다.

셋째, 이임보는 만년에 접어든 황제를 더욱 타락시키기 위해 현종에게 세속을 초월하여 신선처럼 살라고 종용했다. 조정의 일은 다 자기에게 맡기라는 뜻이다. 일상생활에서 현종이 요구하는 것은 무엇이든 들어주며 현종을 사치와 방탕한 생활로 이끌었다. 호색가 현종은 총애하던 무 혜비가 죽자 아들 수왕의 비 양씨, 즉 양귀비를 끌어들이는 패륜적인 짓도 서슴지 않았다. 말하자면 며느리를 자기가 차지한 것이다. 이임보는 이를 보고도 모른 척했을 뿐만 아니라 오히려 그런 짓거리를 부추겼다. 이로써 현종과 양귀비는 당 왕조를 통틀어 가장 추한 스캔들의 주인공이란 오명을 남겼다.

그런가 하면 이임보는 도교의 신선술이자 양생술이라고 하는 '장생불로'에 심취한 현종을 위해 국고를 털어 각종 토목공사를 벌이고 어마어마한 도관을 지어 황제의 만수무강을 비는 행사를 벌이는 등 쉴 새 없이 야단법석을 떨었다. 현종은 조정 일은 뒷전으로 팽개친 채 하루 종일 음탕한 양생술에 심취했다. 나랏일은 모조리 이임보와 그 주구들이 멋대로 주무르기에 이르렀다.

죽은 뒤 더한 치욕을 당하다

현종의 총애를 독차지하여 재상 자리를 굳건히 지킨 이임보의 세력은 날이 갈수록 커졌고 권력의 기반도 갈수록 단단해졌다. 이에 따라 이임보의 간악한 본성도 하나 둘 드러나기 시작했다. 그는 권세를 유지하기 위해 자신에게 아첨하는 자들을 모아 사사로이 당파를 지어 자신에게 충성을 바치게 했다. 복종하지 않는 조정 신하가 있으면 무슨 일이든 꾸며 공격하고 해쳤는데, 있지 않은 죄를 날조하여 모함하는 것은 기본이었다. 이 때문에 해마다 억울한 사건이 끊이지 않았고, 그 결과 유능한 인재와 조정 대신들이 죽거나 쫓겨났다. 이임보는 집에 반달 모양의 '언월당'이란 거실을 만들었는데, 그가 이곳에 들어가 웃고 나오면 틀림없이 누군가 큰 일을 당했다.

이 모든 일을 원활하게 진행시키기 위해 이임보는 잔인한 옥리들을 길러 대신들을 고문하고 죽이는 데 이용했다. 그중에서도 나희석과 길온이 심복이었다. 이들에게 걸려 빠져나온 사람은 없었다고 기록되었을 정도니 얼마나 지독하고 잔인한 자들인지 알 만하다. 당시 사람들은 '나희석이 칼을 씌우고, 길온이 그물을 친다'고 했다. 이들은 이임보의 명령이라면 불가능한 일도 가능하게 만들었다.

또 다른 간신배이자 아첨꾼 양국충이 현종의 사랑을 받기 시작하자 이임보는 그를 어사로 발탁했다. 이에 따라 이임보가 누군가 해칠 생각을 내비치면 양국충이 나서 그 사람을 탄핵한 다음 추사원으로 보내 심문하게 하고 나희석이나 길온이 고문했다. 이렇듯 이임보의 치밀하고 간교한 책동으로 현종 통치 후반기는 해마다 억울한 사건이 끊이지 않았다. 그중에도 '병부 사건' '위견 사건' '양신긍 사건' 등이 악명을 떨쳤다(이 사건에 대해서는 다음 장에 소개할 간신 양국충 편에서 다룬다).

이임보는 왕공 대신과 충직하고 선량한 관리들을 해쳤는데, 그중에는 황위 계승자인 태자 이영(李瑛)도 포함되었다(이에 대해서도 양국충

현종 만년으로 갈수록 현종은 간신이란 독극물에 깊이 중독되어 헤어나질 못했고, 이로써 나라는 뒷걸음질 쳤다.

편에서 소개한다). 수많은 사람이 사건에 연루되어 죽음을 당하거나 변방으로 추방되었고, 가산을 몰수당하고 식솔들은 노비로 전락했다. 조야의 모든 사람들이 서로 곁눈질하면서 이임보의 권세에 치를 떨었다.

역사상 음모가나 간신이 끼친 폐해는 말할 수 없을 정도로 컸다. 그러나 이들의 최후 역시 좋은 경우는 극히 드물었다. 음모가 드러나고 그 정체가 밝혀지면 모든 사람이 들고 일어나 그를 공격한다. 심지어 어제까지만 해도 간이며 쓸개조차 빼줄 정도로 굽실거리던 측근이 하루아침에 그를 버리고 창을 거꾸로 겨눈다. 만년으로 접어든 이임보는 그동안 저지른 숱한 악행 때문에 갈수록 그를 고발하는 사람이 늘어갔고, 이 때문에 점점 현종의 신임을 잃었다. 이 틈을 타서 또 다른 거물급 간신 양국충이 일당을 조직하여 이임보의 죄상을 까발렸다. 늙은 이임보는 두려움과 울화병에 시달리다 부끄러운 일생을 마감했다.

이임보는 죽었지만 사태는 그것으로 마무리되지 않았다. 양국충은 죽은 이임보를 놓아주려 하지 않았다. 그는 현종에게 이임보의 죄상을 추가로 적발했다며, 이임보가 사사로이 패거리를 지어 권력을 독단했다고 보고했다. 황제는 즉각 명령을 내려 시신이 채 식지도 않은 이임보의 관을 파내 부장품을 모조리 빼앗는 한편, 보통 평민의 수준으로 매장하게 하는 치욕스러운 징벌을 가했다. 이임보는 죽은 뒤 더 큰 욕을 당한 것이다. 현종은 이임보를 맹신하던 일을 후회하며 "어질고 유능한 사람을 시기하고 질투함에 있어서 누구도 비교할 사람이 없었다"는 평가를 내렸다. 그러나 이 모든 사태의 원인 제공자가 정작 현종 자신이었음을 알고는 있었는지 안쓰럽고 안타까울 따름이다.

탁월한 정보 수집력과 언론 통제력

글자도 제대로 읽을 줄 모르는 이임보, 별 재주도 없고 학문도 천박하고 인격도 비열한 그가 무려 19년이나 재상 자리에 있으면서 하늘을 가리고 땅을 속이며 득세할 수 있었던 이유는 대체 무엇인가?

이임보의 득세와 간행은 결코 우연이 아니라 필연적인 사회현상이다. 그의 권력 독단과 걷잡을 수 없는 간행이 가능했던 것은 지배 계급 사이의 이해관계가 일치한 결과다. 특히 탐욕의 길로 빠져든 현종은 사리사욕을 채우는 데 앞잡이가 필요했고, 이 추악한 필요성에 부응하여 이임보가 나타난 것뿐이다. 이임보가 아니라도 제2, 제3의 이임보가 얼마든지 출현했을 것이다. 그 시대의 상황과 권력자의 부도덕, 관료 사회의 부정부패가 손을 잡는 순간 간신은 언제 나타났는지도 모르게 나타나 세상을 어지럽힌다. 비 온 뒤 독버섯이 쑥쑥 자라나듯 말이다. 생각해보라! 21세기에도 온 국민을 기만하고 약속을 손바닥 뒤집듯 하는 권력자들이 버젓이 행세하는데 하물며 천수백 년 전

일이야!

거의 반세기에 걸친 이임보의 간행을 분석해보면 그 치밀한 간계와 위장술, 잔인함에 놀라지 않을 수 없다. 명망 높은 한휴조차 자신이 재상으로 내정되었다는 이임보의 귀띔에 감격하여 뒤도 돌아보지 않고 그를 추천하지 않았는가? 이렇게 보면 이임보가 점점 판단력을 잃어가는 현종을 기만하고 농락하기란 상대적으로 쉬웠을지 모른다. 느슨해진 황제의 심리 상태에 비위를 잘 맞추는 간신에 대한 편견과 편애가 겹치고, 충직한 조정 중신들의 잔소리가 충돌하면서 당 왕조의 조직에는 심각한 틈이 생겼다. 이임보는 이 틈을 파고든 것이다.

조직의 허점을 파고든 이임보의 다음 수순은 정보 수집이다. 이를 위해 그는 황제 주변에서 허드렛일이나 하는 내관은 물론 시첩까지 매수하고, 이어 후궁들에게 접근하여 황제의 동정과 심기를 낱낱이 보고 받아 황제의 마음을 귀신같이 읽는 존재로 변신함으로써 환심을 샀다. 이런 치밀한 정보망과 정확한 정보 덕분에 이임보는 대담하게 황위 계승권에까지 끼어들 수 있었던 것이다. 이 과정에서 이임보는 현종이 총애하는 무 혜비와 환관들을 이용하여 조정 여론을 이간질했는데, 특히 황제와 중신 장구령을 이간질하여 그를 내쳤다. 이는 달리 말하면 통치 전반기 '개원의 치'라는 전성기를 구가한 현종의 자존심을 역이용하여 중신들과 황제를 교묘하게 이간질한 간계다.

이임보는 권력의 원천이 어디에 있는지 정확하게 알았다. 전제 왕조 체제에서 권력의 원천은 황제뿐이다. 그래서 이임보는 황제(권력자)의 가려운 곳만 골라서 긁어주는 역할을 기꺼이 자임했다. 아니 그것밖에 할 줄 몰랐다. 하지만 황제의 가려운 곳은 간신이 파고들 수 있는 작지만 심각한 결함이자 치명적인 상처다. 그 상처를 치료하기보다 독이 묻은 손으로 끊임없이 긁어대니 결국은 짓무르고 만신창이가 되어 나라 전체를 전염시킨 것이다.

이임보는 정적을 제거하기 위해 개인의 비리를 파헤치는 교활한 방법을 택했다. 오늘날처럼 감사 시스템이 제대로 갖춰지지 않은 왕조 체제에서 관리들은 약점투성이였고, 이임보는 이를 한껏 이용한 것이다. 이와 함께 자신에 대한 비판과 부정적 여론을 잠재우기 위해 언로(여론)를 차단하고, 여론에 재갈을 물렸다. 감시망을 구축하여 조정 대신들의 동향을 사찰했다. 이 모든 것이 자신의 권력 기반을 다지기 위한 필수적 조치였다.

이임보는 권력을 영원히 독단하기 위해 인사권을 틀어쥐고, 교묘한 방법으로 조야의 인재들이 진출하는 것을 가로막았다. 변방에서 공을 세운 인재들이 중앙으로 진출하는 것을 그럴듯한 명분으로 막았으며, 그 자리를 자기 측근이나 소수민족 출신으로 채움으로써 당 왕조 후기 지방 세력이 중앙을 위협하는 화근을 만들었다.

인간의 욕망은 끝을 모른다고 한다. 그러나 분명한 사실은 인간에게는 그 욕망을 적절한 선에서 통제할 수 있는 이성적 판단력도 있다는 것이다. 그 경계에서 어느 쪽을 선택하느냐에 따라 한 인간의 평가가 달라진다. 권력을 쥔 자라면 이 선택의 기로에서 수없이 고민하고 고뇌해야 한다. 그것이 권력에 대한 최소한의 예의이자 인간으로서 갖춰야 할 기본 소양이기 때문이다. 그러나 간신에게는 권력에 대한 진지한 고뇌가 없다. 권력이 파생해내는 각종 문제점을 인식하고 그에 대한 해결책을 찾는 지혜는 더욱 기대할 수 없다. 간신은 '권력'과 권력 그 자체가 풍기는 향기(실은 악취)에만 도취할 뿐이다.

역사의 방심

역사는 전체적으로는 완벽에 가깝지만 순간순간 적지 않은 틈을 보이고, 그 틈 사이로 인간의 방심이 스며든다. 그리고 그 방심과 함께 간신도 파고든다. 역대 간신들이 남긴 악영향에 비례하여 권력자의 못난 정도도 컸으며, 그 반대도 마찬가지였다. 못난 권력자와 부패한 권력은 간신을 키우는 훌륭한 토양이다. 간신 이임보는 권력자가 자기도 모르는 사이에 드러낸 아주 작은 틈을 헤집고 들어가 나라를 거덜 냈다. 이는 권력자의 방심이기도 하지만 '역사의 방심'이기도 하다. 이임보의 성장을 걱정스럽게 지켜보던 양식 있는 인사들이 여러 차례 경고하고 주의를 주었는데도 대당 제국의 최고 권력자와 그를 둘러싼 지배층은 무사안일에 빠져 이를 무시했기 때문이다.

이임보의 간행은 어느 날 갑자기 드러난 것이 아니다. 차근차근 단계를 밟아 황제의 머리 꼭대기까지 이르렀다. 사태가 그 지경이 되도록 대당 제국의 숱한 중신들과 강직한 인재들은 속수무책에 가까웠다. 권력의 원천인 황제가 썩었기 때문이다. 제왕 체제에서 황제가 나라와 백성에 미치는 영향력이란 상상을 초월했다. 나이가 들수록 느슨해진 현종의 이성적 판단력과 전성기에 도취한 시대적 분위기가 간신 이임보를 배태했고, 이어 제국의 뒤통수에 결정타를 날리는 양국충과 안록산 같은 간신들이 등장하게 만든 것이다. 이것이 역사의 방심이다. 한순간 방심이 돌이킬 수 없는 결과를 초래한 것이다.

오늘날에도 또다시 한순간 방심으로 심각한 상황을 맞이하고 있다. 이 상황을 극복할 수 있을지 의문이다. 그러나 역사의 방심은 방심으로 끝나지 않는다. 방심의 이면에는 방심에 따른 결과를 자성하고 극복할 수 있는 지혜가 숨어 있기 때문이다. 다만 그 지혜를 볼 수 있는지 그렇지 않은지는 오늘을 사는 사람들의 자각과 각오, 명철한 역사의식에 달렸다.

간신을 밟고 일어섰다가
간신에 밟혀 쓰러지다

양국충(楊國忠, ?~756, 당)

양국충은 이임보와 손잡고 당 현종 집권기 후반에 권력을 좌우한 간신이다. 이임보의 간행이 만천하에 폭로되고 현종의 총애가 시들어가면서 양국충은 창끝을 이임보에게 돌려 그를 공격함으로써 실세로 등장했다. 거물급 간신이 몰락하기 무섭게 또 다른 간신이 당 조정을 휘저음으로써 당 제국은 기력을 회복하기는커녕 결정타를 맞고 비틀거렸고, 급기야 망국 일보 직전에 몰렸다. 이임보가 가한 충격에 양국충이 가한 충격이 얹힘으로써 대당 제국은 혼절하고 말았다.

양국충은 무측천의 정부 장역지(張易之)의 조카로, 술과 도박을 일삼는 건달에 지나지 않았다. 못된 행실 때문에 이웃과 집안에서조차 멸시당하고, 급기야 서른이 다 된 나이에 집에서 쫓겨나 타향을 전전했다. 그런 그가 친척인 양귀비의 치맛바람을 타고 조정에 진입한 뒤 권력에 맛을 들이고, 양씨 자매의 치맛자락을 이용하여 집권 막바지 혼군의 길을 걷기 시작한 현종의 비위를 맞추어 권력의 정점에 올랐다.

오갈 데 없는 무뢰배 양국충이 거대한 당 제국을 혼절 상태로 몰아넣을 수 있었던 것은 현종의 무능함과 관료들의 부정부패, 오랜 기간 무사안일에 젖었던 당 왕조의 기운이 쇠퇴기에 접어든

양국충과 안록산 현종의 타락은 또 다른 간신 양국충(왼쪽)의 출현을 방조했다. 치마끈을 잡고 날아든 양국충은 대당 제국을 사정없이 흔들어 놓았다. 오른쪽은 안록산.

시점 등과 같은 요인이 복합적으로 작용했기 때문이다. 다만 양국충의 간행이 결과적으로 당의 멸망을 초래할 화근이 되었다는 데 문제의 심각성이 있다.

치맛자락을 잡고 들어온 하이에나

양국충은 못된 행실 때문에 이웃은 물론 집안에서조차 멸시를 당하고, 급기야 서른 살 무렵에는 집에서 쫓겨나 이곳저곳을 전전했다. 생각 끝에 촉(蜀, 지금의 사천성)으로 가서 군대에 몸을 맡겼지만, 그의 인간성을 미워한 절도사 장유에게 곤장을 맞고 쫓겨나는 수모를 당

했다.

그래도 행운은 사람을 차별하지 않나 보다. 촉 지역의 부호 선우중통(鮮于仲通)이 양국충에게 구원의 손길을 뻗쳤으니 말이다. 선우중통의 도움으로 간신히 곤경을 넘긴 양국충을 확실하게 살린 것은 사촌누이 양옥환(楊玉環), 즉 훗날의 양귀비가 현종의 총애를 받기 시작한 일이다(옥환은 양귀비의 어릴 적 이름이다).

양옥환은 17세 때 현종 이융기의 열여덟 번째 아들 수왕(壽王) 이모(李瑁)에게 시집가서 5년 동안 부부로 잘 지냈다. 이모는 현종이 총애하던 무혜비(武惠妃)의 소생인데, 현종 이융기는 737년 무혜비가 세상을 떠나자 그녀의 자리를 대신할 여자를 고르던 중 며느리 양옥환을 보고 그녀에게 넋이 나갔다. 그때 양귀비는 22세, 현종 이융기는 56세였다(정식으로 양옥환을 비로 맞아들인 것은 현종의 나이 60세, 양옥환의 나이 26세 때다).

수왕 이모는 아버지가 아내를 빼앗아 생모(무혜비) 자리에 앉혔으니 치욕스럽고 난감하기 이를 데 없었다. 그러나 어쩌랴, 지고무상한 권력을 가진 황제의 욕정을 누가 막을 수 있겠는가. 수왕이 양옥환과 2년째 달콤한 신혼을 보낼 때 현종 이융기는 태자 이영을 비롯하여 악왕 이요, 광왕 이거까지 친아들 세 명을 죽이는 살육을 저질렀는데, 양옥환을 향한 아버지의 눈길을 어찌 감히 마주볼 수 있으랴! 물론 현종은 가증스럽게도 환관 고력사를 앞세워 양옥환을 받아들이는 형식을 취했고, 양옥환을 맞아들일 때도 후궁이 아닌 여도사의 신분으로 태진궁에 기거하며 자신의 시중을 들게 했다. 귀비가 되기 이전의 양옥환을 양태진이라 부르는 것도 이 때문이다.

이 무렵 현종의 총기는 사양길에 접어들어 판단력을 상실한 것은 물론, 황제로 즉위하기 전 바람둥이 모습으로 회귀하고 있었다. 735년 현종이 공경 백관들을 오봉루에 모아놓고 벌인 연회는 무려 5일 동안 계속되었을 정도다. 이 연회를 위해 현종은 수도 장안에서 300리 이내에 근무하는 자사와 현령들에게 무희와 악대까지 대동하고 참석하라는 명령을 내렸으니 그 규모가 어떠했으며, 이로 인해 백성들이 본 피해가 어떠했을지 짐작하고도 남을 것이다.

사촌동생 양태진이 현종의 총애를 받기 시작함으로써 여기저기서 괄시를 받으며 근근이 살아가던 양국충에게도 새로운 길이 열렸다. 여기서 또 한 번 확인하는 사실은 부패한 정권과 무능한 권력자는 간신이 싹트고 자라는 데 더없이 좋은 거름이 된다는 것이다. 현종의 방종한 생활과 갈수록 해이해지는 정권의 틈으로 양태진이 비집고 들어왔고, 그녀의 치맛자락을 잡고 희대의 간신 양국충이 한 발 한 발 권력의 핵심으로 접근하기 시작한 것이다. 여기에 양귀비가 현종의 총애를 받으면서 그 자매들이 모두 궁에 들어와 현종의 은총을 입음으

양귀비 대당 제국이 몰락에 이른 책임을 그녀에게 떠넘길 수는 없지만 권력자의 타락과 제국의 몰락을 재촉한 장본임에는 틀림없다. 사촌 오라비 양국충도 그녀가 끌어들였다. 목욕하고 나온 양귀비를 묘사한 〈양귀비출욕도〉.

로써 양국충이 붙잡을 수 있는 치맛자락은 더욱 많아졌다.

그런데 이 무렵 양국충의 출세 가도를 돕는 또 다른 상황이 발생하고 있었다. 당시 검남절도사로 있던 장구겸경(章仇兼瓊)은 재상 이임보와 뜻이 맞지 않아 서로 갈등했다. 이임보의 본성을 잘 아는 장구겸경은 양태진을 대표로 하는 양씨 세력에게 구원의 손길을 뻗치기로 했다. 그리하여 선우중통을 장안으로 보내 길을 트려 했는데, 이 선우중통이 누군가? 곤경에 처한 양국충을 도운 자다. 촉 지역의 토박이 선우중통에게 장안에 별다른 연고가 있을 리 만무했고, 이 때문에 난감해하던 차에 불현듯 양국충을 생각해냈다. 양국충이 양귀비와 친척이란 사실은 더욱 고무적이었다. 그는 양국충에게 상당한 로비 자금과 특산물을 주어 장안으로 보냈고, 양국충은 마침내 꿈에도 그리던 장안 땅을 밟았다. 장안에 한 겹 더 어두운 그림자가 드리우는 순간이었다.

양국충과 양태진 집안은 사촌이긴 했지만 가깝게 지내는 처지가 아니었다. 그러나 양태진의 아버지 양현염이 촉주에서 세상을 떠났을 때 양국충이 장례를 맡아 처리하면서 왕래가 잦아졌고, 급기야 훗날 괵국부인으로 봉해지는 양태진의 언니와 눈이 맞아 사통하는 일까지 벌어졌다. 양국충은 괵국부인에게 도박 비용과 유흥비까지 얻어 쓰며 관계를 지속했고, 이 덕에 여기저기 발을 넓힐 수 있었다.

간신이 간신을 만나다

장안에 입성한 양국충은 양씨 자매를 찾아 장구겸경과 선우중통이 보낸 로비 자금을 풀었다. 그런데 이때 괵국부인은 남편을 잃고 과부가 된 몸이라 내놓고 양국충과 음란한 관계를 맺었다. 양국충의 육탄 공세와 뇌물에 혼이 빠진 양씨 자매는 현종에게 장구겸경과 양국충의 칭찬을 늘어놓기에 이른다. 주색과 환락에 빠져 헤어날 줄 모르는 현종은 양국충이 도박 등 각종 잡기에 능하다는 이야기를 듣고 양국충을 조정으로 불러들여 금오위 병조참군에 임명했다. 장구겸경도 양씨 집안의 도움으로 호부상서 겸 어사대부에 올랐다. 중요한 것은 이를 전환점으로 양국충이 날개를 달았다는 사실이다.

양국충이 장안으로 입성하여 벼슬을 받은 뒤 얼마 지나지 않은 745년, 양태진은 귀비에 책봉되는 영광을 입었다. 이와 함께 그녀의 세 자매도 미모를 앞세워 큰 부귀를 누렸다. 양국충은 이들 양씨 자매, 그중에서도 괵국부인과 특별한 관계를 이용하여 궁정의 동태를 탐문하고 현종의 심기를 살펴 비위를 맞추기 시작함으로써 썩은 고깃

괵국부인 출행도 젊은 날 양국충은 양귀비의 언니인 괵국부인과 사통하는 등 치마폭을 잘 이용하는 수완가의 면모를 보여주기도 했다.

덩이를 향해 한 걸음 한 걸음 접근할 수 있었다. 그는 양씨 자매에 대한 충성도 확실하게 보여주었다. 양귀비의 명을 받아 양귀비가 평소 원한을 품고 있던 매비를 살해하는 청부살인까지 마다하지 않았을 정도다. 양귀비가 여도사로 있을 때 원소절 밤 등불 구경 때 만난 아름다운 매비가 양귀비를 조롱한 적이 있는데, 그 원한을 양국충을 통해 푼 것이다.

양씨 자매와 양국충에게 흠뻑 빠진 현종은 품계는 높지 않지만 관료들을 살피고 군현을 순찰하며 형벌과 감옥 일을 바로잡는 등 조정의 기강을 다스리는 적지 않은 권한이 있는 감찰어사에 양국충을 발탁하기에 이른다. 인품이 천박한 양국충이 깨끗한 이미지를 요구하는 이 자리에 앉자 조정 대신들은 콧방귀를 뀌며 비웃었다. 그러나 당시 당나라 조정은 결코 비웃을 상황이 아니었다. 조정을 주무르던 거물급 간신 이임보와 귀비를 등에 업은 뉴 페이스 양국충이 만났기 때문이다. 게다가 권력의 냄새를 맡고 그것을 향해 달려드는 타고난 본능 면에서 양국충은 결코 이임보에 뒤지지 않았으며, 권력의 정점인 황제의 욕구라면 무엇이든 충족시키는 간신 특유의 프로 정신에서도 이임보에 비해 손색이 없었다.

아니나 다를까, 신구 두 거물급 간신은 이내 손을 잡았다. 간신들은 눈앞에 놓인 이해관계가 일치하면 원수라도 손을 잡는 법이다. 그러나 이해관계가 멀어지거나 자신에게 손해가 난다고 판단되면 주저 없이 손을 놓는 것은 물론 해치기도 한다. 그래서 간신들의 악수는 돌아서서 손을 잡는 것이라 할 것이다. 양국충과 이임보 역시 마찬가지다. 재상 자리에 오래 머무르던 이임보로서는 자신의 자리를 더욱 굳혀줄 힘 있는 세력이 필요했고, 보다 큰 권력을 노리는 양국충에게는 좀더 확실한 발판이 필요한 상황이었다.

　이임보는 태자를 폐위시키려는 음모를 획책한 바 있다. 737년 태자 이영이 무슨 일로 죄를 짓자 이임보는 태자를 폐하고 현종이 총애하던 무혜비의 아들, 즉 양귀비의 남편인 수왕 이모를 태자로 세우려는 일을 진행한 것이다. 그러나 현종은 이에 동의하지 않았고, 무혜비가 죽자 셋째 아들 이형(李亨, 숙종)을 태자로 삼았다. 이임보는 이 일로 신변의 불안을 느끼지 않을 수 없었다. 이형이 즉위하는 날에는 틀림없이 태자 폐위를 주도한 자신에게 보복할 것이라 생각했기 때문이다. 이에 이임보는 자신의 자리를 지키기 위해 태자 이형과 전면전을 불사하기로 했다. 막강한 권력을 쥔 지금 이형을 제거하지 않으면 자신의 신변과 집안은 물론, 자신의 패거리 모두 몰락할 수 있기 때문이다.

　이임보는 먼저 태자비 위씨의 오라비 위견(韋堅)을 겨냥했다. 746년 형부상서 위견이 하서·롱우절도사 황보유명과 야밤에 술자리를 만들어 태자를 접견한다는 정보가 이임보에게 전달되었다. 이임보는 즉각 자신의 졸개인 시어사 양신긍을 시켜 외척의 신분인 위견이 변방 장수와 태자를 사사로이 만나며, 한때 태자를 모신 바 있는 황보유명이 태자를 옹립하여 황제 자리를 빼앗으려 획책한다고 모함하게 했다. 보고를 받은 현종은 노발대발하며 즉각 이들을 잡아들여 심문하게 했다. 그러나 이 일은 사실 그 칼끝이 태자를 겨누고 있는지라 조정 대신 중 누구도 감히 나서 심문을 맡으려 하지 않았다.

　일을 꾀한 당사자인 이임보 역시 전면에 나설 수 없는 상황이 되고 보니 자칫 잘못하면 얽어놓은 그물을 던져보지도 못하고 거둘 판이었다. 이때 이임보의 머리를 스쳐가는 사람이 있었으니 바로 양국충이다. 양귀비라는 든든한 배경이 있는 양국충이 이 일을 맡아준다면 금상첨화 아니겠는가? 이임보는 주저 없이 양국충을 끌어들였고, 태생이 소인배인 양국충은 자신의 권위를 단번에 세워볼 요량으로 이임보가 내민 손을 덥석 잡았다. 이렇게 해서 말도 안 되는 모반 사건이 걷잡을 수 없이 커졌다.

위견과 황보유명은 피살되었다. 가산은 몰수되고 가족은 모두 변방으로 쫓겨나거나 죽었다. 평소 위견과 친분 있던 인사들과 태자 이형을 지지하던 조정 인사들도 이런 저런 죄목을 뒤집어쓰고 축출되었다. 심지어는 이 사건의 심문을 담당한 이임보의 부하 관원들도 재앙을 만났다. 이임보의 최측근 양신긍은 현종에게 태자를 폐위시킬 생각이 없다는 것을 알고 관망하는 태도를 취하다가 이임보의 지시를 받은 양국충 등에 모함을 당해 다른 형제들과 함께 사형에 처해졌다.

상황이 자신에게 불리하게 전개되는 것을 직감한 태자 이형은 서둘러 아버지 현종에게 부부 사이가 좋지 않으니 이혼을 허락해달라는 글을 올렸고, 태자비 무씨는 궁에서 쫓겨나 비구니가 되었다. 이후 태자는 꼬투리를 잡히지 않으려고 무던히 애를 썼고, 환관 고력사도 태자를 적극 보호함으로써 간신히 재난을 면할 수 있었다.

이임보가 연출하고 양국충이 연기한 이 사건으로 피살된 사람이 수백 집안에 이르렀다. 두 간신이 손잡고 저지른 엄청난 살육이다.

결과적으로 태자를 제거하려는 이임보의 목적은 성공하지 못했다. 그런데 이 과정에서 맹활약을 보인 양국충은 현종의 눈에 들어 단숨에 15개 자리를 겸직하는 등 파격적 승진을 거듭하여 일약 조정의 총아로 등장한다. 750년에는 병부시랑 겸 어사중승 등의 요직에 임명되고, 현종에게 '국충(國忠)'이라는 이름까지 하사받았다(그의 본명은 양조양쇠趙楊釗다). 천하에 둘도 없는 개망나니에 교활한 간신이 나라에 충성한 공으로 '국충'이란 이름을 받았으니 이런 코미디는 세상 어디에도 없을 것이다. 이는 영혼이 병든 권력자 현종과 권력만을 좇는 간신이 만난 필연적 결과다.

현종의 눈에 든 양국충은 보다 확실하게 황제의 마음을 잡기 위해 지방의 창고에 쌓인 양식과 옷감을 전부 사치품 등으로 바꿔 수도의 황제 창고로 들어오게 하는 기상천외한 일을 벌였다. 또 지방 세금의 명목을 늘려 옷감 등으로 바꾸는 방법으로 황제의 창고를 채웠다. 양국충은 백성에게 쥐어짠 피와 땀으로 황제의 마음을 샀다. 749년 문무백관을 거느리고 천자의 창고를 돌아본 현종은 산더미 같은 돈과 재물에 입이 떡 벌어졌고, 너무나 기쁜 나머지 그 자리에서 양국충에게 붉은 옷을 하사하고 돈과 양식을 책임지는 권태부경사를 겸직하게 하는 한편, 황제의 거처를 자유롭게 출입할 수 있는 특권을 내렸다.

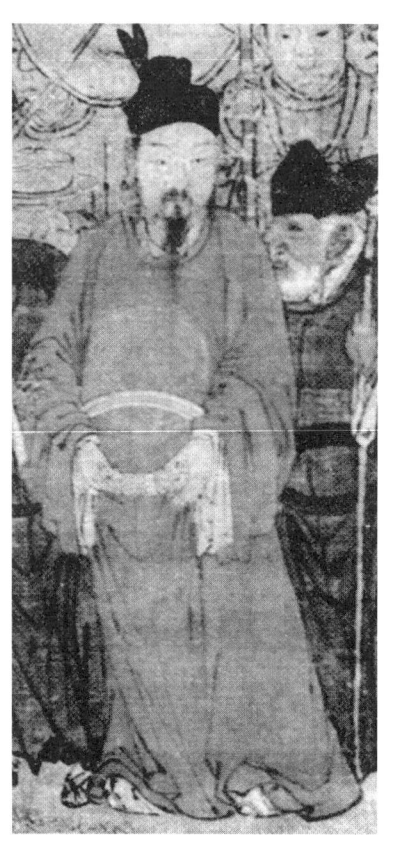

이형(숙종) 양국충은 태자 이형까지 폐위시키려는 야욕을 숨기지 않았고, 이형은 살아남기 위해 태자비와 위장 이혼까지 하는 수모를 당해야만 했다.

두 거물급 간신의 대충돌

양국충의 위세는 조야를 울렸다. 양국충과 양귀비 집안은 말할 것도 없고, 양씨 집안이 너나 할 것 없이 부귀영화를 누렸다. 졸지에 권력과 돈을 움켜쥔 이들은 앞 다퉈 호화롭고 사치스러운 집과 별장을 짓기 시작했다. 사람들은 양씨 집안의 위세를 두렵고도 걱정스러운 눈으로 지켜봐야 했다. 뇌물이 사방에서 문턱이 닳도록 들어왔고, 인사 청탁을 위해 밤새 줄을 서서 기다리는 사람들로 대문 앞이 불야성이었다. 항간에는 양씨가 나서면 안 되는 일이 없다는 말이 떠돌았다. 기록에 따르면 양국충 집에 쌓인 옷감 하나만 3000만 필에 달했다고 하니, 나머지는 말해서 무엇 하겠는가? 양국충과 괵국부인은 고삐 풀린 망아지처럼 미쳐 날뛰었는데 정말이지 눈뜨고 못 봐줄 지경이었다.

권력이란 것이 참으로 오묘해서 일단 권력이란 열차를 타고 궤도에 들어서면 도무지 멈출 수가 없다. 오르면 오를수록 더 높은 곳을 추구하고, 그에 따라 야욕도 커져간다. '권력(權力)'의 뜻이 '힘의 균형'이라는 것은 글자 풀이에 지나지 않는다. 권력욕에 사로잡힌 인간에게 권력은 보태고 덜고 하면서 힘의 균형을 잡아가는 것이 권력의 참뜻이고 올바른 권력 행사라고 아무리 떠들어 봐야 헛일이다. 그들은 권력이란 오로지 움켜쥐고 놓아선 안 되는 것인 줄 안다. 간신 소인배가 권력을 잡았을 때는 더 그렇다. 그들에게 권력은 마구 휘둘러야 제 위력을 발휘하는 천하에 둘도 없는 무기다. 양국충의 야심은 권력의 심장부에 접근할수록 커져만 갔고, 마침내 그의 시선이 점차 이임보가 쥐고 있는 권력으로 돌아가기 시작했다. 바야흐로 거물급 간신들의 일대 결투가 가까워지고 있었다.

태자 폐위를 획책하는 과정에서 이임보는 양국충을 앞잡이로 끌어들였다. 배운 것 없고 단순 무식한 양국충은 이임보의 기대대로 자신의 역할을 훌륭히 해냈다. 그러나 이 과정에서 양국충이 보여준 교활함과 악독함은 이임보의 그것을 능가했다. 오랜 정치투쟁을 통해 잔뼈가 굵은 이임보가 이 점을 그냥 지나칠 리 만무했다. 그는 본능적으로 위기감을 느꼈다. 더욱이 양국충의 위세가 자신을 직접 위협할 정도까지 성장하고 보니 불안과 위기감은 이만저만이 아니었다. 양국충을 하루빨리 제거하는 것이 편하게 발 뻗고 자는 길이다.

양국충의 주판알도 어김없이 원하는 계산을 하고 있었다. 이임보 일당의 힘을 빌려 정치적 기반을 다지려 한 양국충은 예상을 뛰어넘는 성과를 올렸고, 그 덕에 자신을 추종하는 조무래기도 적잖이 확보할 수 있었다. 이쯤 되고 보니 이임보란 존재가 되레 걸림돌이 되었다. 서로 등을 대고 돌아선 채 잡은 손이 얼마나 가리라 예상했는가? 적과 동침이 얼마나 유효하겠는가? 마침내 두 사람은 몸을 돌려 얼굴을 마주 보며 칼을 겨누기 시작했다.

기득권 세력이라 할 수 이임보는 자연히 수세에 놓였고, 신흥 세력이라 할 수 있는 양국충은 적극 공세에 나섰다. 이임보의 측근이던 길온 같은 자들은 진작에 양국충의 품으로 달려가 양국충을 위해 이런저런 계책을 올리고 있었으니, 이임보의 처지는 궁색할 수밖에 없었다. 양국충은 이임보의 측근부터 제거하는 수순을 밟았다. 이임보의 최측근인 경조윤 소경과 어사대부 송혼이 비리 혐의로 좌천되거나 유배되었다. 이어 이임보의 가장 중요한 심복 왕홍에게 칼끝을 겨누었다. 왕홍은 양국충과 함께 위견을 제거하는 데 큰 공을 세운 인물이자, 현종의 신임이 이임보 못지않은 실세였다.

그런데 일이 되려고 그랬는지 뜻밖에도 왕홍의 동생이 일당과 모의하여 이임보와 양국충 등을 잡아 죽이려는 음모를 꾸미다 발각되는 사건이 벌어졌다. 양국충은 이 사건을 빌미로 일을 한껏 키우리라 작심했다. 사건이 중대한 만큼 현종은 왕홍에게 일 처리를 맡겼다. 왕홍은 동생이 연루된 사건인지라 차일피일 시간을 끌며 동생을 피신시키는 등 유야무야 넘기려 했다. 그러나 꼬투리를 잡은 양국충은 왕홍까지 끌어들여 사건을 확대했다. 왕홍에 대한 신임이 두터웠던 현종은 적당한 선에서 왕홍과 그 동생의 사과를 받고 넘어가려고 양국충에게 자신의 뜻을 왕씨 형제에게 전달하게 했으나 양국충은 고의로 전달하지 않았다. 왕홍이 사과는커녕 동생과 뜻을 같이하겠다는 의지를 확인한 현종은 몹시 화가 났고, 여기에 좌상 진희열이 양국충의 편에서 대역죄는 엄히 처벌해야 한다고 나서는 바람에 사태가 점점 꼬이기 시작했다. 상황이 여의치 않음을 뒤늦게 안 왕홍은 이임보에게 구원을 요청했으나, 일은 이임보로서도 돌이킬 수 없는 지경이 되었다.

왕홍의 동생은 모반죄가 성립되어 맞아 죽었고, 왕홍은 모반의 증거는 없지만 양국충과 진희열 등의 끈질긴 공작으로 연좌에 걸려 사사되었다. 아들도 모두 죽었고 식솔은 변방으로 유배되었다. 간신과 간신의 진검 승부 1회전에서 양국충은 멋지게 한판승을 따냈다. 이와 함께 양국충은 이임보에 확실하게 맞서기 위해 양귀비의 도움을 받아 안록산(安祿山)을 끌어들였다. 이른바 '독으로 독을 제압한다'는 '이독제독(以毒制毒)'의 수단을 강구한 것인데, 이것이 훗날 엄청난 파장을 일으키고 만다. 그러나 썩어도 준치라고 이임보의 반격이 만만치 않았다.

기회는 머지않아 찾아왔다. 751년 무렵 당의 변방이 소란스러워졌

안록산 이임보를 확실히 견제하기 위해 양국충이 끌어들인 안록산 또한 이들 못지않은 간신이었다. 양국충의 앞날은 물론 대당 제국에 더 어두운 먹구름이 드리워졌다.

다. 이임보는 이때를 놓치지 않고 검남(사천성 이남) 지역에 전란이 잦아 변경이 불안정하므로 검남절도사 양국충이 책임을 지고 이 문제를 처리해야 할 것이라는 보고를 올렸다. 이는 양국충을 조정에서 배제하려는 의도였고, 이번에는 양국충으로서도 어쩔 수 없었다. 양국충은 일순간 곤경에 빠졌다. 그러자 바로 구원의 손길이 다가왔다. 양귀비가 나선 것이다. 양귀비는 고력사와 상의했고, 고력사는 양국충이 잠시 변경에 나가 이임보의 예봉을 피하게 했다가 현종에게 다시 조정으로 불러들이도록 주청하는 쪽으로 가닥을 잡는 것이 좋겠다는 계책을 올렸다. 아니나 다를까, 양국충이 촉 땅에 부임하기 무섭게 현종이 보낸 사신이 뒤따라 도착하여 양국충을 불러들였다. 2회전 역시 양국충의 판정승으로 끝났다. 20년을 누려온 이임보의 마술 지팡이가 마침내 그 위력과 빛을 잃었다.

752년, 19년 동안 재상 자리를 지켜온 이임보가 울화병 등이 겹쳐 쓸쓸히 세상을 떠났다. 현종은 재빨리 양국충을 우상으로 삼는다는 조서를 하달했다. 신흥 간신 양국충이 늙어 병으로 죽은 간신 이임보의 자리를 접수한 것이다. 권력 교체가 이루어졌지만 실질적인 정치 세력의 교체가 아니라 이 간신에서 저 간신으로 권력이 넘어간 것에 지나지 않았다. 당나라 조정은 쇄신은커녕 이임보 집정기보다 더한 혼란으로 빠져들었다. 그런데 황제 자리를 제외한 최고 자리에 오른 양국충이 처음 취한 조치는 죽은 이임보에 대한 처절한 보복이다.

양국충은 안록산과 손을 잡고 죽은 이임보의 죄상을 계속해서 폭로했다. 케케묵은 과거사는 말할 것도 없고 있지도 않은 모반까지 죽은 이임보에게 덮어씌웠다. 많은 사람을 모함하고 해친 이임보인지라 적도 그만큼 많았다. 양국충과 안록산은 이런 사람들을 찾아내 증인으로 내세워 이임보의 죄상을 폭로하게 사주했다. 이임보는 죽었지만 쉴 새 없이 터져 나오는 비리와 죄상 때문에 죽기 전에 받은 관작이 모조리 박탈되고 서인으로 강등되는 수모를 겪었다. 아들들은 저 멀리 영남 지방으로 유배되었고 집안은 풍비박산 났다. 악행에 대한 업보다. 양국충은 이 일로 다시 한 번 현종의 환심을 사서 최고의 명예직 국공(國公)에 봉해지는 한편, 40개가 넘는 관작을 겸직하는 막강한 권력을 누리기에 이른다.

이간제간(以奸制奸)의 소용돌이

부당한 권력의 정점은 추락의 출발점이기도 하다. 그러나 권력의 정점에 오른 자가 그 정점이 곧 자신의 추락점이라는 것을 알기란 낙타가 바늘구멍에 들어가기보다 어렵다. 그것이 권력의 속성이고, 인성의 근본적 한계다. 그것을 아는 사람이라면 부당한 권력을 추구하지 않는다. 따라서 부당한 권력을 탐한 간신들이 대개 권력의 정점에서 추락하기 시작하는 것은 역사의 철칙이다.

이임보를 견제하기 위해 양국충이 끌어들인 안록산은 결코 만만한 상대가 아니다. 더욱이 안록산은 양국충을 노골적으로 깔봤다. 호인(胡人) 출신에 북방의 군사 요충지 평노·범양·하동의 절도사를 겸하면서 막강한 군대를 거느린 안록산은 양국충이 그를 중앙 조정으로 끌어들인 순간부터 당 제국 전체를 위협하는 시한폭탄이나 마찬가지였다. 게다가 안록산은 유들유들한 말솜씨에 너스레도 잘 떨어 현종의 귀여움을 차지했다. 안록산이 얼마나 능청스럽게 사람의 마음을 홀리는지 보여주는 일화가 있다.

양귀비는 현종이 안록산을 총애하는 이유가 궁금해 안록산을 보고 싶었다. 그러던 어느 날 황제에게 인사를 드리러 온 안록산을 처음 만난 양귀비는 북방을 휘젓고 다니면서 놀라운 무용담을 남긴 영웅치고는 뚱뚱한 몸집과 별 볼일 없는 외모에 그만 웃음이 나왔다. 그런데 이런 양귀비를 본 안록산이 현종에게는 절을 올리지 않고 양귀비에게 다가와 넙죽 절을 올리는 것이 아닌가? 현종이 어이가 없다는 표정을 지으며 그 이유를 묻자 안록산은 "신은 어려서부터 저를 낳아주신 어머니에게만 절을 했습니다. 아버지가 누군지 확실치 않기 때문에 언제나 여자에게만 절을 한답니다"라며 너스레를 떨었다. 이 말에 현종도 양귀비도 한바탕 웃고 말았다.

안록산은 말솜씨 하나로 양귀비의 마음을 사로잡아 10년이나 아래인 양귀비를 수양어머니로 모시는 수완을 보였다. 당시 양귀비는 아직 귀비가 못 된 터라 지방의 실권자 안록산을 양아들로 두는 것도 나쁠 것 없다고 판단하여 기꺼이 그를 받아들였다. 이로써 안록산은 현종과 양귀비의 총애를 동시에 받았다.

안록산이 급부상하자 양국충은 초조하기 그지없었다. 양국충은 안록산이 변방의 군대를 믿고 모반을 꾀한다며 그의 병권을 박탈하라고 현종과 양귀비를 자극했다. 그러나 안록산에게 푹 빠진 현종과 양귀비는 오히려 안록산을 비호하고 나섰다. 안달이 난 양국충은 안록산에게 모반의 낌새가 있는지 없는지 확인해야 하니 그를 조정으로 불러들일 것을 제안했다. 모반을 꾀한다면 틀림없이 오지 않을 것이라는 예상

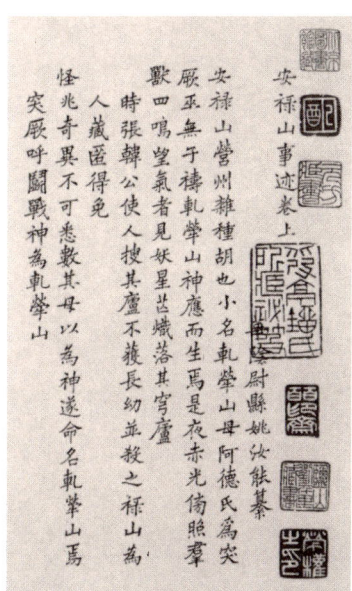

안록산 사적기 초조해진 양국충은 끊임없이 안록산을 자극했고, 당 내부의 약점을 훤히 꿰뚫고 있던 안록산은 가차 없이 대당 제국을 몰아붙였다.

을 곁들이며 현종을 부추겼다. 현종도 이참에 안록산의 의사를 확인할 필요가 있어 그를 불러들였다. 이 무렵 안록산은 조정에 자신의 심복을 여럿 심어두어, 자신을 시험하려는 양국충의 이런 의도를 즉각 보고받았다. 안록산은 보무도 당당하게 조정으로 들어와 현종을 알현했고, 현종은 안록산을 더욱 신뢰했다.

문제는 이 과정에서 안록산이 당 조정의 문제점을 속속들이 간파했다는 사실이다. 중앙 정부의 권위와 실력이 약해질 대로 약해진 상황에서 지방 절도사들의 힘은 점점 커졌고, 그중에서도 안록산은 단연 발군이었다. 당 조정의 취약점을 확인한 안록산은 군대와 군마를 모으고 군량을 비축하면서 차근차근 반란을 준비하는 한편, 조정 대신

들에게 뇌물을 써서 자기편으로 만들고, 현종과 양귀비의 신임을 얻어 해마다 승진을 거듭하면서 무려 15만 병력을 거느리는 막강한 세력으로 성장했다.

이런 상황을 양국충이 모를 리 없었다. 그는 현종에게 안록산의 모반 의도를 부단히 알렸다. 그러나 한번 마음이 기운 현종은 양국충의 말을 믿으려 하지 않았다. 한편 안록산 쪽도 불안하기는 마찬가지였다. 가랑비에 옷이 젖고, 열 번 찍어 안 넘어가는 나무 없다고 현종이 언제 양국충의 말을 들을지 알 수 없는 일이었다. 더욱이 중앙 조정과 멀리 떨어진 지방에서 정보력에 한계가 있음을 감안하면 상황은 늘 가변적일 수밖에 없었다. 이윽고 755년 11월, 안록산은 마침내 '간신 양국충을 제거하여 황제의 주변을 깨끗하게 한다'는 명분을 내걸고 범양(范陽, 지금의 북경 서남)에서 군대를 일으켰다. 당 제국을 거의 사망으로 내몬 '안록산의 난'이 폭발한 것이다.

안록산의 15만 대군은 파죽지세로 황하를 건너 동도 낙양을 압박했고, 현종은 꿈에서 깬 듯 어쩔 줄 몰랐다. 무엇보다 믿기지 않았지만 엄연한 사실이었다. 낙양은 한 달을 간신히 버티다 점령당했다. 놀라기도 하고 화가 나기도 한 현종은 애꿎게 봉상청과 고선지를 공개 처형하여 그 목을 내거는 정신분열증 증세까지 보였다(고구려 출신의 명장 고선지는 평생 당을 위해 싸우다 어이없이 생을 마감했다).

낙양을 점령한 안록산은 756년 정월, 스스로 대연국 황제로 즉위하여 당 황제와 대등한 지위임을 천명했다. 이어 안록산은 역전의 노장 가서한을 물리치고 장안을 지켜주는 요새 동관을 뚫었다. 이제 장안 함락은 시간문제였다. 양국충은 현종의 몽진을 결정하고 용무장군 진현례에게 현종의 호위를 맡겼다. 6월 13일, 현종은 양귀비를 데리고

양귀비의 죽음 안록산의 난 와중에 양국충은 병사들에게 살해되었고, 양귀비도 현종의 묵인 아래 죽음을 강요 받았다. 대당 제국은 그렇게 저물어갔다.

피란길에 올랐다. 그러나 황제를 호위하는 군사의 분위기는 살벌했다. 이들은 이 모든 일이 양국충 때문에 벌어졌다고 생각했고, 양국충을 죽여 백성의 분을 풀어주지 않으면 사태는 더욱 커질 것이라며 웅성거렸다. 진현례는 동궁의 환관 이보국에게 이런 분위기를 전달했다.

피란 일행이 저녁 무렵 마외파(馬嵬坡)에 도착했을 때, 양국충은 저녁거리를 보채는 토번의 사신들과 실랑이를 벌이고 있었다. 진현례의 부하가 이 모습을 보고 갑자기 "재상(양국충)이 오랑캐들과 반란을 꾸미고 있다!"며 고함을 질렀고, 이 소리에 놀란 병사들이 일제히 함성을 지르며 양국충에게 달려들어 검과 창으로 난도질했다. 양국충의 아들 양훤도 벌집이 되었다. 재상을 비롯해 40여 개 직함을 가지고 대당 제국을 호령하던 간신 양국충은 이렇게 외마디 비명도 지르지 못하고 자신과 황제를 호위하던 병사들의 창칼에 죽었다. 이어 병사들은 양귀비도 요구했고, 현종은 눈물로 자신의 비열함을 가장하며 환관 고력사에게 양귀비를 넘겼다. 고력사는 불당 앞 배나무 아래로 양귀비를 데려가 비단 끈으로 그녀의 목을 매달았다. 현종은 "귀비가 부디 좋은 곳에서 환생하길!"이라며 가증스러운 탄식을 남겼다.

중국 역사상 최고의 전성기를 구가하던 대당 제국은 그렇게 저물어 갔다.

진땀나는 역사의 교훈

양아치 출신 양국충은 썩을 대로 썩은 당 조정의 난맥상과 맞물려 간신으로 등장했다. 향락과 쾌락에 취한 현종이 환갑에 양귀비에게 빠짐으로써 별 볼일 없이 이곳저곳을 전전하던 양국충은 양귀비 일가 여자들의 치맛자락을 붙들고 당의 수도 장안에 진입했고, 이어 간신 이임보가 자신의 정치적 입지를 강화하기 위해 양국충을 앞잡이로 이용하는 과정을 통해 조정의 중심부에 발을 들여놓았다. 이임보는 떠돌이 건달에 도박이나 좋아하는 양국충을 그다지 경계하지 않고 권력 투쟁에 끌어들였지만, 고양이인 줄 알았던 양국충이 사실은 이리보다 더한 자였던 것이다.

양국충은 이임보가 죽자 40여 개 자리를 겸직하며 무소불위의 권력을 휘둘렀지만, 그 역시 자신이 끌어들인 안록산 때문에 비참한 최후를 맞았다. 간신이 간신을 끌어들이고, 간신이 간신을 제거하고, 다시 간신이 간신을 끌어들였다가 제거당하는 악순환이 반복되면서 당 제국은 사망 일보 직전까지 내몰렸다. 안록산의 난은 가까스로 평정되었지만 당은 기력을 회복하지 못하고 빈사 상태에서 허덕이다가 멸망의 길을 걷고 만다.

양국충의 사례는 권력자가 무능하기 짝이 없는 간신배를 요직에 앉혀놓고 무작정 신임한 결과 망국에 이른 대표적인 사건으로 남아 있다. 간신은 출세를 위한 처세와 정직하고 올바른 정적을 해치는 일에는 기막힌 솜씨를 보이지만, 개인의 영달과 관련이 없는 나랏일, 특히 백성을 위한 봉사와 공적인 일에는 대개 무능하거나 아예 돌보지 않는다.

한 가지 분명한 사실은 간신에게는 공사의 분별이 없다는 것이다. 아니 공과 사가 무엇인지조차 모르며, 안다 해도 전혀 신경 쓰지 않는다. 권력은 자신이 잘나서 얻은 것이며, 백성의 피와 땀이 서린 세금 또한 자기 주머닛돈으로 생각한다. 나라와 백성을 위한 관리를 뽑는 것이 아니라 자신에게 충성하는 사악한 자들만 곁에 두고 사리사욕을 채운다.

천수백 년 전이나 지금이나 간신이 하는 짓은 달라진 것이 없다. 더 끔찍한 것은 지금처럼 개명된 민주 사회에서도 수많은 간신이 버젓이 나라와 백성을 농락하며 설친다는 사실이다. 역사는 이렇게 끔찍하고 무서운 것이다. 간신이 수천 년 동안 나라를 망치고 백성을 괴롭혀온 엄연한 사실에도 여전히 이들에게 끌려 다니는 기막힌 상황을 어떻게 봐야 한단 말인가?

당나라 최고 전성기를 구가한 현종 이융기는 통치 후반기를 간신 때문에 완전히 망쳤다. 심지어 거대한 제국을 멸망 일보 직전까지 몰고 가는 천추의 한을 남겼다. 이 극적인 반전에 대해 수많은 사가들이 논평을 남겼지만 어느 것 하나 후련한 답은 없다. 역사의 흐름에 한순간도 방심해서는 안 된다는 진땀 나는 교훈을 얻을 뿐이다. 역사는 그 시대 모든 인간 활동의 총합이며, 그 총합이 역사의 대세와 품질을 결정한다. 요컨대 역사의 주체인 인간 하나하나의 품질이 역사의 품격을 결정하는 것이다. 시대와 역사에 방심해서는 안 되는 중요하고 절박한 이유도 여기에 있다.

완벽한 아첨으로 죽어서도 군주의 마음을 사로잡다

노기(盧杞, 734?~785, 당)

노기는 위진남북조시대 산동 지역의 범양(范陽) 노씨 집안 출신으로, 그 집안은 10대조부터 아버지에 이르기까지 고위직을 수없이 배출한 명문가 중의 명문가다. 할아버지 노회신(盧懷愼)은 진사에 급제한 뒤 무측천에서 현종까지 네 황제 통치기에 요직을 두루 거쳤다. 당대의 명재상 요숭과 함께 재상을 지내면서 충정과 청렴으로 이름이 높았다. 아버지 노혁(盧奕)은 어사중승을 지냈으며, 안사의 난 때 낙양에서 장렬하게 순국한 의기 넘치는 인물이다. 그러나 노기는 이런 조상들과 대조적으로 부패한 정치 환경에서 중당 시기 악취를 풍기는 간신이 되었다.

노기는 괴이한 외모에 제대로 배우지도 못했지만, 쇠도 녹이는 말솜씨로 황제 덕종을 사로잡았다. 덕종은 온갖 죄상이 드러나 유배되었다가 죽은 노기를 4년이 지나도록 잊지 못하고 그리워할 정도로 그에게 푹 빠졌다. 노기는 권력자를 철두철미하게 속여 끝까지 자신의 간행을 눈치 채지 못하게 만든 완벽에 가까운 간신의 전형이라 할 것이다.

콤플렉스를 뛰어넘다

노기는 생각이 빠르고 언변이 뛰어났다. 그러나 외모가 추한데다 얼굴이 푸른색이라 괴기스러웠던 모양이다. 당나라의 관리나 인재 선발 기준을 보면 외모를 따지는 '신(身)'이란 조항이 있었기 때문에 노기는 관리가 될 최소한의 기본 조건을 갖추지 못한 셈이다. 노기가 어려서부터 공부는 뒷전이고 비뚤어진 길을 걸은 것도 이 때문이다.

그러나 노기는 당나라 조정의 정치가 갈수록 부패하는 현상을 목격하고 집안의 명성을 이용해 관직에 나갈 수 있으리라고 판단했다. 그는 부패한 관료 조직을 파고들어 각종 로비 활동을 벌였고, 뒷문으로 관료 사회에 성공적으로 안착하여 여러 자리를 거치면서 나름대로 이력을 쌓았다. 그러나 혐오스러운 외모 때문에 사람들에게 무시당하기 일쑤였다. 한번은 충주자사에 임명되어 형남 지역으로 부임하던 중 형주절도사 위백옥에게 인사를 드리게 되었다. 위백옥은 노기의 모습을 너무나 싫어한 나머지 인사조차 받으려 하지 않는 등 심한 모욕을 주었다. 이 때문에 노기는 병을 핑계로 장안으로 돌아왔다.

이 일로 노기는 더욱 삐뚤어졌고, 가문의 배경만으로는 고위층으로 오를 수 없다는 사실도 분명히 알았다. 그는 음모와 속임수, 남다른 꿍꿍이로 최고 통치자인 황제를 기쁘게 만들어야 날개를 달 수 있다는 사실을 새삼 절감했다. 노기는 자신에게 주어진 모든 기회를 황제의 마음을 사는 데 이용했다. 뜻이 있는 자에게 길이 있다던가?

노기가 괵주자사로 재임하던 780년, 관가에서 관리하는 돼지 3000마리가 백성들에게 피해를 끼치는 일이 발생했다. 이 일을 보고받은 덕종은 돼지를 동주(同州)에 소속된 사원(沙苑)이란 곳으로 옮기라고 명령했다. 노기는 이 일을 이용하여 황제에게 잘 보이려고 마음먹었다. 그는 글을 잘 꾸미는 자를 사서 멋들어지게 보고서를 작성해 황제에게 올렸다. 동주의 백성 역시 황상의 백성이니, 백성에게 피해를 준 돼지를 백성이 잡아먹도록 하사하는 것이 가장 좋겠다는 의견이었다. 보고서를 본 덕종은 아주 흡족해하며 관가의 돼지를 빈민에게 나눠주도록 하는 한편, "괵주도 지키고 다른 주도 걱정하는 노기야말로 재상감이로구나!"라며 노기를 어사중승에 발탁했다.

당 덕종 노기가 올린 글 한 편으로 그를 재상감이라 추켜세우고 바로 승진시킨 덕종은 노기의 본격적인 간행에 빌미를 제공하는 우를 범했다. 리더는 늘 언행에 신중해야 한다. 간신 예방의 첫 원칙이다.

교묘하게 꾸민 문장 하나로 황제의 마음을 잡은 노기는 그 뒤로 승진을 거듭했다. 사실 노기에 대한 덕종의 평가는 과장된 부분이 적지 않았다. 하지만 노기는 이를 한껏 이용하여 사방에 자신을 광고하며 다녔고, 그 결과 하는 일마다 덕종의 심기를 헤아려 아부와 감언이설로 비위를 맞췄다.

그런데 노기의 됨됨이를 진작 간파한 사람이 있었으니 당 조정의 원로 대신이자 나라의 대들보와 같은 곽자의(郭子儀)다. 연로한 곽자의가 병환이 깊어지자 문무백관들이 모두 병문안을 갔다. 그 자리에서 곽자의는 처첩들을 모두 내보내고 노기만 남게 하여 은밀히 이야기를 나눴다. 모든 면에서 전혀 어울리지 않는 노기를 독대하는 곽자의의 행동을 이해할 수 없던 식구들은 노기가 물러간 뒤 그 연유를 물었다. 곽자의는 한숨을 내쉬며 설명했다.

"노기는 음흉한 자다. 부인과 너희가 그를 보고 비웃었으니 훗날 노기가 권력을 장악하는 날에는 우리 집안이 남아나지 못할 것이다!"

노기의 본색을 간파한 곽자의는 장차 닥칠지도 모를 집안의 재앙을 막기 위해 미리 노기에게 잘 보인 것이다.

곽자의 원로대신 곽자의는 중병 중에도 노기가 장차 큰 화근이 될 것임을 간파했다. 그럼에도 그는 명성에 걸맞지 않게 자기 집안의 안위만 걱정하는 편협함을 드러냈다. 이렇게 해서는 간신을 없앨 수도 막을 수도 없다.

드러나는 본색

노기가 덕종의 신임을 받으며 승승장구할 때 노기의 출세를 더욱 빠르게 하는 사건이 발생했다. 문하시랑에 동평장사를 겸하던 재상 양염

(楊炎)이 재정 전문가 유안(劉晏)을 죽이는 잘못을 범한 것이다. 덕종은 불만을 터뜨리며 양염을 중서시랑에 동평장사로 옮기고, 노기를 문하시랑에 동평장사로 발탁하여 양염과 함께 재상 자리를 수행하도록 한 것이다. 덕종은 열흘 만에 다시 노기를 어사대부로 승진시키는 파격적인 인사를 단행하여 노기에 대한 신임을 나타냈다. '귀신 얼굴'을 한 노기는 꿈에도 그리던 재상의 반열에 올랐고, 자신의 특기인 '간행'을 마음껏 펼칠 수 있는 최적의 무대를 마련했다.

간신을 대함에 있어 방심은 절대 금물이다. 역사에서 방심 때문에 간신에게 당한 사례는 헤아릴 수 없을 정도로 많다. 간신은 방심을 파고드는 데 귀신같은 능력을 발휘한다. 노기 역시 마찬가지다. 재상 양염은 박학다식하고 문장이 뛰어나며, 시정에 밝고 외모도 당당한 당대의 인재다. 이런 그가 구질구질한 외모에 제대로 배우지도 못한 노기를 파트너로 인정하기는 힘들었을 것이다. 양염은 재상들끼리 함께 식사하며 국사를 논의하도록 한 규정까지 어기며 노기를 노골적으로 무시하고 외면했다. 늘 이런 저런 핑계를 대고 다른 곳에서 쉬며 노기와 함께 자리하기를 피했다. 이는 양염의 치명적인 실수다. 간신을 깔보는 것처럼 무시무시한 결과를 초래하는 일도 없다.

양염의 노골적인 냉대에 노기는 절망이나 분노하는 대신 처절하게 이를 갈며 기회를 기다렸다. 여러 면에서 자기보다 훨씬 강한 양염에게 당장 맞선다는 것은 어리석은 짓임을 알았기 때문이다. 하지만 양염을 제거하지 않고는 자기 자리를 보전할 수 없다. 노기는 양염의 성격을 제대로 파악하고 그를 제거할 음모를 꾸며 실천에 옮기기 시작했다.

노기는 먼저 양염의 관할 아래 있는 중서주서의 과실을 밝혀 이를 덕종에게 보고했다. 그 결과 중서주서가 쫓겨났고, 양염은 적잖은 정치적 타격을 입었다. 그러나 양염은 여전히 노기를 무시했다. 노기는 양염이 방심한 틈을 타 한 발 들여놓는 데 성공했고, 그렇게 벌어진 틈은 양염이 상상할 수 없을 정도로 컸다. 간신은 아무리 작은 틈이라도 비집고 들어간 이상 절대 그냥 빠져나가지 않는다. 그 틈에 사활이 걸렸기 때문이다. 방심의 틈은 간신배가 비집고 들어와 치명적인 알을 까는 데 더없이 좋은 양분이 된다.

덕종은 언젠가 양염과 노기에게 여러 신하 중 누구를 중용하면 좋을지 물었다. 노기는 곰곰이 생각한 끝에 덕종이 마음에 들어할 만한 장일(張鎰)과 엄영(嚴郢)을 추천했다. 이들은 세 황제를 모셔온 중신이다. 반면 양염은 재능이 뛰어난 최소(崔昭)와 조혜백(趙惠伯)을 추천했다. 이에 덕종은 양염의 논의가 제멋대로라며 크게 불만을 나타냈다. 이 일로 덕종의 마음은 더욱 노기에게 쏠렸다.

산남동도절도사 양조의(梁朝義)가 반란을 일으켰을 때의 일이다. 덕종은 회서절도사 이희열(李希烈)에게 반란을 토벌하도록 지시했다. 양염은 이희열이 마음이 바르지 못해 중용할 경우 통제가 어렵다고 보고, 이희열의 파견을 강력하게 반대하고 나섰다. 그러나 덕종은 기어코 이희열을 파견했다. 그 뒤 이희열의 군대가 비 때문에 진군하지 못하고 지체하는 상황이 발생했다. 노기는 이 기회를 놓치지 않고 덕종에게 이희열이 전진하지 않고 계속 지체하는 것은 양염에 대한 불만 때문이라고 덕종을 자극한 다음, 계속 양염을 총애하면 그 후환은 상상할 수 없을 것이라며 은근히 공갈까지 쳤다. 그러면서 잠시 양염을 파면하여 이희열의 마음을 돌리고 난이 평정된 다음 양염을 재기용하면 될 것이라는 대안까지 제시했다.

어리석은 덕종은 앞뒤 생각하지 않고 양염을 재상에서 좌복야로 좌천시켰다. 노기는 회심의 미소를 지으며 양염의 정적인 엄영을 관료들에 대한 사찰을 담당하는 어사대부로 기용하여 그와 함께 양염의 비리를 파헤치기 시작했다. 그 결과 양염이 장안 곡강 남쪽에 가묘를 지은 적이 있는데, 당시 사람들 사이에서 그 땅은 '제왕의 기운'이 서린 곳으로 양염이 그곳을 택한 것은 분명 다른 의도가 있을 것이라는 이야기가 떠돌았다는 사실을 알아냈다. 노기는 여기에 다른 시시콜콜한 뇌물과 불법 사실을 대문짝만 하게 들춰내 황제에게 보고했다.

덕종은 불같이 성을 냈다. 그도 그럴 것이 사실이든 아니든 양염은 권력자의 가장 민감한 부분을 건드렸기 때문이다. 덕종은 양염을 최주사마라는 보잘것없는 자리로 좌천시킨 뒤 도중에 사람을 보내 살해했다. 당 왕조 중기를 대표하는 유명한 정치가 양염이 간신에게 당해 허무한 죽음을 맞은 것이다. 사태는 이 정도로 끝나지 않았다. 양염의 부하와 동료들은 속속 살해되거나 옥에 갇혔다. 조정은 노기가 완전히 장악했다.

가장 벅찬 상대 양염을 제거한 노기는 거칠 것이 없어 보였다. 그러나 노기는 이 정도로 만족하지 않았다. 노기는 이어 자신이 추천한 중신 장일을 제거하는 수순에 들어갔다. 덕종의 마음을 잡기 위해 장일을 추천했지만, 그가 좋아서 그런 것은 결코 아니었다. 조야의 존경을 한 몸에 받는 장일은 아무래도 걸끄러운 존재였다. 봉상 지역에서 주차(朱泚)가 심상치 않은 행동을 보이자 노기는 덕종이 주차를 대신할 인물을 물색하는 것을 알고, 주차의 명성으로 보아 재상이 아니면 제압하기 힘들 것이라며 은근히 장일이 적임자임을 암시했다. 결국 장일은 주차를 토벌하기 위해 조정을 벗어났고, 얼마 뒤 주차의 부장에게 피살되었다.

세상이 다 알아주는 서예가 안진경(顔眞卿)도 노기에게 당한 대표적인 경우다. 태사에 예의사를 지낸 원로대신 안진경은 안사의 난 때 노기 아버지의 얼굴에 묻은 피를 자신의 혀로 닦아줄 만큼 정과 은혜가 깊은 사이였다. 그러나 안진경의 능력과 명성을 시기한 노기는 덕종을 꼬드겨 그의 벼슬을 빼앗

안진경 명필로 이름 난 안진경은 은혜도 모르는 노기의 질투 때문에 하릴없이 희생되었다.

았다. 뿐만 아니라, 덕종을 속여 그를 반란군의 두목 이희열을 설득하기 위한 사절로 보내게 하여 결국 이희열의 손에 죽게 만들었다.

능력 있고 명성 높고 어진 인재를 시기 질투하고, 자기보다 강한 사람을 배제하고 음해하는 방식으로 자신의 지위를 다짐으로써 노기는 마침내 조정의 실권을 한 손에 움켜쥔다.

망가지는 나라

노기는 다음 수순으로 자신의 지위와 권력 기반을 다지기 위한 음모와 책략으로 무능한 자들만 임용하였다. 그는 양염과 장일 등을 배제하거나 살해한 다음 덕종이 강한 사람을 기용하여 권력을 분담시키지

않을까 하여 우유부단하고 일 처리가 느린 이부시랑 관파(關播)를 추천했다. 덕종은 관파를 중서시랑 동평장사에 임명했다. 이렇게 해서 두 재상이 일을 분담하는 모양새를 갖췄지만, 중요한 결정은 노기 한 사람에 좌우되었다.

한번은 덕종 앞에서 국사를 논의하다가 관파가 노기의 의견에 동의하지 않는 표정을 지으며 자신의 의견을 밝히려고 한 적이 있다. 노기는 사나운 눈빛으로 관파를 노려보며 제지시켰고, 회의가 끝난 뒤 중서성으로 돌아와서는 지금 누구 덕에 재상 자리에 있는 줄 아냐며 매섭게 몰아붙였다. 관파는 이후 노기의 의견에 고개만 끄덕이는 꼭두각시 재상에 만족할 수밖에 없었다. 후세 사람들은 관파에게 '끄덕이 재상'이라는 별명을 붙여 비아냥거렸다.

노기는 급하고 꺼리는 것이 많은 덕종의 성격을 이용하여 유능한 인재들을 해친 다음 그들이 앉아야 할 자리에 무능한 자기 측근들을 앉혔다. 대표적인 사례가 심복 조찬(趙贊)을 당대의 명사이자 인재 두우(杜佑)를 대신하여 호부시랑 판탁지에 임명하여 전국의 재정을 관장하게 한 것이다. 재정에 대해서는 문외한이나 다름없는 조찬은 노기가 하라는 대로 움직일 수밖에 없었다. 그러니 재정 상

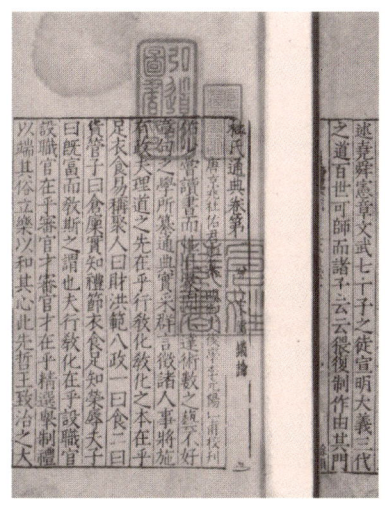

두우의 《통전》 당대의 명사이자 이름난 학자이며 역대 제도와 문물에 관한 전문가인 두우도 노기의 시샘 때문에 자리에서 쫓겨났다.

태는 엉망이 되었고, 중앙 정부에 위협이 되던 번진을 정벌하기 위해 군사비를 마련하려고 재정 상태를 보니 장부조차 제대로 작성하지 않은 상태였다. 이 때문에 노기의 앞잡이들이 상인들을 무자비하게 쥐어짜는 바람에 상인들이 줄줄이 목을 매는 사건이 벌어졌고, 장안은 도적을 만난 듯 어수선했다.

노기는 이것도 모자라 부자들의 집과 땅, 노비, 식량을 마구 빼앗았다. 견디다 못한 상인들은 상점을 모조리 폐쇄했고, 장안의 경제는 완전히 암흑 상태에 빠지고 말았다. 노기를 원망하는 백성의 울부짖음이 장안을 맴돌았다. 이렇게 해서 200만 관을 긁어모으긴 했지만 사람들은 바닥이 난 뒤였다. 민심이 흉흉해지자 덕종도 하는 수 없이 노기의 행동을 중단시켰지만 이에 민심은 등을 돌렸고 경제는 파탄 난 뒤였다.

생산력 발전이 뭔지도 모르는 노기와 조찬 등은 남북의 물자 운송을 소통시켜 재정 수입을 늘리는 근본적인 방법 따위는 생각도 할 수 없었다. 이런 저런 잡세를 늘려 재정 수입에 충당하는 저급하고 소모적인 방법밖에 몰랐다. 그리하여 차, 칠기, 대나무, 나무, 토지, 부동산, 상거래 따위에 세금을 마구 부과하기 시작했다. 서민들은 과중한 세금을 피하기 위해 관리들에게 뇌물을 써서 과세를 피하거나 줄였고, 그나마도 할 수 없는 백성들은 세금에 치여 죽는 수밖에 없었다. 관리들은 공공연히 뇌물을 챙겼고, 관부의 재정 형편은 나아지지 않았다. 백성의 부담은 몇 배나 커졌지만 국가의 재정은 절반도 충당되지 못했으니 원망의 목소리가 전국을 뒤덮었고, 통치 계급과 백성의 갈등은 갈수록 격화되었다. 재정은 더욱 경색되었고 군비도 갈수록 쪼그라들었다. 나라가 망가지는 소리가 여기저기서 들렸다.

783년 10월, 경원절도사가 군대를 이끌고 이희열을 토벌하면서 장안을 지나갔다. 조정에는 반란군 이희열을 토벌하는 데 공을 세운 장수와 병사들에게 내릴 상금이 없는데다, 큰비까지 내려 병사들은 굶주림에 허덕였다. 그러자 경조윤 왕굉이 노기의 지시에 따라 먹을 수도 없는 쌀겨와 썩은 채소를 상이랍시고 군사들에게 내리는 바람에 쿠데타를 자극하고 말았다. 성난 병사들이 황궁으로 쳐들어와 약탈을 일삼았다. 당황한 덕종이 금군에게 진압을 명령했지만 한 명도 나서지 않았다. 장안의 백성들은 너나 할 것 없이 우르르 몰려들어 황궁의 재난을 손뼉 치며 구경했다. 덕종은 함양으로 도주했고, 궁중의 보좌는 주차가 대신 차지했다. 사실상 당 왕조는 여기서 망한 것이나 마찬가지다.

천하가 미워한 간신을 끝까지 옹호한 덕종

함양으로 도망친 덕종은 다시 봉천(지금의 섬서성 건현)까지 달아났다. 주차가 반란을 일으켰는데도 노기는 황제에게 사람을 보내 주차를 달랠 것을 권했다. 덕종은 금오장군 오숙을 장안으로 보내 주차를 설득하게 했으나 오숙은 도착 즉시 주차에게 살해되었다. 이때 우복야 동평장사 최녕(崔寧)이 봉천에 왔다. 덕종은 명망 높은 최녕을 이용하여 군사를 안정시키고 장안을 수복할 생각이었다. 그런데 최녕이 덕종에게 "황상께서는 총명하고 현명하신데 노기란 자에게 홀려 이 지경이 되었습니다"라고 말했다는 정보를 노기가 입수했다.

노기는 심복 왕굉과 짜고 최녕의 부하 강담을 핍박하여 최녕이 주차에게 보내는 편지 한 통을 날조, 최녕이 주차와 공모했다고 고발한 다음 덕종에게 "최녕이 주차와 결탁한 증거는 확실합니다. 최녕이 주차와 호응하는 날에는 천하는 끝장입니다"라며 타는 불에 기름을 부었다. 그리고 땅에 엎드려 "신이 재상의 몸으로 위기를 제대로 수습하지 못했으니 만 번 죽어 마땅합니다!"라며 통곡했다. 못난 덕종은 노기야말로 충신이고 최녕은 간신이라고 생각하여 최녕을 목매 죽게 했다. 이 사건은 당 왕조 때 일어난 가장 억울한 사건으로 기록되었다.

그 해 11월, 주차가 봉천을 포위했다. 덕종의 운명은 바람 앞의 등불이나 마찬가지였다. 그런데 이때 삭방절도사 이회광(李懷光)이 근왕군을 이끌고 주차의 군대를 물리쳤다. 이회광이 2, 3일만 늦게 왔어도 덕종은 주차의 포로가 되었을 것이다. 그런데 이회광은 사람들 앞에서 노기, 조찬, 백지정 등은 모두 간신배로 천하의 난리가 모두 이 자들 때문에 비롯된 것이라며, 황제를 만나면 이 자들을 모두 죽여야 한다고 청을 드릴 것이라고 호언장담했다. 이 이야기를 들은 노기는 두려움에 떨며 조찬 등과 모의하여 이회광 역시 제거하고자 했다. 노기는 서둘러 덕종에게 이회광이 지금 큰 공을 세웠으니 그 여세를 몰아 어렵지 않게 장안을 수복할 수 있을 것이라고 건의했다. 하루빨리 장안으로 돌아가고 싶던 덕종은 생각도 해보지 않고 바로 이회광에게 장안으로 가라는 명령을 내렸다. 이회광과 덕종이 만날 기회는 이렇게 해서 무산되는 것처럼 보였다.

그런데 노기의 주판알이 마지막 순간에 엉뚱한 곳으로 튀었다. 노기의 의도를 간파한 이회광이 함양에 군대를 주둔시키고 진군하지 않으면서 덕종에게 글을 올려 노기 등의 죄상을 폭로한 것이다. 이는 노기 등을 처벌하라는 강력한 요구였다. 덕종은 하는 수 없이 노기 등을 광

이필 노기가 죽은 지 4년이 지난 뒤에도 노기를 그리워하는 덕종에게 이필은 바로 그것이 간신의 무서움이라고 지적했다. 그러나 나라는 이미 망가진 뒤였다.

동과 귀주 지역의 말단 관리로 좌천시켰다. 사실상 유배를 보낸 것이다. 덕종은 사태가 진정되면 노기를 다시 불러들이려 했고, 노기 역시 황제가 바로 자신을 불러들일 것이라며 큰소리쳤다. 그러나 문무 대신들이 노기의 재기용에 반기를 들었다. 죽을 각오로 반대하는 신하들도 적지 않았다. 이쯤 되고 보니 덕종도 뾰족한 수가 없었다. 노기는 유배지에서 51세로 죄 많은 생을 마감했다.

노기가 죽은 지 몇 년이 지난 어느 날 덕종은 대신 이필(李泌)에게 말했다.

"노기의 충정과 청렴을 모르고 사람들이 그를 간사하다고 하니 짐은 도무지 알 수가 없소."

이필은 다음과 같이 대답했다.

"사람들은 모두 노기를 간사하다고 하는데 폐하께서만 그 간사함을 못 깨닫고 계신 것은 노기란 자가 그만큼 간사했기 때문 아니겠습니까? 폐하께서 진작 깨달으셨다면 지난날 그 난리가 어찌 가능했겠습니까?"

권력의 사유화가 간신을 키운다

권력자가 권력을 균형 있게 나누려 하지 않고 사유화할 때 간신은 절로 생겨난다. 나라와 공공의 이익을 해친 자를 문책하거나 경질하지 않고 계속 기용하겠다는 것은 백성이 일정 기간 빌려준 권력을 사유화하여 사적 은혜를 베풂으로써 부하들의 충성, 즉 나라와 백성에 대한 충성 대신 권력자 개인에 대한 충성을 사취하는 짓이다. 간신은 이를 통해 성장한다는 사실을 명심해야 한다. 간신의 절대 토양은 권력자의 사사로운 감정과 사적인 권력 행사다.

또 한 가지 명심해야 할 것은 무능한 자들만 골라서 기용하는 간신의 상투적 수법이다. 덕종이 노기를, 노기가 '끄덕이 재상' 관파를 기용한 것을 보라. 어리석고 무능한 자는 자기에게 은혜를 베푼 자에게 맹목적으로 충성하기 때문에 이 점을 이용하여 권력을 사유화하려는 것이다. 어리석고 천박한 통치자 역시 이 수법을 즐겨 사용한다. 따라서 이런 통치자 밑에 간신들이 꼬이게 마련이다. 이런 간신들은 자신을 지켜줄 유일한 힘이 통치자기 때문에 통치자를 위해서라면 물불을 가리지 않는다. 문제는 이들의 짓거리 하나하나가 모두 나라와 백성에게 피해를 준다는 데 있다. 능력 있고 명망 높고 어진 인재는 기본이고, 자신과 자신의 주인에게 걸림돌이 된다고 생각하면 남녀노소 가리지 않고 해친다. 노기가 팔순이 넘은 전임 재상 이규(李揆)를 눈 하나 깜짝 않고 무자비하게 해친 사실을 보라!

덕종은 천하가 증오하는 노기를 끝끝내 옹호했다. 왜? 노기만큼 자신에게 맹목적으로 충성하는 자가 없었기 때문이다. 덕종이 권력을 사유화했기 때문에 사유화된 권력을 좇는, 즉 오로지 덕종에게만 충성하는 간신이 나타날 수밖에 없었다.

노기는 위장술의 대가다. 거친 음식을 먹고 해진 옷을 입으면서 얼마든지 검소와 간소를 꾸며낼 수 있는 자다. 간사함은 깊숙이 감춘 채 드러내지 않았기 때문에 덕종은 그를 충성스럽고 청렴한 신하라고 여겼다. 게다가 노기는 말을 잘 꾸미는 재능을 타고났다. 황제의 마음에 찰떡같이 달라붙는 언어를 능수능란하게 구사했기 때문에 덕종이 그를 잊지 못한 것이다. 남녀만 서로 홀딱 빠지는 게 아니다.

물론 자신의 뜻에 순종하는 신하를 좋아하는 봉건 제왕의 근원적 병폐를 고스란히 안고 있는 덕종의 자질이 가장 큰 문제다. 이 때문에 덕종은 못 배운 노기의 가장 큰 결점을 되레 장점으로 여겼다. 배운 것이 없기 때문에 늘 조심하면서 자신의 말을 반박하지 않고 고분고분 따르는 사람으로 생각하여 마냥 예뻐한 것이다. 노기는 덕종을 손바닥에 놓고 가지고 놀았다. 그러나 권력이 나라와 백성을 위해 존재한다는 것을 인정하지 않는 이들에게는 깡패나 양아치들 사이에서나 존재하는 사사롭고 불순한 은혜와 퇴행적 복종이 전부다. 이런 권력의 사유화는 궁극적으로 온 나라와 백성을 불행에 빠뜨린다. 경계하고 또 경계해야 할 점이다.

사람들이 왜 노기를 간사하다고 하는지 모르겠다는 덕종의 어처구니없는 말에 이필의 명쾌한 답변은 문제의 핵심을 찌르고도 남았다.

"사람들은 모두 노기를 간사하다고 하는데 폐하께서만 그 간사함을 못 깨닫고 계신 것은 노기란 자가 그만큼 간사했기 때문 아니겠습니까?"

| 4장 |

간신은 어떻게 정치를 농락하는가?

정치 철새가 되어
보수와 개혁을 넘나들다

채경(蔡京, 1047~1126, 북송)

채경은 중국 역사상 가장 악취를 풍기는 간신으로 악명이 높다. 정사나 야사, 소설에서 채경의 비열한 짓에 대해 구체적으로 다뤘을 정도다. 소설《수호전(水滸傳)》에 보이는 채경의 이미지는 특히 생생하다. 이 때문에 채경은 중국 백성이면 누구나 아는 거물급 간신이자 탐관오리로 기억되고 있다.

채경은 현란한 변신술로 재상 자리에 올랐으며, 엄청난 토목공사를 일으켜 민생을 도탄에 빠뜨렸다. 또 못난 군주 휘종(徽宗)의 호화롭고 사치스럽기 짝이 없는 생활과 음탕한 취향을 조장하기 위해 갖은 짓을 다했다. 이로써 북송 왕조의 정치는 부패의 길로 질주했고, 경제는 파탄 나서 망국의 운명을 초래하고 말았다.

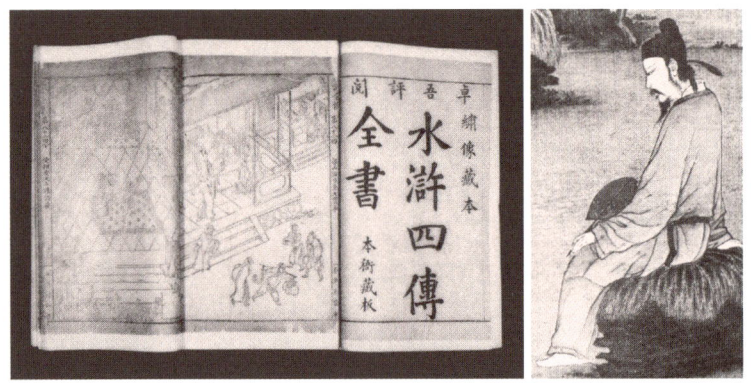

《수호전》과 채경 평범한 일상의 작은 행복을 바라는 민중의 염원이 담긴 《수호전》은 간신 채경의 모습을 생생하게 그려냈다. 이 때문에 채경은 영원히 간신의 대명사로 기억되고 있다.

교활하고 변화무쌍한 간신

채경은 지금의 복건성 포전 출신으로 1070년 진사에 급제하여 벼슬길에 나선 이래 요직을 두루 거쳐 재상의 반열까지 오른 거물급 인물이다. 북송 후기 조정에서 변법파와 보수파의 격렬한 정치투쟁이 벌어지는 상황에도 채경은 오뚝이처럼 출세 가도를 달렸다. 대체 무엇이 역사에 둘도 없는 오명을 남긴 간신에게 이런 행운을 주었을까?

채경은 아주 교활하고 위선적인 것으로 정평이 났다. 이는 물론 후대의 평가다. 간신들의 간행이란 것이 당시에는 좀처럼 세상에 드러나지 않기 때문이다. 채경은 세상사 이치와 인심을 꿰뚫었고, 임기응변에 뛰어났다.

채경이 벼슬길에 나섰을 당시는 저명한 개혁가 왕안석(王安石)이 신종(神宗) 황제의 지지 아래 변법(變法) 개혁을 추진하고 있었다(이를 역사에서는 '신법新法' 개혁이라 하고, 이를 추진한 왕안석 일파를 '변법파

'신법파'라 부른다). 채경은 적극적인 위장술로 변법을 지지하고 나서 승진을 거듭하며 요직에 중용되었다.

1085년 왕안석의 변법을 지지하던 신종이 세상을 떠나고 철종(哲宗)이 뒤를 이었지만, 정치의 실권은 보수파 성향의 고(高) 태후가 장악함으로써 정치판의 변화는 불가피해졌다. 왕안석의 변법은 심각한 타격을 입고 좌절했고, 사마광(司馬光)을 수령으로 하는 보수파가 정권을 장악하여 변법을 폐지하고 과거 체제로 복귀했다. 사마광 등은 조정의 명의로 5일 이내에 '차역법(差役法)' 등 옛 제도를 회복하라는 조서를 발표했다. 정말이지 '번갯불에 콩 구워 먹는' 조치가 아닐 수 없다. 모두 10년 가까이 시행되어온 제도를 5일 안에 되돌리는 것은 무리라며 고개를 저었다.

이때 팔색조 채경의 화려한 변신술과 임기응변 능력이 빛을 발하기

왕안석 중국 역사상 최고의 개혁가로 평가받는 왕안석(1021~1086). 특히 1069년부터 1076년까지 단행한 혁신 정책인 신법(新法)으로 유명하다. 벼슬길에 갓 나선 채경은 그런 왕안석에게 달라붙어 개혁 이미지 심기에 바빴다.

시작했다. 채경은 대세가 보수파 쪽으로 기운 것을 확인하고는 바로 말을 갈아타고 자신이 구법의 수호자인 양 사마광의 주장에 적극 호응하고 나섰다. 그는 달리는 말에 채찍질을 한다고 누구보다 앞장서서 변법 폐지를 외치는 한편, 시일이 촉박하여 정해진 기일 안에 완성할 수 없을 것이라는 차역법 복구 조치를 완벽하게 수행하는 수완을 보였다. 수도권 지역에서 시행되던 변법의 '고역법(雇役法)'을 차질 없이 바꿔놓음으로써 사마광의 눈에 쏙 든 것이다.

적극적인 변법파 채경은 하루아침에 열렬한 구법파로 변신하는 데 성공했다. 그러나 구법파 대신들의 반응은 차가웠다. 사마광의 지지에도 채경은 다른 대신들의 반대에 부딪혀 요직에 기용되기는커녕 수도에서 쫓겨나는 신세가 되었다. 변법을 추종하던 그를 누가 달가워하겠는가? 채경은 관료 사회에 진입해 처음 좌절을 맛보았다. 그러나 채경이 누군가? 그는 몸을 자유자재로 폈다 굽혔다 할 수 있는 사람 아닌

신종과 철종 변법 개혁을 지지하던 신종이 죽고 철종이 즉위하여 보수 성향의 고 태후가 섭정을 시작하자 채경은 즉각 보수파로 변신한다.

사마광 왕안석의 급진적 개혁에 반대한 구법당의 당수. 보수파로 변신한 채경의 얄팍한 재주와 화려한 간행에 노회한 정치가 사마광마저 넘어갔다.

가? 그는 결코 좌절하거나 절망하지 않았다. 이는 간신들에게서 공통적으로 나타나는 특징이다. 어떤 상황이 닥쳐도 능수능란하게 자신을 변모시킬 수 있는 능력 말이다.

여의치 않은 상황에서도 채경은 낯짝 두껍게 보수파에게 추파를 던지며 저들의 기분을 맞추려고 무던히 애를 썼다. 처음에는 이런 변신 때문에 지방의 여러 지역을 전전하는 등 고역을 치르기도 했지만, 그는 전혀 내색하지 않고 자신을 철저하게 위장했다. 그의 '두 얼굴 수법'은 마침내 사마광 등 보수파들의 마음을 녹여 용도각직학사라는 요직을 받아 중앙 무대로 화려하게 컴백했다.

그러나 북송 말기의 조정은 말 그대로 다사다난했고, 온갖 모순이 실타래처럼 얽히고설켜 갈수록 복잡해졌다. 이에 따라 통치 계급 내부의 정치투쟁도 더욱 격화되었고, 관료판의 변화도 하루 앞을 예측할 수 없을 정도로 비바람이 몰아쳤다. 1093년 보수파를 지지하던 고태후가 죽고 철종이 친정을 시작하면서 정치판은 또 한 번 파란을 예고했다. 철종이 변법을 들고 나왔기 때문이다.

철종은 즉위하자마자 변법을 적극적으로 추진하는 한편, 고 태후

때 쫓겨난 변법파 대신들을 다시 기용하기 시작했다. 보수파의 영수 사마광이 물러나고 변법파 장돈(章惇)이 승상에 전격 기용되었다. 이 무렵 보수파 대열로 비집고 들어가 그들의 앞잡이로 맹활약하던 채경은 다시 한 번 옷을 갈아입었다. 그는 자신이 보수파의 박해를 받아 배제된 신세인 양 위장하는 한편, 자신이 무슨 변법파의 원조인 양 떠들고 다니기 시작했다. 그러면서 승상 장돈의 비위를 맞추기 위해 사마광의 구법을 욕하고 변법을 큰 소리로 찬양했다. 이어 장돈에게 구법의 상징인 차역법을 폐지하고 변법을 대변하는 고역법을 부활하자고 강력하게 건의하여 그의 마음을 사로잡았다. 장돈은 채경의 제안대로 차역법을 폐지하고 황제에게 채경을 추천했다.

채경은 다시 개혁의 투사가 되었다. 어제는 홀연히 사마광이 이끄는 '원우당'의 일원으로 맹활약하다가 오늘은 변법파의 외투를 걸치고 개혁을 외치니, 그 재빠른 변신에 입을 다물지 못할 따름이다. 역사서에도 10년 사이에 채경이 신파와 구파, 다시 신파 사이를 오가며 의리를 손바닥 뒤집듯 뒤집으니 아는 사람들은 죄다 그를 간신이라 손가락질했다고 기록되었다. 이는 채경이 전형적인 위선자이자 남다른 간신임을 말하는 것이다.

비빌 언덕을 귀신같이 찾다

앞서도 보았다시피 채경은 자신이 비빌 언덕은 귀신같이 냄새를 맡고 달려들었다. 장돈의 추천을 받은 뒤 채경의 관운은 그야말로 만사형통이었다. 1095년 최고위직이라 할 수 있는 한림학사에 호부상서를 겸했고, 이듬해는 한림학사승지가 되어 황제와 가장 가까이 지낼 수 있는 귀하신 몸이 되었다. 채경은 이때부터 이리의 본능을 드러내며 권력을 마구 휘두르기 시작했다.

한번은 자신이 심리를 맡은 사건을 이용하여 입지를 더욱 굳히려고 조정을 발칵 뒤집어놓은 일이 발생했다. 이 일을 처리하면서 채경은 동생 채변(蔡卞)과 결탁하여 정적을 대대적으로 살육하는 잔인함을 보였다. 사서에는 이 일로 수천 명이 연루되어 처벌받았다고 기록됐을 정도다. 이 일로 조야는 한순간 경악했고, 지나친 채경의 처사에 반발하는 조정 대신들이 속속 생겨났다. 특히 관리들의 사찰과 여론 전달을 책임지는 정직한 간관과 어사들이 채경을 강력하게 탄핵하고 나섰다. 이에 휘종도 하는 수 없이 그를 좌천시켜 실권을 박탈하고, 항주로 내려가 잠시 쉬게 했다. 채경이 관료판에서 받은 두 번째 타격이었다.

그러나 권력에 대한 욕심이 끝이 없는 야심가의 탐욕이 이 일로 줄어들거나 소멸될 수는 없었다. 간신들의 권력욕은 죽는 순간까지도 사그라지지 않는다. 그는 좌절과 실패를 받아들일 수 없었다. 권력의 단맛을 본 이상 그 맛에서 헤어날 수 없다. 아니, 그 맛을 절대 포기할 수 없다. 간신은 권력을 나눌 줄 모른다. 그들에게 권력이란 최후의 한 방울까지 깨끗하게 빨아먹는 달콤한 막대사탕 같은 것일 뿐이다.

몸은 항주에 있지만 마음은 한시도 수도 변경(지금의 개봉)을 떠나지 않은 채경은 늘 정치 동향을 살피며 재기의 기회를 노렸다. 희망은 누구에게나 공평한 법, 마침내 기회가 왔다. 항주에서 지내는 동안에도 채경은 어떻게 하면 재기할 수 있을지 고민했고, 그러다 자신을 도울 수 있는 이들과 손을 잡았다. 유력한 도우미란 다름 아닌 환관 세력이었다.

　채경이 먼저 안면을 튼 환관은 동관(童貫)이었다. 그는 북송 말기 양산박 등 농민 봉기군을 잔인하게 진압한 망나니로 악명이 높아, 소설《수호전》에서도 채경과 막상막하의 활약을 보이는 악역으로 묘사됐을 정도다. 채경과 동관은 처음 만난 순간부터 눈이 맞아 오랜 친구라도 되는 듯 호들갑을 떨었다. 진사 출신의 엘리트가 환관과 눈이 맞았다는 것은 채경의 성품이 얼마나 열악한지 극명하게 보여준다. 하기야 권력을 위해서라면 없는 영혼까지도 파는 것이 간신이고 보면 환관과 손잡은 정도야 아무것도 아니다. 아무튼 두 간신이 만났으니, 그것도 늦게 만난 것을 한탄하며 손을 잡았으니 향후 전개될 상황이 어떨지 짐작하고도 남는다.

　당시 동관은 송 왕조를 통틀어 가장 못난 황제로 꼽히는 휘종의 총애를 한 몸에 받던 터라 채경으로서는 최상의 언덕이었다. 이런 동관이 황제의 명을 받고 강소성과 절강성 일대의 진귀한 서화를 수집하려고 행차한 것이다. 동관이 항주에 오자 채경은 직접 나가 그를 맞이한 것은 물론, 한시도 곁을 떠나지 않고 동관의 시중을 들며 함께 유람했다. 최고의 비빌 언덕을 찾은 이상 놓칠 수 없었다. 채경은 또 진귀한 보석과 그림 따위를 아낌없이 선물하여 동관을 감동시켰다. 채경의 정성에 감동한 동관은 귀한 진품을 잔뜩 가지고 황궁으로 돌아가 황제 앞에서 채경을 침이 마르도록 칭찬했다. 동관의 말에 넋이 나간 휘종은 낯 뜨겁게도 채경을 '채애경(蔡愛卿)'이라 부르며 행여나 놓칠세라 조정으로 불러들였다.

　채경이 정성을 쏟아 인연을 맺은 또 한 사람은 도사 서지상(徐知常)이다. 그는 경전에는 이름이 없지만 심상치 않은 인물이었던 것 같다.

당시는 도교가 성행했는데, 황실에서도 황제 이하 신첩에 이르기까지 신봉하지 않는 사람이 없을 정도로 널리 퍼져 있었다. 그런데 서 도사의 도력과 도교에 대한 조예가 만만치 않아 수시로 황궁을 드나들며 강학을 여는 등 그 활동상이 대단히 화려했다. 그러다 보니 아는 사람도 자연히 많아지고, 원부 황후와 태자박사 범치허의 총애와 사랑을 듬뿍 받았다. 채경은 서 도사에게 많은 예물과 귀한 물건 등을 보내 마음을 얻었고, 서 도사는 황제 앞에서 채경을 재상감이라며 칭찬을 아끼지 않았다.

동관과 서 도사가 황제 앞에서 돌아가며 설레발을 치니 궁정의 비첩과 환관들 모두 채경을 칭찬하기에 이르렀고, 못난 휘종도 채경을 자신이 써야 할 사람으로 인식했다. 1102년, 채경은 결국 우승상으로 발탁되었고 대망의 조정 대권을 틀어쥐었다.

채경의 오랜 소망은 마침내 보상을 받았고, 야심도 현실이 되었다. 그는 휘종이 변법에 집착하는 것을 알고 휘종 앞에서 자신은 천하에 당당한 변법파라고 큰소리를 치며 변법의 나팔을 불어댔다. 또 한 번 화려하게 변신한 것이다. 한편 휘종이 놀기 좋아하는 음탕한 성격임을 꿰뚫어본 채경은 온갖 기이한 놀이와 미녀들을 바치며 황제를 위해 무슨 일이든 할 각오가 되었다는 듯 자신의 충성을 과장했다.

채경은 확실한 두 언덕을 의지하여 황궁으로 비집고 들어와 드디어 지고무상한 황제라는 산을 오르기에 이르렀다. 변화무쌍하고 교묘한 채경의 속임수는 가뜩이나 어리석은 황제를 더욱더 어리석게 만들었고, 급기야 군주와 신하의 구분도 없이 뒤엉켜 온갖 추악한 짓과 간행을 일삼았다. 북송은 멸망의 길을 재촉했고, 채경과 휘종은 역사의 비웃음거리로 남았다.

소술 뒤에 숨어 권력과 재산을 사취하다

채경의 현란한 간행을 뒷받침한 또 다른 수단으로 '소술(紹述)'이 있다. 역사 기록에 따르면 소술이란 왕안석이 '소녕(紹寧)' 연간에 변법에 실패하고, 뒤이어 즉위한 철종과 휘종이 모두 변법의 재시행을 들고 나오는 한편 즉위 연호를 선제인 신종의 사업을 잇는다는 뜻으로 '소성(紹聖)'과 '숭녕(崇寧)'으로 바꾼 데서 비롯되었다(소성과 숭녕 모두 신종 소녕 연간의 사업을 잇고 숭상한다는 뜻이다). 이에 따라 당시 권신들은 이를 '소술'이라 불렀는데, 그 뜻은 '변법을 시행한다'는 것이다.

속임수와 위장, 교활함으로 무장한 채경의 또 다른 기술은 무언가의 힘을 빌려서 자신의 목적이나 목표 달성에 이용하는 능력이다. 채경은 은밀히 소술을 빌려 사사로운 이익을 챙겼는데, 그 목적은 어디까지나 권력 유지와 재산을 불리는 데 있었다. 음험하고 교활한 채경은 휘종이 변법을 숭상한다는 것을 간파하고, 재상 자리에 오르자마자 소술을 들먹이며 나섰다. 그러나 채경은 왕안석의 변법을 옹호하지 않았다. 정권 찬탈의 음모를 실현하기 위해 소술이란 간판을 내걸고 사람들을 속이고 주위를 해치며 조정 대권을 독점하고 돈을 긁어모았을 뿐이다. 그 결과는 나라와 백성의 재앙으로 돌아왔다. 몇몇 대표적인 사례를 들어보자.

우선 채경은 이런 저런 명분을 교묘하게 내세워 자신의 지위를 강화하는 방법을 만들었다. 예를 들어 그는 왕안석이 변법을 실행할 때 설치한 단일 권력 기구 삼사조례사를 '강의사'로 바꿔 자신이 장악했다. 이 기구는 종실을 비롯하여 관료, 재정, 상인, 소금, 세금 등 전국

원우당적비 진보와 보수가 쉴새 없이 교체되는 혼란스러운 정국 속에서도 채경은 당당히 버텼다. 수시로 색깔을 바꾸면서. 변법파가 재집권하면서 사마광 등 보수파를 간당으로 몰아 비석에 그 이름을 새겨 전국 곳곳에 세우는 일에도 채경이 적극 앞장섰음은 물론이다.

의 중요한 사무를 거의 모두 관장했다. 이렇게 항상 변법이란 명목으로 관제를 바꿔 자신의 지위를 다진 것이다. 그는 다른 사람의 입을 막기 위해 명을 어긴 자는 엄벌에 처한다는 휘종 명의의 가짜 조서를 발표했다.

둘째, 채경은 자신의 패거리를 곳곳에 심는 데 전력을 기울였다. 자신을 도와 일을 처리하고 자기에게 아부하는 자들은 모조리 소술에 공이 있다는 명목으로 관직을 주거나 승진시켰다. 그리하여 채경의 앞잡이들이 아주 빠른 속도로 조정의 요직을 거의 모두 차지했다. 채경은 또 동관과 관계를 고려해서 환관 집단을 중시했다. 심지어 죽음도 같이 한다는 식의 패거리 의식으로 맺어지기까지 했다. 동관은 채경의 전폭적인 지지를 받고 군사 요직에 임명되는 등 파격적인 승진을 거듭하여 국공(國公)에 올랐다. 당시 사람들은 이런 동관을 두고 '온상(媼相)'이라 부르며 놀렸다(온상은 '할망구 재상'이란 뜻으로, 내시 동관을 놀리는 말이다).

셋째, 채경은 자신에게 반대하거나 자기와 뜻이 다른 사람은 무슨 수를 써서라도 공격했으며, 특히 정적은 죽을 때까지 공격했다. 신종이 죽고 보수파의 상징인 고 태후가 실권을 장악하면서 변법파들이

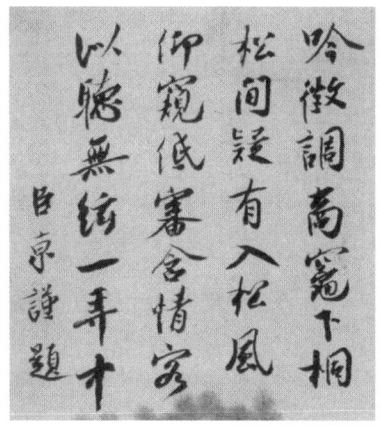

채경의 글씨 채경은 재주가 비상한 간신이었다.

하나 둘 숙청당할 때 채경은 몸을 팔아 보수파로 변신했고, 이어 사마광 등의 도움을 받아 관직을 지켰다. 그러나 중용되지 못한 것에 시종 앙심을 품었으며, 재상이 되자 바로 은혜를 원수로 갚았다. 사마광이나 문언박 등 보수파 120명을 '간당'으로 찍은 다음 이들이 영원히 재기하지 못하도록 황제를 사주하여 간당의 명단을 일일이 적어 단례문 앞에 비석을 세우게 하는 잔인함을 보였다. 그는 한 걸음 더 나아가 철종 때의 관리들을 상중하 6등급으로 나눠 차례차례 숙청했는데, 그 피해자가 무려 500여 명에 이르렀다.

넷째, 군권을 독점하여 군권과 병사들의 마음을 모조리 자신에게 귀속시켰다. 채경은 군권의 중요성을 잘 알았다. 그래서 변법을 시행한다는 명분으로 일부 '주(州)'를 '보(輔)'로 바꾼 다음 자신의 심복이나 친인척을 요직에 임명했다. 동시에 금군의 월급을 10배 가까이 올려줌으로써 자신과 관계를 다지는 한편, 유사시 자신에게 충성을 다할 수 있게 꼬드겼다.

다섯째, 백성을 가혹하게 착취하여 재산을 마구 긁어모으는 부정축재의 전형을 보여주었다. 채경은 변법을 앞세워 경제 분야를 거의 모두 손댔는데, 특히 백성의 생활과 직결되는 생필품에 갖은 명목으로 세금을 부과했다. 나라 재정을 튼튼히 하기 위한 조치라고 큰소리쳤지

생진강 탈취 권력의 정점은 늘 그렇듯 부패와 타락과 사치로 얼룩진다. 채경의 생일은 전국적인 사건이었다. 그의 생일에 올라오는 각종 물건을 탈취하는 일까지 이야기의 소재가 되었다.

만, 실은 백성의 재물을 갈취해서 황제의 음욕을 충족시키고 자신의 배를 살찌우는 데 있었다. 군주와 신하 모두 호화, 사치, 방탕, 쾌락에 빠져 허우적대는 동안 백성은 도탄에 빠져 허우적댈 수밖에 없었다.

채경은 음모와 속임수, 놀라운 변신술로 권력과 재산을 탈취하고, 휘종을 비롯한 문무백관을 손바닥에 올려놓고 마음껏 가지고 놀았다. 그가 재상으로 있는 동안 군주와 신하는 경쟁이라도 하듯 사치 풍조에 몸을 맡겼다. 휘종은 궁중에 숱한 비빈과 궁녀들이 있는데도 만족할 줄 몰랐고, 채경은 이런 휘종을 꼬드겨 미복을 하고 밤늦게까지 민간의 술집과 창녀촌 등을 전전하게 했다.

채경의 개인 비리는 더 놀라웠다. 힘없는 백성의 토지를 닥치는 대로 빼앗아 그 규모가 50만 무(1억 평이 넘는다)에 이르렀다. 뇌물도 공공연히 받아 챙겼는데, 자기 생일을 대대적으로 뇌물 받는 수단으로 이용하기까지 했다(당시에는 이를 '생진강生辰綱'이라 불렀다). 이날이 되면 전국 각지에서 금전이며 보물 따위를 축하 예물로 보냈는데, 관병을 조직하여 운반하게 할 정도였으니 그 규모가 어떠했는지 알 만하다.

간신의 가장 큰 특징은 '변신'

채경의 일생은 죄악으로 점철되었다. 그는 변법이란 깃발을 들고 모든 것을 개인의 이익을 사취하고 권력을 다지는 수단으로 삼았다. 급기야 그와 휘종의 썩을 대로 썩은 통치는 북송 강산을 끝장냈고, 백성은 헤어 나올 수 없는 고통에서 허덕이는 신세가 되었다. 이런 상황에서 백성이 생존을 위해 도적이 된 것은 필연이었다. 백성은 '동관을 깨버리고, 채경을 씻어내면 좋은 세상이 오겠지!'라는 노래로 간신에 대한 분노를 나타냈다.

시작이 있으면 끝도 있는 법이다. 채경은 수시로 보호색을 바꿔가며 고관대작에 오르고, 네 차례나 국정을 좌우하면서 부귀영화를 누리는 남다른 수완을 보였다. 또 여러 차례 유배를 당하고 좌천되었지만 그때마다 오뚝이처럼 재기했다. 그러나 결국은 지방관으로 좌천되어 가는 도중 쓸쓸히 죄 많은 일생을 마감했다.

채경의 간행을 분석해보면 다른 간신들과 마찬가지로 '탐욕'이란 두 글자로 요약된다. 탐욕은 간신뿐만 아니라 간신을 길러내는 원천인 무능하고 어리석은 최고 통치자에게서도 확인되는 핵심적인 요인이다. 채경은 무한한 권력욕과 탐욕에 찌든 야심가로, 그의 심령 깊은 곳에는 '권(權)'과 '전(錢)' 두 가지만 존재할 뿐이었다. 그는 승진과 치부를 위해 인간이 짜낼 수 있는 온갖 사악한 방법을 동원했다. 특히 그는 '변신'의 귀재였다. 소신을 하루아침에 헌신짝 버리듯 내팽개치는 것은 기본이고, 어제까지만 해도 어깨를 감싸 안고 희희낙락하던 동료를 배반하고, 아침에 한 말을 점심이 되기 전에 번복하며, 하루에도 몇 번이나 자기주장과 뜻을 바꿨다. 그는 말 그대로 팔색조 같은 간신이었다.

그렇다! 간신들에게서 공통적으로 나타나는 가장 큰 특징은 '변신'이다. 변신에는 궁색한 변명, 즉 거짓말이 따른다. 자신의 변신(실은 변절)을 해명하기 위해 교묘한 거짓이 동원되고, 그 거짓을 덮기 위해 또 다른 거짓이 동원되고, 그 거짓을 감추기 위해 또 다른 속임수가 등장한다. 속임과 거짓의 악순환, 이것이 간신의 가장 큰 특징이다.

간신은 절대 반성하지 않는다. 거짓을 달고 다니는 자는 반성이 무엇인지 모른다. 반성 대신 변명과 또 다른 거짓으로 일관한다. 보라! 오늘날 사회 곳곳에 떠도는 수많은 간신의 망령을. 그들의 공통점이 무엇인가? 위선, 속임수, 무소신, 비굴함, 천박함, 권력자에 대한 아부, 나라와 백성이 아닌 권력자에 대한 사사로운 충성, 자신의 능력과 재능으로 조직을 이끌지 않고 권력자의 눈치와 무자비한 공권력으로 조직을 탄압하려는 폭력성……. 나라를 멸망으로 이끈 팔색조 간신 채경이 보여준 짓거리와 이들의 짓거리가 무엇이 다른가?

간신은 무자비하게 제거해야 한다. 그들이 나라와 백성을 무자비하게 착취하고 괴롭힌 것 이상으로 심판해야 한다. 간신에 대해서는 '용서'란 단어 자체를 없애야 한다. 이들은 사회와 나라를 좀먹고 세상을 병들게 하는 암세포보다 더한 존재기 때문이다. 뿌리를 송두리째 뽑아 없애지 않으면 어느새 곳곳으로 퍼져 나가는 지독한 병균이기 때문이다.

　북송은 간신 채경과 혼군 휘종의 합작으로 절단이 났다. 휘종은 망국의 군주로 오명을 남겼고, 채경은 백성의 이 가는 소리를 들으며 죽음의 길을 걸어야 했다. 그리고 무엇보다 채경은 역사에 질책 받고 백성에게 욕먹는 간신의 이미지로 영원히 그 악명을 남겼다.

권력자를 조종하여
나라를 도탄에 빠트리다

황잠선(黃潛善, ?~1129, 남송)

북송 말년 황제 휘종을 위시하여 채경, 왕보, 동관 등과 같은 간신배는 백성의 노동력과 재산을 갈취하여 사리사욕을 채웠다. 백성은 목숨조차 부지하기 힘들었고 국력은 갈수록 약해졌다. 게다가 북방의 여진족이 세운 금(金)나라는 하루가 다르게 강성해지더니 태조 아골타, 태종 완안성이 잇따라 전쟁을 일으켜 요(遼)를 멸망시키고 그 여세를 몰아 송을 침범했다.

그러나 휘종 등은 나라의 안위가 걸린 중대한 순간에 소극적인 정책으로 일관했고, 금의 군대가 국경을 압박하자 엄청난 경제적 대가를 지불하며 굴욕적인 강화를 체결하는 수밖에 없었다. 1125년 12월에는 급기야 휘종과 흠종(欽宗) 두 황제가 포로로 잡혀 북방 금나라로 끌려가는 '정강의 변'이 터지고 말았다. 강왕(康王) 조구(趙構, 고종)

휘종, 흠종, 고종 나라와 백성은 뒷전이고 자리보전에만 급급한 권력자의 전형적인 특징은 사욕을 위해 무슨 짓이든 저지른다는 점이다. 북송을 멸망으로 이끈 이들 세 명의 황제가 그랬다. 그 사이 채경, 왕보, 동관 그리고 황잠선, 진회 같은 간신이 설쳐댄 것은 당연했다.

가 황제로 즉위했으나 주전파와 화의파의 격렬한 내부 투쟁의 와중에서 우왕좌왕하며 끌려 다녔다.

간신 황잠선은 이런 난국에서 화의파를 대표하며 온갖 궤변과 간사한 논리로 고종을 옳지 않은 길로 이끄는 한편, 간악한 음모와 술수로 충직하고 선량한 대신들을 해침으로써 송 왕조 전체를 통틀어 처음으로 중원을 수복할 수 있는 유일한 희망을 물거품으로 만들고 말았다. 간신 하나가 종묘사직을 욕보인 대표적인 사례다.

나라의 위기에서 더욱 빛나는 간행

황잠선은 소무(邵武, 지금의 복건성 군무) 출신으로, 사서에 따르면 교활하고 남을 잘 속였다고 한다. 특히 황제의 비위를 잘 맞추고, 황당무계한 말로 자신의 공을 부풀려 상을 요구하는 일이 잦았다. 이런 황잠선의 성품을 잘 보여주는 사례가 있다.

휘종 당시 지금의 섬서성을 비롯하여 감숙성, 산서성 등지에서 지진이 자주 일어나 성은 물론 관청 건물과 민가 등이 무너지고 수많은 백성이 깔려 죽었다. 그러나 부패하고 무능한 지방관들은 질책이 두려워 이 일을 중앙에 제대로 보고하지 않은 채 진상을 은폐하려고 했다. 조정에서는 때때로 사람을 현지로 보내 살피게 했는데, 황잠선이 이 일을 맡았다.

현지를 둘러본 황잠선은 가는 곳마다 뇌물을 챙긴 다음 수도로 돌아왔다. 그리고 황제에게 이런 저런 말로 실상을 은폐하고 "지진이란 말뿐이었습니다"라고 결론 내렸다. 못난 휘종은 안심하고 황잠선을 호부시랑으로 승진시켰다. 이렇듯 황잠선은 무엇보다 먼저 황제의 기분을 맞추고, 지방관들의 비리를 엄호하기 위해 엄청난 뇌물까지 받는 대신 수많은 백성의 목숨을 내팽개쳤다.

황잠선의 간신 행각은 휘종과 그의 양위를 받은 흠종이 금나라에 포로로 잡혀가고 강왕 조구가 고종으로 즉위한 뒤 노골화되었다. 휘종과 흠종이 포로로 잡혀가면서 송 왕조는 멸망했다. 역사에서는 여기까지를 북송이라 부른다. 고종은 수도 개봉을 버리고 남쪽 항주로

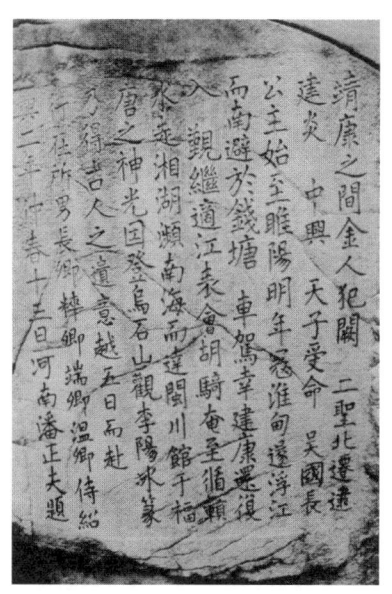

'정강의 난' 비석 '정강의 난'은 휘종과 흠종 두 황제가 동시에 포로로 잡혀 끌려간 치욕적인 사건으로, 북송 말기 지배층의 무능함이 어느 정도였는지 잘 보여준다.

도망쳐 그곳에서 정권을 수립하니 이것이 남송 정권이다. 황잠선은 고종을 그림자처럼 따라다니며 그가 원하는 것이라면 무엇이든 들어주었고, 그 공으로 승진을 거듭했다.

금나라가 침입하면서 남송 조정은 주전파와 화의파로 갈려 격렬한 내부 투쟁을 벌였는데, 이때 황잠선은 화의파를 대표하여 주전파와 맞섰다. 황잠선은 모략이 뛰어난 인물이었다. 하지만 자신의 총명함과 모략을 금나라에 대항하여 나라를 되찾는 데 사용하지 않고, 주전파의 주요 인물을 모함하고 배척함으로써 권력을 독단하고 사사로운 이익을 채우는 데 이용했다. 적에 투항하여 나라를 팔아먹는 대가로 부귀영화를 취한 것이다. 황잠선의 간행은 금나라의 침입이라는 위기 상황에서 적이 아닌 주전파를 공격하는 것을 시작으로 표출되었다.

간신들의 면모는 위기 상황에서 알 수 있다. 황잠선의 간행을 통해 우리는 간신들이 국난 상황에서 어떤 간행을 저질렀는지 적나라하게 목격할 것이다. 아울러 그를 통해 간신들의 발호를 막을 수 있는 지혜를 터득해야 할 것이다.

주전파를 무력화시킨 화의파의 3단계 전략

금나라 군대가 국경을 압박하자 송 조정의 군신들은 대경실색했다. 모두 안절부절못할 때 주전파의 대표이자 조야의 존경을 받는 이강(李綱)만은 냉정을 유지하며 '일단 군대를 정돈하고 민심을 단결시켜 굳게 지키면서 근왕병을 기다리자'는 방안을 제안했다. 이는 투항하자는 무기력한 주장과 남으로 도망치자는 줄행랑파의 주장을 막는 한

이강 금의 침입에 조정은 주전파와 주화파로 갈렸다. 조야로부터 존경을 받던 이강은 현실적 대안을 제시했지만 무기력한 흠종과 고종은 그를 내쳤고, 황잠선 등이 승냥이 떼처럼 달려들어 이강을 물어뜯었다.

편, 들썩이는 민심도 안정시킬 수 있어 당시로서는 최선의 방안이었다.

그러나 즉위한 지 얼마 되지 않은 흠종은 적에 대항할 마음이 없었다. 군대를 조금이라도 잃으면 바로 의기소침해져 망연자실하는 성격이었다. 흠종은 금나라를 달래기 위해 이강을 상서우승에서 파면하고 보정군(保靜軍, 치소가 지금의 호남성 보정에 있었다) 절도부사로 좌천시켰다. 그러나 이 정도 제스처로는 송을 무력으로 정복하고자 하는 금나라의 기본 정책을 만족시킬 수 없었다. 여기에 송 조정 내부의 투쟁도 흠종에게 화의만 고집할 수 없게 만들었다. 흠종은 이강을 다시 불러들였다. 황제의 명을 받은 이강은 근왕병을 이끌고 구원에 나섰지만, 도중에 수도가 함락되고 휘종과 흠종이 포로로 잡혀갔다는 비보를 접했다.

뒤이어 즉위한 고종은 보통 인재로는 이 사태를 수습할 수 없다는 비교적 정확한 판단을 내리고, 위기 국면을 안정시킬 적임자로 이강을 지목했다. 고종은 이강을 상서우복야 겸 중서시랑(우상)에 임명하여 국정과 대외 업무 전반을 주도하게 했다. 그런데 이때부터 황잠선을 비롯한 화의파가 이강에게 창끝을 겨누고 갖은 방법으로 이강 죽이기에 나섰다. 당시 황잠선이 동원한 주요 책략은 다음과 같다.

첫째, 적을 겁내는 고종의 심리를 교묘하게 이용했다. 황잠선은 고종의 유약한 심리를 이용해 이강의 '십의(十議)'를 무력화하고, 고종이 이강의 의견을 받아들이지 않도록 사주했다. 이강은 중책을 맡자마자 화의와 투항에 반대하면서 10가지 대안을 제시한 바 있다. 금나라가 세운 꼭두각시 장방창(張邦昌)을 죽이고, 적에게 관작을 받은 자들은 6등급으로 나눠 그 죄를 물을 것이며, 기강을 새롭게 잡아 군대의 사기를 진작시키자 등이 주요 골자였다. 당시 상황으로 볼 때 무엇보다 우선 해결해야 할 문제들이었다. 하지만 황잠선은 고종의 심리와 휘종, 흠종이 적의 수중에 있다는 사실을 이용하여 적의 역량을 과대평가함으로써 고종이 이강의 건의를 받아들이지 못하게 했다. 여기에 이강의 주장이 황제의 권위를 해친다는 억지 주장까지 덮어씌워 고종에게 혼란을 주는 한편, 꼭두각시 장방창을 적극 변호함으로써 고종을 더욱 헷갈리게 만들었다. 이로써 장방창을 죽이자는 이강의 건의는 수포로 돌아갔고, 되레 장방창이 담주 정도부사에 임명되는 어처구니없는 사태까지 벌어졌다.

둘째, 서북에 군대를 주둔시켜 금나라에 대비하자는 이강의 주장은 구차한 안정을 추구하는 고종의 심리를 이용해 무력화하는 한편, 이강에 대한 고종의 신임을 흔들어놓았다. 이강을 대표로 하는 주전파는 중원 회복이라는 원대한 구상에 착안하여 황제가 머물 땅으로는 장안이 으뜸이고 그 다음이 양양, 건강(남경)이라는 의견을 제기했다. 이강은 천자가 옛 도읍을 잊지 않는 한 중원 회복의 희망은 있다고 확신했다. 그는 또 역사를 거울삼아 예부터 나라를 중흥시킨 군주는 서북에서 일어나 중원을 차지한 다음 동남을 소유했으며, 반면에 동남에서 일어나 중원을 회복하고 서북을 차지하기란 불가능하다고 고종을 설득했다. 이강의 주장은 상당히 정확하고 설득력 있는 것이었다. 그러나 황잠선은 고종의 우유부단하고 연약한 심리를 최대한 이용해 이강의 주장에 반대하면서 동남 지방으로 내려갈 것을 강력하게 주장했다. 이와 함께 이강의 주장을 일부러 감춰 보고하지 않았다. 황잠선의 유혹에 넘어간 고종은 동남으로 도망치기로 결정하는 한편, 이강을 좌상으로 삼았다는 이유로 황잠선을 우상에 임명하여 이강을 견제하게 하는 자충수까지 범하고 말았다.

셋째, 황잠선은 고종의 유아독존 심리도 철저하게 이용했다. 그는 이강이 딴마음을 품고 있다고 고종을 자극하여 결국 이강을 파면시키도록 했다. 자신의 정확한 주장이 계속 무시당하는 사실을 발견한 이강은 그 주범이 황잠선 패거리임을 알았다. 이강은 고종에게 이 사실을 폭로했고, 황잠선 일당은 두려움을 느끼지 않을 수 없었다. 조정 안팎에서 존경을 받는 이강이기에 지금 같은 난국에서는 언제 이강의 주장에 힘이 실릴지 모를 일이었다. 황잠선 일당은 수단과 방법을 가리지 않고 죄명을 날조하여 이강을 모함하기 시작했다. 이들이 생각해낸 가장 좋은 방법은 이강의 명성을 이용하여 고종의 자존심을 건드리는 것이었다.

황잠선은 이강의 명성이 사실과 다르게 너무 부풀려졌고 심지어 황제의 권위마저 흔들 지경이며, 그가 사사로이 시종을 죽이는가 하면 군대를 모으고 군마를 사들인다며 은근히 고종의 심기를 건드렸다. 요컨대 이강이 다른 마음을 품은 것 같다는 암시다. 못나 빠진 고종은 그 알량한 자존심 때문에 황잠선의 자극에 홀딱 넘어갔고, 이강은 화의파의 공격과 음해로 재상이 된 지 불과 15일 만에 파면되었다. 금나라 군대는 기다렸다는 듯 더욱더 사나운 기세로 몰려와 주요 도시들을 잇따라 함락하고, 고종은 계속 남쪽으로 도망갈 수밖에 없었다.

마지막 희망의 불씨마저 꺼트리다

주전파의 선봉장 이강이 물러나자 백성들과 조야의 관심은 주전파의 또 다른 영웅 종택(宗澤)에게 쏠렸다. 나라가 어려운 상황에서 당연한 반응이었다. 종택은 여러 전장을 누비며 적과 싸운 백전노장으로, 금나라조차 두려워하던 명장이었다. 황잠선의 다음 창끝이 종택을 향한 것은 당연했다. 마침 부주사라는 군직을 받은 황잠선은 비열한 음모와 간계로 종택을 제거하는 수순을 밟기 시작했다.

  황잠선은 우선 종택을 외지로 보내 조정 논의에 아예 개입할 수 없게 만들었다. 1127년 5월, 종택은 고종이 남경에서 즉위할 때 입조하여 눈물을 철철 흘리면서 나라를 중흥시킬 대계를 피력했고, 종택의 충정에 감격한 고종은 그를 남경에 남겨두려고 마음먹었다. 그러나 황잠선과 왕백언 등은 종택이 조정에 있는 한 자신들에게 하등 좋을 것이 없다고 판단, 종택과 고종 사이를 끝없이 이간질하고 모함했다. 그 결과 고종은 종택에게 이름뿐인 용도각학사 자리를 주고 양양부로 내보냈다.

  종택을 외지로 보낸 황잠선은 금나라와 약정한 대로 황하를 경계로 포(浦), 해(解) 지방을 떼어주었다. 심지어 고종이 즉위한 다음 반포하려 한 대사면령이 하동과 하북, 하중부 해주로 못 내려가게 막음으로써 금나라의 비위를 맞추기까지 했다. 황잠선 등의 간교를 안 종택은 공개적으로 고종에게 글을 올려 황잠선 등이 땅을 떼어주고 투

종택 노장 종택이 구국의 희망으로 떠올랐으나 그 역시 못난 황제와 사악한 간신의 협공을 견디지 못하고 물러났다.

항한 경위를 준엄하게 나무라고, 이 간당들이 한 입으로 여러 말을 해가며 위아래를 속인 결과 황제를 도망다니게 만드는 등 종묘사직을 욕보였다고 질책했다. 그러면서 종택은 이자들을 그냥 두었다가는 천하의 충직하고 의로운 인사들이 다 죽고 백성도 목숨이 끊어질 판이라며, 자기 한 몸 희생하여 나라에 보답하겠다는 강력한 결심을 보였다. 그러나 69세의 늙은 충신에게 돌아온 것은 좌천이었다.

황잠선은 보다 구체적인 조치로 종택이 올린 건의를 부정하고 억압함으로써 모든 것을 수포로 돌아가게 만들었다. 금의 군대가 황하에 주둔하면서 황제가 거처하는 동경은 하루도 편하게 지낼 수 없는 상황이었다. 민심은 흉흉해졌다. 이런 상황에서 종택이 동경유수 지개봉부사에 임명되었다. 부임한 종택은 강력한 지도력을 발휘하여 불안한 정세를 빠르게 안정시키고, 고종에게 글을 올려 20여 차례 상황을 보고했으나 모조리 차단되었다. 황잠선 일당은 종택의 보고서를 볼 때마다 미친놈이라며 비웃었다고 한다. 고종은 끝내 황잠선에게서 헤어나지 못한 채 남방으로 도주함으로써 천하를 실망시켰다.

황잠선은 또 종택이 전국적으로 흩어져 있던 의군(義軍)을 모집하여 금에 대항하려는 계획을 수포로 돌아가게 만듦으로써 송의 재기를 완전히 절단 냈다. 당시 황하 주변에는 송을 위해 싸우겠다는 의지와 충정으로 뭉친 의군들이 여기저기 흩어져 있었다. 이들을 한데 모을 수만 있다면 금에 대항할 큰 힘이 될 것이다. 반대로 이들을 결집시키지 못하면 금에게 이용당해 송을 공격하는 반군으로 둔갑할 가능성이 컸다. 이에 종택은 이들의 힘을 한데 모으기로 작정하고 혈혈단신으로 70만 무리를 거느린 왕선(王善)의 군영까지 찾아가 그를 설득했다. 또 사람을 보내 30만 무리를 통솔하던 양진(楊進)도 불러들였다.

이렇게 해서 산속에 숨어 있던 백성이 속속 관병에 합류하기 위해 산을 나섰다. 그러나 황잠선은 이 일이 성사되는 날에는 자신의 자리가 위험하다고 판단하여 고종을 도발하기 시작했다. 그는 종택이 모은 이들이 '의군'이란 이름을 달고 있지만 사실은 '도적'이나 다를 바 없기 때문에 종택의 활동을 막아야 하는 것은 물론, 이들을 근왕병으

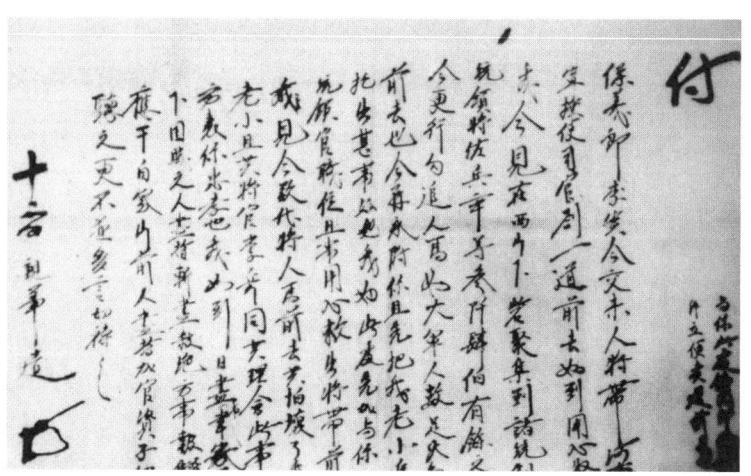

하동의군의 서신 전국에서 의병이 일어났지만 이 역시 간신들의 집요한 방해로 큰 힘으로 결집되지 못하고 흩어졌다.

로 삼아서는 절대 안 된다고 목청을 높였다. 이와 동시에 자신의 측근을 동경부유수로 보내 종택의 일거수일투족을 철저히 감시하게 했다. 어리석은 고종은 자리를 지키는 데만 급급하여 황잠선의 손아귀에서 벗어나지 못했다. 노장 종택은 울화병으로 앓아눕고 말았다. 그는 1128년 7월 '군대를 이끌고 승리를 거두기도 전에 몸이 죽으니 영웅의 눈물이 길이길이 옷깃을 적시누나!'라는 한탄의 시를 남기고, "황하를 건너라!"라는 말을 세 번 외친 다음 한 많은 세상을 떠났다.

번번이 가로막히는 탄핵 상소

충직하고 선량한 중신들을 해치고 황제를 기만하여 나라를 잘못된 길로 이끄는 황잠선의 간행에 조정 대신과 백성은 이를 갈며 증오했다. 황잠선을 욕하는 원성이 전국에 들끓었다. 태학생 진동(陳東)은 몇 차례 글을 올려 이강을 옹호하고 황잠선의 투항 주장을 반대하고 나섰다. 두 번째 상소를 올릴 때는 수백 명이 동참했는데, 약속도 없이 수십만 군민이 모여 흠종을 압박한 덕분에 이강의 직위를 회복시키기도 했다. 그러나 고종이 즉위한 뒤 얼마 되지 않아 황잠선의 모함으로 이강은 다시 파직되었다. 진동은 황잠선의 비행에 맞서 다시 글을 올려 이강을 재기용하고 황잠선 등은 파면하라고 외쳤다. 그러나 조정 대권을 장악한 황잠선은 진동의 글을 황제에게 보고조차 하지 않았다.

　벼슬도 없는 무주의 선비 구양철도 걸어서 수도로 올라와 황잠선 등의 횡포를 강력하게 성토하는 글을 올렸다. 그런데 황잠선은 구양철의 글 중에 고종 황제의 사치스러운 생활을 꼬집는 대목을 문제 삼아 일을 엉뚱한 쪽으로 확대했다. 고종은 격노했고, 이 일을 황잠선에게 은밀히 처리하도록 지시했다. 황잠선은 진동과 구양철을 죽였다.

황잠선은 자신에게 반대하는 조정의 신하들도 박해했다. 황잠선이 나라를 그르치는 죄를 짓는다는 상소를 올린 환관 소성장은 궁중에서 쫓겨났고, 황잠선이 나라를 팔아 총애를 사려 한다고 직격탄을 날린 어사중승 왕정수는 파면되었으며, 글을 올려 황잠선을 고발한 시어사 마신은 박주로 귀양 가던 중 죽었다. 이밖에 황잠선을 따르지 않는다고 쫓겨나 죽은 서경형을 비롯하여 그에게 동참하지 않는 상서우승 허한 등 정직한 대신들이 하나하나 사직하거나 파면되었다.

절망의 정치를 만드는 간신배

황잠선의 투항 정책과 비열하기 짝이 없는 간행은 송 왕조를 더욱 부패하게 만들었고, 이에 호응이라도 하듯 금의 군대는 더욱더 기승을 부리며 송을 압박했다. 1129년 금의 군대는 천장을 함락하고 양주로 쳐들어왔다. 고종 황제와 조정은 풍전등화의 위기에 놓였다. 그러나 황잠선은 이런 절체절명의 위기 상황도 보고조차 하지 않았다. 고종은 금의 군대가 양주성 턱밑까지 쳐들어온 뒤에야 쪽배를 타고 강남으로 도주했다. 금의 군대가 계속 뒤쫓자 고종은 장강을 건넌 다음날 다시 진강을 떠날 수밖에 없었고, 사흘째는 상주로, 닷새째는 평강으로 도망쳤다. 열하루 만에 겨우 항주에 안착했지만 천하는 일대 혼란에 빠진 뒤였다.

신하들과 백성 사이에서는 황잠선을 성토하는 목소리가 하늘을 찔렀다. 고종은 그제야 황잠선을 처리하지 않고는 민심을 안심시키기 어렵다는 것을 깨닫고, 그를 파면하여 강녕부로 좌천시켰다. 1129년 6월, 황잠선은 매주에서 죽었다. 충직한 인재들을 해치고 나라를 욕보인 일대 간신의 최후치고는 너무 평범하여 사람들의 분노를 더욱 자아냈다.

역사상 간신들의 간행을 분석해보면 그들이 관심을 보인 것은 권력자(황제)와 사욕뿐이다. 사욕을 위해 나라와 백성을 깨진 기왓장만도 못하게 여기는 것은 말할 것도 없고, 심지어 외적들에게 자신의 영혼과 나라까지 팔아먹는 자들이다. 북방 민족에게 계속 끌려가던 송 왕조가 주변 상황을 적절히 이용하여 중원을 수복하고 중흥을 이룰 절호의 기회를 잡았는데도 이를 성사시키지 못한 것은 황잠선 같은 간신배가 집요하게 방해했기 때문이다.

간신은 권력자의 심리 상태나 기질, 기호나 취향 등을 귀신같이 알아내어 그것을 교묘하게 이용한다. 흔히 권력자의 마음을 잘 헤아려 일을 짜고 처리하는 사람을 능력 있다고 평가하는데, 그 실상을 가만히 들여다보면 다른 문제가 도사리고 있다. 권력자의 정책 방향이나 통치 철학이 옳은 쪽으로 작동한다면 참모나 부하들이 그 의중을 잘 헤아리는 것이 전혀 문제 될 것이 없다. 권력자와 함께 좋은 정책을 수립하고 펼쳐나가는 유능하고 좋은 인재로 평가받을 것이다. 그러나 반대 경우라면 권력자의 의중을 잘 헤아리는 자는 간신일 가능성이 높다. 권력자를 좋은 쪽으로 이끌지 않고 권력자가 하고 싶은 대로 따라 할 뿐만 아니라, 권력자의 심중을 지레짐작하여 더 나쁜 쪽으로 유혹하기 때문이다.

권력자 주변에 온갖 간신들이 어슬렁거리며 국정을 어지럽히고 백성에게 분노를 넘어서 무기력한 허탈감을 주는 상황이 오늘날에도 버젓이 벌어지고 있다. 희망이 없는 정치는 죽은 정치이자 나쁜 정치다. 나쁜 정치는 나라를 망치기 때문에 위험하고 무섭다. 절망의 정치를 만드는 자들이 바로 간신배다. 역사상 간신들이 권력을 쥐고 나라를 좌지우지할 때 백성은 절망감에 한숨을 내쉬었다. 지금 그 한숨의 역사가 또 한 번 우리를 노려보고 있다. 온몸에 붉디붉은 피를 뒤집어쓴 채…….

'아니면 말고' 식 모함으로 충신을 쓰러트리다

진회(秦檜, 1090~1155, 남송)

우리에게 이순신이란 구국의 영웅이 있듯, 중국에도 악비(岳飛)라는 불세출의 영웅이 있다. 이순신이 부패하고 무능한 조선 지배층의 정쟁에 희생되었듯, 악비도 사사로운 탐욕에 눈먼 남송 황제와 간신배에게 희생되었다. 당시 악비를 살해하는 데는 진회라는 간신이 앞장 섰는데, 이 때문에 진회는 중국 역사상 가장 수치스러운 존재로 남았다.

간신에도 등급이 있다면 진회는 단연 초특급이다. 악비를 해친 것은 그의 숱한 간행 중 점 하나에 지나지 않는다. 그는 중국 역사상 모든 사람이 이를 갈고 욕하는 매국노 간신의 전형으로 기록되었다.

조상을 부끄러워하는 600년 뒤의 후손

절강성 항주는 중국인이 가장 사랑하는 북송 때의 시인 소동파가 지상의 천국이라 묘사한 도시다. 서호(西湖)는 항주의 상징이자 역대 시인 묵객들이 동경하는 명소로, 지금도 수많은 사람들의 발길이 끊이지 않는다. 서호 주변 서하령 아래에 남송 시대 막강한 금나라 군대에 혈혈단신 맞선 항금(抗金)의 명장이자 구국의 영웅 악비의 무덤이 있다. 그런데 흥미롭게도 악비의 무덤 앞에는 악비를 해치는 데 앞장 선 진회 부부와 만사설(萬俟卨), 장준(張俊)의 상이 무릎을 꿇은 형상으로 남아 있다. 진회는 악비의 무덤 앞에 무릎을 꿇은 채 영원히 역사의 심판을 받는 것이다. 간신에 대한 역사의 심판은 이렇게 섬뜩하리만치 구체적일 필요가 있다.

청나라 건륭제 연간(1736~1795년), 과거에 장원급제한 항주 사람 진간천(秦澗泉)은 서호에 있는 악비의 무덤을 찾았다. 진간천은 악비의 무덤 앞에 무릎을 꿇은 진회 부부의 상을 보며 수치심과 격한 감정을 다음과 같은 글로 토로했다.

> 사람들은 송 왕조 이후로 '회'라는 이름을 부끄러워했고
> 나는 지금 악비의 무덤 앞에서 '진'이라는 성 때문에 참담해 하는구나!

진간천은 진회의 후손이다. 진회가 구국의 영웅 악비를 모함해 죽인 지 600년이 지났는데도 진간천은 자신의 선조 중에 그런 간신이 있었다는 사실이 한없이 부끄러웠던 것이다. 자, 어떤가? 매국노 짓거리를 한 지 100년도 되지 않았는데도 그 후손들이 나라를 팔고 동

진회 부부상 역사에 무릎을 꿇고 있는 진회. 그러나 역사는 어디까지나 과거다. 역사는 진회의 출현을 막지 못하고 비명을 질렀다.

포를 해친 대가로 받은 땅과 재산을 돌려달라고 국가에 소송을 거는 파렴치한 우리의 모습을 대비해볼 때, 진작 역사상 온갖 간신 행위를 한눈에 볼 수 있는 '민족 치욕 기념관'이나 '민족 수난사 기념관' 같

악비 사당 진회와 대척점에 있는 악비. 역사는 한때 그를 비정하게 버렸지만, 지금 그는 우리의 가슴을 때리는 생명의 북채가 되어 부활하고 있다.

'아니면 말고'식 모함으로 충신을 쓰러트리다 279

은 것을 만들어 후세에 경고했어야 한다. 지금이라도 늦지 않았다. 진회를 보라! 지금도 악비의 무덤 앞에 무릎을 꿇고 악비와 백성과 나라와 역사에 참회하지 않는가? 간신은 영원히 멸시와 수치를 맛보게 해야 한다. 역사의 평가가 두렵고 준엄해야 감히 간행을 일삼지 못한다.

국난을 틈타 매국노의 길을 걷다

진회는 지금의 강소성 남경인 강녕(江寧) 사람이다. 그 아버지 진민학(秦敏學)은 호주 길안현의 현승과 신주 옥산현 현령 등을 지낸 관리 집안이다. 진회는 일찍이 재상까지 지낸 간신 왕백언(汪伯彦)을 스승으로 모시고 그에게서 많은 것을 배웠다. 물론 주로 배운 것은 주변의 분위기를 살피는 것과 권력자의 기분을 맞추는 요령, 권력을 얻는 방법 등이다.

휘종 연간(1100~1125년)에 진사에 급제한 진회는 밀주(密州, 지금의 산동성 제성현)에서 주학교수(州學敎授)로 근무한 다음 화의파의 대표적 인물 가운데 하나인 이방언(李邦彦)의 추천을 받아 본격적인 관료의 길로 들어섰다. 이후 진회는 송·금 투쟁의 소용돌이 속에서 권력자의 눈치만 보고 행세하는 것으로 승승장구하여 권력을 잡았다. 이 과정에서 진회는 수많은 우국지사를 해치고, 적에 투항하여 나라를 파는 간행을 저질렀다.

진회의 간행은 공개와 비공개 두 가지 방법을 동시에 구사하는 노련함으로 무장하고, 권력자의 폭정을 부추기면서 자신에 반대하는 사

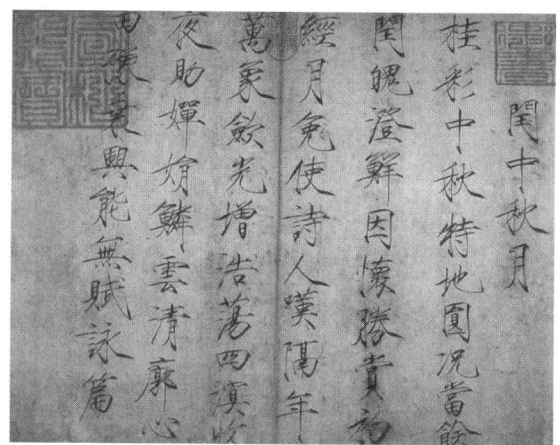

휘종 글씨 유약한 휘종은 금이 쳐들어오자 흠종에게 자리를 황급히 물려주었다. 그러나 못나기는 흠종이라고 해서 다를 바 없었다. 그리고 그 고비마다 간신 진회가 웅크리고 있었다.

람을 잔인하게 살해하고 제거하는 것에 집중되었다. 진회는 일신의 영달을 위해 충신을 해치고 백성을 착취하고 나아가 나라를 파는 일까지 서슴지 않았다.

진회가 관료 사회에 진입할 무렵, 북방의 금은 막강한 기세로 요를 멸망시킨 다음 두 길로 남하하여 송을 압박했다. 그때가 1125년이다. 놀란 휘종은 황급히 흠종에게 양위하고 진강으로 피란했다. 하지만 금나라를 겁내기는 흠종이라고 다를 것이 없었다. 금의 군대가 황하를 건너 수도 변경(지금의 하남성 개봉)을 포위하자 금에 화의를 구걸했다. 송은 그 대가로 황금 500만 냥, 백은 5000만 냥, 소와 말 각 1만 필, 비단 100만 필을 바치고, 태원·중산(지금의 하북성 정현)·하간에 이르는 세 군사 도시를 할양하는 한편, 친왕과 재상 등을 인질로 보낼 것을 약속했다. 당시 예부시랑 진회는 토지를 떼어주자는 할양을 주장했기 때문에 할지사(割地使)로 임명되어 금나라로 갔다. 그러나 당시 주전파의 영수 이강이 변경의 군민을 이끌고 적극 전쟁에 대비했고, 각지의 원군도 속속 몰려들어 압박을 느낀 금의 군대는 북쪽으로 철수했다. 이 때문에 진회는 목적지에 도착하기도 전에 수도로 돌아오는 수밖에 없었다. 이후 송 조정은 국방상의 방어 대책을 외면한 채 '화의파'와 '주전파'로 갈라져 격렬한 논쟁만 벌이는 한심스러운 작태를 연출했다.

반년 뒤, 금은 전보다 큰 규모로 변경을 공격해 단숨에 함락하고 휘종과 흠종을 비롯하여 후비, 친왕 등을 포로로 데려갔다. 최소한의 대비책도 세우지 못하고 정쟁으로 날을 새던 송으로서는 당해도 싼 결과다. 금은 장방창을 꼭두각시 황제로 세웠다. 송의 황제와 성이 다른 인물을 황제로 세웠다는 것은 당시로서는 엄청난 사건이기 때문에 큰 반발을 불러일으켰다(송 황제의 성은 조趙다). 진회의 부하이자 감찰어사 마신(馬伸)은 여러 사람 앞에서 금에게 이 조치를 철회하고 조씨 황족을 황제로 세워달라는 반대의 편지를 보내겠다고 제안했다. 이때 어사중승 진회는 영악한 감각으로 주변 형세를 분석하기 시작했다.

진회는 조정 내외의 정황을 면밀히 살폈다. 전후좌우를 꼼꼼히 살피고 이해관계를 철저하게 따진 결과 '겉으로는 철회했던 잔도를 수리하는 척하며 몰래 진창을 건넌다'는 '명수잔도(明修棧道), 암도진창(暗渡陳倉)'의 책략을 취하고, '물을 휘저어 흐리게 한 다음 고기를 잡는다'는 '혼수모어(混水摸魚)' 모략도 함께 쓰기로 했다. 요컨대 겉으로는 강경한 자세를 취하는 척하여 조정의 분위기를 흐린 다음, 금나라와 은밀히 접촉하여 금의 비위를 맞추는 이중 플레이를 구사하려는 것이다.

그리하여 진회는 몰래 금나라에 편지를 한 통 보냈다. 편지에는 조정의 강경 분위기를 고려하여 조씨를 그대로 황제 자리에 두는 것이 좋다는 주장을 펼치기는 했지만, 어디까지나 금의 입장을 철저하게 고려한 주장이었다. 즉 진회는 조씨의 송 왕조는 건국한 지 100년이나 지났기 때문에 지금 와서 갑자기 성이 다른 장방창을 황제로 세우는 것은 천하 사람들의 반대에 부딪혀 금나라에 불리할 것이라는 친절한 분석을 곁들인 것이다. 흠종을 계속 황제 자리에 두면 만세토록 금나라에 유리할 것이라는 요지였다. 금은 진회의 건의를 받아들이지는 않았지만 진회의 마음을 완전히 파악했고, 그에게 호감을 갖기 시작했다.

금이 장방창을 대초(大楚)의 황제로 세워 북송은 사실상 망했다. 금은 군대를 북으로 철수하면서 휘종과 흠종을 비롯하여 궁녀, 문무백관 3000여 명을 잡아가는 한편, 엄청난 금은보화도 약탈했다. 그런데 금은 이밖에 진회의 '충성'을 가상하게 여겨 특별히 그도 금나라로 데려가는 조치를 취했다. 금 태종은 휘종과 흠종, 종신, 대신들을 모조리 외지로 내쫓는 수모를 준 반면, 진회는 금 태조 아골타의 사촌동생이자 좌감군 달라(撻懶) 밑으로 보내 일할 수 있게 특별 대우를 했다. 금 태조의 넷째 아들 김올술(金兀術, 완안올술)도 진회를 특별 연회에 초청하고 왕공 귀족과 희첩들이 그에게 술을 따르게 하는 등 극진히 대접했다. 파격적 대우에 감격한 진회는 금나라를 위해 노력 봉사하겠노라 굳게 마음먹었다.

1127년 5월, 고종이 남경 응천부(지금의 하남성 상구 남쪽)에서 남송 정권을 세움으로써 송 왕조는 간신히 맥을 이었다. 이 소식을 들은 휘종은 다시 금에게 화의를 구걸하려고 진회를 시켜 금에게 편지를 쓰게 했다. 진회는 이 기회를 이용하여 휘종이 부여한 임무를 완성하는 한편, 한 걸음 더 나아가 금을 위해 새로운 대책을 제시했다. 그는 오대시대에 거란이 후진을 멸망시킨 후 석씨 종실을 북으로 옮기는 바람에 중원이 후한 유지원의 수중에 들어간 교훈을 상기시키면서 고종을 이용하여 그 자손들이 금의 신하가 되게 함으로써 '만세의 이익'을 얻으라고 제안했다. 송을 무력으로 정복한다는 기본 방침을 고수하던 금은 진회의 의견을 받아들이지는 않았지만, 진회의 충성심을 크게 칭찬하며 돈 1만 관과 옷감 1만 필을 상으로 내렸다.

진회는 금나라에 머무르는 동안 호의호식하며 금을 위해 이런 저런 계책을 내놓았고, 금은 진회의 이용 가치를 높이 사서 그를 더욱 우대했다. 송에 대한 금의 공세가 소강상태에 접어든 상황에서 진회와 금은 결정적인 기회를 엿보며 때를 기다렸다.

적의 첩자가 되어 돌아오다

1129년 10월, 금은 김올술을 총사령관으로 하여 대거 남진을 개시했다. 남송의 정황을 잘 아는 진회는 달라의 군사참모 겸 수군운전사로 동행했다. 남진 중에 달라는 초주(楚州, 지금의 강소성 회안)에서 군민의 완강한 저항에 부딪혀 100일 넘게 공격했지만 초주를 함락시키지 못했다. 달라는 진회에게 항복을 권유하는 글을 쓰게 했다. 초주 군민은 필사의 자세로 혈전을 거듭했다. 김올술도 애국 군민의 완강한 저항에 직면하기는 마찬가지였다.

금 태종은 그제야 무력에만 의존해서는 남송을 정복할 수 없음을 인식했다. 태종은 강경책과 온건책을 병행하는 쪽으로 전략을 수정했다. 우선 제남지부 유예(劉豫)를 대제(大齊)의 괴뢰 황제로 세워 중원과 섬서 일대를 통치하게 함으로써 항금 투쟁의 기를 꺾는 한편, 진회를 남송으로 보내 남송의 내부를 와해시키게 했다. 진회는 금나라의 첩자가 되어 조국으로 돌아온 셈이다. 1130년 10월, 진회는 금의 감시병을 죽이고 배를 타고 탈출했다는 황당무계한 무용담을 떠벌이며 남송으로 돌아왔다.

진회는 과거 조씨의 송 왕조를 보존케 해달라는 편지를 금나라에 보냈기 때문에 남송에서는 충의(忠義)로운 사람이라는 명성을 유지했다. 게다가 고종은 금나라를 두려워하는데다 휘종과 흠종이 금나라에 잡힌 상황이기 때문에 신하들이 의문을 제기하는데도 진회를 바로 불러들였다. 진회는 금나라의 지령에 따라 겉으로는 남송을 위하는 척하며 '남쪽은 남쪽대로, 북쪽은 북쪽대로'라는 기본 방침을 제안하고, 고종을 대신하여 금나라에 화의를 요청하는 편지를 썼다. 금나라가 세운 꼭두각시 황제와 금나라에 잡혀 간 휘종과 흠종의 존재 때문에 늘 자기 자리를 걱정하던 고종은 진회가 제안한 남쪽의 남송과 북쪽의 대제는 각자 알아서 한다는 술수에 그대로 말려들었다.

자기 자리를 확고하게 지킬 수 있다는 희망에 들뜬 고종은 진회를 예부상서에 임명했다. 이 순간 진회는 자리를 사양하는 위장술까지 구사하여 고종의 신임을 더 얻었다. 고종은 진회의 황당한 말만 믿고 진회야말로 '가장 충성스럽고' 얻기 힘든 '뛰어난 인재'라면서 얼마 뒤 참지정사(부재상)에 임명했다. 진회는 금나라를 위해 더 많은 권력을 갈취하기 위해 고종에게 아부하며 한껏 비위를 맞췄다.

금나라의 의도에 따라 진회는 남(남송)과 북(대제)의 관리들이 편지를 주고받을 수 있게 하자는 건의를 내놓았다. 금에 항복한 북방 관리들의 투항을 인정하자는 것이다. 또 금나라에 항거한 북방 출신 관리와 충의로운 인사들은 본국으로 돌려보내자는 건의도 올렸다. 남송의 항금 의지와 투쟁을 꺾고 금의 남송 병합을 위한 조건을 만들겠다는 의도다. 누가 봐도 의도가 분명한 제안에 고종은 반대는커녕 침이 마르도록 칭찬하면서 1131년 8월 진회를 우복야·동중서문하평장사 겸 추밀원사에 임명함으로써 군정 대권을 장악한 실세 우상으로 만들었다. 이는 황제 다음의 권력으로 호랑이에 날개를 달아준 격이었다.

재상이 된 진회는 자신의 패거리를 끌어들여 당파를 짓고, 금나라의 위세를 빌려 온갖 비리를 저지르기 시작했다. 심지어 고종과도 충돌하여 군민의 엄청난 반발을 불러일으켰다. 이에 고종은 1132년 진회를 재상에서 파면시켰지만, 금나라의 엄중한 문책에 직면했다. 고종은 하는 수 없이 진회를 행궁에 남겨두고 상서성 추밀원의 일에 참여하게 했다.

1137년 금나라는 북쪽의 괴뢰 정권 대제가 남송을 제대로 공략하지 못한다고 판단하여 대제가 통치하던 구역을 남송에게 넘겨주고 남송이 그곳의 항금 투쟁을 진압하게 하는 한편, 금에서 죽은 휘종의 영구와 고종의 생모 위 태후를 돌려보내기로 했다(휘종은 금나라로 잡혀간 지 8년 만인 1135년 오늘날 흑룡강성 의란 지역의 황량한 오국성에서 쓸쓸히 죽었고, 흠종은 1156년 격구를 하다가 말에서 떨어져 죽는다). 그러면서 금은 남송에게 금의 신하가 될 것과 해마다 엄청난 공물을 바치라는 조건을 내걸었다. 고종은 무조건 이 요구를 받아들였고, 이 일을 제대로 마무리하기 위해 진회를 우상에 임명했다. 진회는 이 기회를 이용하여 고종의 신임을 얻고, 여세를 몰아 좌상 조정(趙鼎)을 밀어냈다. 이로써 조정의 대권은 진회의 수중에 떨어졌다.

1138년 10월, 금·송의 화의를 위한 금나라 희종의 조서를 가지고 사신이 송으로 건너왔다. 사신은 자신이 지나는 길목에 위치한 주현의 관원들에게 송나라 황제의 조서를 맞이하듯 '금나라 황제의 조서를 영접'하라고 요구했다. 그러면서 고종을 황제로 책봉할 때는 금나라의 신하처럼 무릎을 꿇으라고 강요했다. 남송의 군민은 격렬하게 반대했으나, 진회는 금나라 사신의 요구를 충족시키기 위해 화의를 주장하는 사람은 승진시키고 반대하는 사람은 파면시켜 외지로 추방하는 등 강온 양면책을 구사했으며, 고종에게 이 조건을 받아들이라고 꼬드겼다.

　금의 요구에 따르면 고종은 문무백관들이 보는 앞에서 무릎을 꿇고 희종의 조서를 받들어야 했다. 이는 고종으로서도 받아들일 수 없는 요구였다. 이에 진회는 생각 끝에 금의 사신에게 기막힌 해결책을 제시했다. 고종이 상중이라 그런 예를 행할 수 없는 처지니 무릎을 꿇는 일은 자신이 대신하겠다는 것이었다. 금의 사신도 남송 문무백관들의 격앙된 분위기와 군민의 정서를 감안하여 그 정도 선에서 물러섰고, 진회가 이 부끄럽고 추악한 역할을 대신하여 무릎을 꿇은 채 금의 조서를 받들었다. 참으로 간신들은 못 하는 짓이 없고 안 하는 짓이 없다. 1139년 정월 남송은 정식으로 금의 신하가 된다고 선포하고, 매년 금에게 백은 25만 냥, 비단 15만 필을 바쳤다.

구국의 영웅을 해치다

　금·송의 화의가 성사된 뒤 금나라 내부에서 심각한 정치투쟁이 벌어져 희종은 모반죄로 달라를 죽이고, 김올술과 종한이 군사 대권을 장악했다. 김올술은 줄곧 하남과 섬서 지구를 남송에게 넘겨주는 것을 반대해왔는데, 군권을 장악한 것을 계기로 숙주의 조영과 수주의 왕위가 땅을 할양하는 것을 기다리지도 않고 송에 귀순한 것을 구실로 삼아 1140년 5월에 화의를 깨고 남송을 공격했다. 김올술의 군대는 한 달도 안 되어 하남과 섬서를 다시 빼앗았다. 김올술은 여세를 몰아 계속 남쪽으로 진군했는데, 뜻하지 않게 악비가 이끄는 군민의 완강한 저항에 부딪혔다.

악비는 영창, 채주, 낙양 등지를 잇달아 공략하여 수복하고, 하남 언성에서 김올술의 정예군과 결전을 벌여 대파했다. 이 전투에서 김올술은 말 세 필을 가로로 세워 밀고 들어오는 '괴자마(拐子馬)' 전술을 사용했으나, 악비는 매복 작전을 통해 말 한 마리의 발만 잘라 진 전체를 무너뜨리는 전술로 맞서 크게 이겼다. 이와 동시에 한세충(韓世忠) 등이 이끄는 부대와 의병들도 속속 합류하여 금군을 포위함으로써 김올술의 도주로를 차단했다. 백성은 악비의 승리에 환호했고, 먹을 것과 무기가 될 만한 것을 거둬 악비가 이끄는 악가군(岳家軍)을 물심양면으로 격려했다. 백성에게 절대 피해를

한세충 악비가 이끄는 악가군과 함께 구국의 또 다른 희망으로 떠올랐던 한세충. 그러나 무능한 군주와 그 총애를 듬뿍 받는 간신의 합작 공세에는 속수무책이었다.

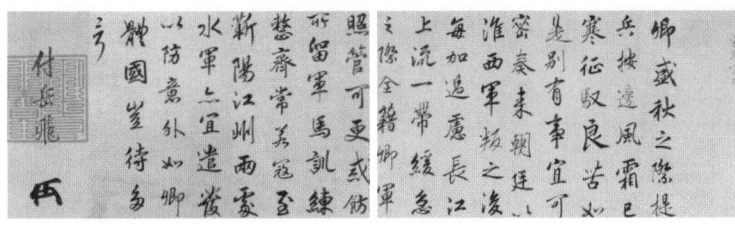

고종이 악비에게 보낸 편지 고종은 손수 악비에게 편지를 보내 격려하기도 했지만 끝내는 회군을 명령하는 금자패를 무려 12차례나 보내 철군을 재촉했다. 그와 함께 송의 운명도 독촉 받아야만 했다.

주지 않는 악가군의 자태는 피해망상에 시달리던 송나라 백성에게는 경이로움 자체였다.

희망과 존경이 온통 악비와 악가군에게 쏠렸다. 항금의 기세는 순식간에 남송의 분위기를 일신했고, 항금의 전세에 전례 없는 승기가 찾아오는 것 같았다. 김올술은 악비 군대의 기세와 송 군민의 항금 의지에 겁을 먹고, 급히 진회에게 악비를 죽이는 조건으로 다시 화의하겠다고 통보했다. 금나라의 성패가 진회의 성패인 상황에서 진회는 악비를 해치는 추악한 음모를 진행시키기 시작했다.

진회는 우선 이런 저런 구실을 꾸며 악비가 군대를 철수시키게 했다. 그는 고종에게 송의 군대는 전력이 약한데다, 백성과 나라가 곤경에 처해 있는 상황에서 악비가 적진 깊숙이 들어가는 것은 위험한 일이니 군대를 철수시키게 했다. 어리석은 고종은 악비가 큰 공을 세워 권력이 커지면 통제하기 어렵지나 않을까 걱정이 되어, 화의에 유리한 조건을 확보했으니 철수하라는 명령을 내렸다. 악비는 내친김에 몰아쳐야 하는 이유를 계속 밝혔으나 후퇴를 명하는 고종의 금자패를 12차례나 받아야 했다(금자패가 떨어지면 역마는 하루에 무려 200km를 달려 황제의 명령을 전달해야 한다). 사태가 이쯤 되자 악비도 눈물을 머금

만사설과 장준 진회와 함께 악비를 해친 역사의 죄인들. 왼쪽 사진은 역사에 무릎 꿇고 있는 만사설(왼쪽)과 장준. 오른쪽 그림은 장준의 초상.

고 군대를 철수시켰다. 악비는 "10년 동안 반격을 위해 심혈을 기울였는데 하루 만에 헛일이 되는구나!"라며 탄식했다. 영창과 채주 등은 다시 금의 손에 들어갔다.

악비가 조정으로 돌아오자 진회는 고종을 꼬드겨 악비에게 추밀부사 자리를 주어 군권을 회수하게 하는 야비한 술수를 부렸으며 끝내는 유언비어를 퍼뜨려 악비를 파직시켰다. 또 장준(張俊)과 은밀히 짜고 악비가 고종에게 초주를 포기하고 장강으로 물러날 것을 건의했다는 헛소문을 퍼뜨리게 했다. 그런 다음 간의대부 만사설(萬俟卨)을 사주하여 이 소문을 근거로 악비를 탄핵하도록 했다. 악비는 지금까지 만사설을 무시해왔는데, 만사설은 이참에 악비에게 보복하기 위해 미친 듯 설쳤다. 여기에 진회의 다른 패거리도 벌 떼같이 달려들어 악비를 탄핵하니 고종은 전후 상황도 살피지 않고 악비를 파면시켰다. 금도 가세하여 송이 내부 교통정리를 제대로 하지 못하면 흠종을 돌려보내 사태를 수습하게 하겠다고 협박했다. 물론 진회와 사전 조율을 거친 수순이었다. 고종은 불안에 떨었다.

2단계까지 음모가 순조롭게 진행되자 진회는 회심의 일격을 준비했다. 전제 왕권 체제에서 전가의 보도처럼 휘두르는 '모반'이란 카드가 바로 그것이다. 1141년 김올술이 또다시 악비의 목을 화의 조건으로 내걸었고, 이제 악비를 제거하는 수순은 진회의 일정에서 빠질 수 없는 항목이 되었다. 그러나 죄가 있다고 해도 바로 목을 자르기에는 증거가 부족했다. 진회는 악비의 부하 왕관(王貫), 장준 등을 매수하여 그들에게 악비의 모반을 밀고하는 '고소장'을 쓰게 했다. 고종은 즉시 악비를 체포하라 명령했고, 진회는 만사설에게 이 사건의 심리를 맡겼다. 악비와 그 아들 악운(岳雲)은 모진 고문에 만신창이가 되었다.

그러나 두 달이 지나도록 아무것도 나오지 않았고, 증인으로 나서는 사람도 없었다. 대장 한세충은 화가 머리끝까지 뻗쳐 진회에게 무슨 증거로 악비를 모반죄로 모냐고 물었다. 이에 진회는

막수유(莫須有) 악비에게 무슨 죄가 있냐며 항의하는 한세충에게 간신 진회는 '막수유'라는 악랄한 한마디만 남겼다. 이 말은 두고두고 인재를 해치는 무기가 되었다.

악비 상과 악비 무덤 악비의 죽음…… 역사는 이 어처구니없는 사실에 망연자실 할 말이 없다.

'막수유(莫須有)'라고 대답했다. 분명치는 않지만 혹 그럴지도 모른다는 뜻이다. 기막힌 한세충은 "막수유 세 글자로 천하를 설득할 수 있겠냐?"며 넋을 놓았다. 1142년 11월, 애국 명장이자 백성의 영웅 악비는 그 아들과 함께 처형되었다(고종은 악비를 공개적으로 처형했다간

악운과 악운 무덤 악비의 아들은 아버지와 함께 처형되었다. 역사는 탄식한다.

큰 반발이 터질 것을 두려워하여 비밀리에 처형할 것을 명령했다). 1141년 주선진을 공격하는 것을 시작으로 열화와 같은 항금의 기치를 올리면서 꺼져가던 송 왕조의 생명을 되살린 명장 악비는 불과 1년 만에 임안(항주)의 감옥 풍파정에서 처형되었다. 서른아홉 한창 나이였다(그가 어떻게 죽었는지 제대로 알려지지 않았으나 민간에서는 악비 부자가 껍질을 벗기는 혹형을 받았다고 믿고 있다).

중국 역사상 가장 비통하고 억울한 사건으로 기억되는 악비 모살 사건이 있은 이듬해(1142년), 고종과 진회는 임안에서 다시 굴욕적인 화의에 서명했다. 금은 죽은 휘종의 영구와 고종의 어머니 위 태후는 돌려보냈으나 흠종과 다른 친왕들은 돌려보내지 않았다.

역사마저 바꾸려 한 간신

진회는 악비를 죽이고 금과 화의를 성사시킨 공으로 고종에게 채경보다 높은 상을 요구했고, 고종은 그를 태사·위국공·진국공에 봉하는 한편 그의 어미에게 진·위국부인, 처에게는 한·위국부인이라는 작위를 내렸다. 자손들에게도 일일이 봉작을 수여하니 진회 일가의 명예와 영광은 극에 달했다.

하지만 진회는 자신의 죄와 간행에 대해 후세 사람들이 욕하고 침 뱉으리라는 것을 잘 알았다. 그래서 재상의 신분으로 국사를 편찬하는 일에 가담하는 동시에, 그 아들과 손자들에게 고종 재위 이래 실록을 편찬하는 일을 책임지게 함으로써 자신의 행적과 죄악을 감추려 했다. 진회는 그래도 마음이 놓이지 않았는지 문인과 백성이 야사, 필기, 시문 등을 편찬하지 못하도록 했고, 사소한 문장이나 문자를 트집 잡아 죽이거나 박해하는 '문자옥'을 일으켰다.

1155년, 병이 골수에까지 미친 진회는 마지막으로 아들 진희(秦憘)에게 재상 자리를 물려주려고 손을 썼다. 그러나 진회에 대한 백성의 증오는 하늘을 찔렀고, 이 무렵 멍청한 고종까지 진회가 빨리 죽기를 바라는 입장이 되어 결정을 차일피일 미뤘다. 진회는 돈으로 자신의 패거리를 매수하여 진희가 재상이 되도록 돕게 했다. 진회가 죽자 사방에서 축하하는 잔치가 벌어졌고, 진회의 죄상을 고발하는 상소가 빗발쳤다. 고종은 여론의 압력에 못 이겨 파면한 대신들을 복직시키는 한편, 진회의 패거리 수십 명을 파면하는 선에서 여론을 무마하려 했다. 진회에게는 신왕(申王)이라는 봉작을 추증하고, '충헌(忠獻)'이란 시호까지 내렸다. 그러나 진회의 묘비에 아무도 묘비명을 새기려 하지 않아 한 글자도 새기지 못했다. 장수 맹공(孟珙)은 진회의 무덤을 지나가다 군사들에게 오줌을 싸라고 했고, 이 일로 진회의 무덤은 '더러운 무덤'이란 뜻의 '예총(穢冢)'이란 별명까지 얻었다.

악취를 풍기는 간신들에 역사의 칼날을 들이댈 때다

간신들은 못 하는 짓이 없고 안 하는 짓거리가 없다. 진회는 후대의 평가가 두려워 역사마저 날조하려 했다. 죽는 순간까지 자기 자리를 아들에게 물려주려고 발버둥을 쳤다. 그는 고난의 구렁텅이에 빠진 나라와 백성의 한 줄기 희망마저 잔인하게 짓밟고, 그것으로 자신의 부귀영화와 맞바꿨다. 영웅을 죽이고 백성과 나라를 팔아 일신의 영달을 추구한 진회, 이 점에서 역사상 모든 간신에게 예외란 없었다.

역사는 참 고약하기도 하다. 간신이란 더러운 사회적 현상과 역겨운 간행마저 함께 우리에게 보여주니 말이다. 그래서 사람들은 이를 외면하려 한다. 안 보면 못 느끼고, 못 느끼면 생각나지 않을 테니 속편하다는 것이다. 하지만 손바닥으로 하늘을 가릴 수 있는가? 간신현상은 과거사에만 국한된 것이 아니다. 지금도 우리 주위, 내 옆에서 버젓이 벌어지는 현상이다. 그리고 그에 따른 피해는 고스란히 나에게 돌아오며, 사회와 나라에 막대한 영향을 미쳐 나라를 멸망으로 이끌기도 한다. 이런데도 눈감을 수 있겠는가?

진회에게서 보았다시피 간신은 죽는 순간까지도 발악을 한다. 자신이 누린 부귀영화를 자손만대에 물려주려고 안달을 한다. 권력을 영원히 틀어쥐고 그 힘으로 추악한 간행과 죄악을 감추려 한다. 보라, 역사마저 날조하려 했던 진회의 저 무서운 집념과 집착을! 간신은 경계하고 징계하고, 추방하고 제거해야 한다. 그 뿌리까지 뽑아 완전히 제거해야 한다.

또 한 가지 지적하지 않을 수 없는 것은 절대 권력자 고종이다. 우리는 그를 어리석고 못난 황제로 폄하해왔지만 그렇게만 볼 일이 아니다. 지금까지는 전제 정치의

진회 상 서슬퍼런 역사의 법정에 공소시효란 없다. 간신들에게 준엄하게 경고한다. 영원히 이렇게 무릎을 꿇고 빌어야 할 것이라고!

잔재와 투철하지 못한 역사 인식 때문에 모든 죄악을 진회에게 돌렸지만, 남송의 굴욕과 악비의 억울한 죽음 뒤에는 고종이 버티고 있다. 고종은 자기 자리를 지키기 위해 노심초사했고, 이와 관련하여 이해관계가 일치하는 간신 진회를 끌어들인 것이다. 고종이 주범이고 진회는 종범인 셈이다. 누누이 강조한 것처럼 간신 뒤에는 간군이 있다. 남송의 굴욕과 악비의 죽음은 고종이 연출하고 진회가 연기한 희대의 사기극이다. 최고 권력자가 잘못된 길에 들고도 끝까지 이 길이 맞다고 우기면 어쩔 수 없다. 망할 때까지 지켜보든가 내쫓든가 둘 중 하나뿐.

역사를 통찰하기 위해서는 간신을 철저히 인식하고 분석, 연구해야 한다. 간신의 행위와 심리 상태까지 낱낱이 파악해서 그들의 간행을 예방해야 한다. 간신은 방심을 먹고사는 기생충임을 명심해야 한다. 한순간 방심이 돌이킬 수 없는 재앙을 불러온다. 예방이 사후 처방보다 천만 배 중요하다는 것을 뼈저리게 실감하지 않는가? 지금이 바로 악비의 무덤 앞에 무릎을 꿇은 채 악비와 역사에 영원히 참회하는 진회의 목과 우리 주위를 어슬렁거리는 간신들에게 서슬 퍼런 역사의 칼날을 들이댈 때다.

무서울 정도의 집요함과 인내로 장기 집권의 길을 열다

엄숭(嚴嵩, 1480~1569, 명)

1367년 명 왕조를 건국한 태조 주원장(朱元璋, 1328~1398년)은 부랑아 출신이나 다를 바 없는 열악한 인격에도 천하를 호령하는 최고 통치자 자리에 올랐다. 역사적으로 그는 절대 전제 제도를 수립한 황제라는 평가를 듣지만, 인권 유린과 살육으로 중국 역사를 가장 어둡게 만든 장본인이기도 하다.

이후 즉위한 명 왕조의 황제들은 대부분 천박한 성격과 무능으로 시대를 더욱 암울하게 만들었다. 이 때문에 명 왕조에는 또다시 환관들이 정권을 주무르는 변태적 정치 행태가 나타났고, 이 틈에 숱한 간신들이 나타나 나라와 백성을 유린했다.

특히 중기로 접어들 무렵 즉위한 가정제(세종) 주후총(朱厚熜, 재위 1522~1566년)은 신선술에 흠뻑 빠져 나라일은 뒷전으로 미뤄놓는 바람에 조정은 갈수록 부패하고 농민들은 도탄에 빠졌다. 여기에 남북에서 외적들이 변경을 소란케 하니 나라는 그야말로 총체적 난국이었다.

이런 와중에도 나라의 지배층은 사치와 향락에 젖어 헤어날 줄 몰랐다. 황제도 대신들도 술상을 앞에 놓고 젓가락을 두드리는 형국이니 백성의 삶이 오죽했겠는가! 썩은 쓰레기 더미에서 구더기가 자라고, 부패한 정치에서 간신이 나오지 않는가. 명나라는 물론 중국 역사를 통틀어 재상급 간신으로는 세 손가락 안에 꼽히는 엄숭이 출현한 것은 당연한 결과다.

'3대 간상'과 엄숭

간신에도 등급이 있다. 등급은 간행의 정도에 따라 나눈 것이지만, 이는 간신의 생전 지위와도 거의 비례한다. 따라서 황제를 제외하고 가장 높은 자리라 할 수 있는 재상의 반열에 올랐던 간신이 남긴 폐해는 다른 등급의 간신보다 훨씬 크다고 할 수 있다. 훗날 백성과 역사가들은 역사상 가장 구린내 나는 재상급 간신 세 명을 꼽았는데, 이를 '3대 간상(奸相)'이라 부른다. 당 왕조 때 '구밀복검'이란 별명으로 유명한 이임보, 송 왕조 때 명장 악비를 죽인 매국 간신 진회, 그리고 지금부터 소개할 엄숭이 바로 그들이다.

3대 간상의 간행을 살펴보면 막상막하여서 우열을 가리기 힘들 지경이다. 나쁜 짓에 무슨 우열이 있겠는가마는, 그래도 백성과 나라에 미친 피해를 고려한다면 가리지 못할 것도 없다. 하지만 3대 간상은 그 이력이 화려하기 그지없어 더 나쁜 놈을 골라내기도 힘들 뿐만 아니라, 덜 나쁜 놈을 골라내기도 힘들다.

엄숭은 이임보, 진회 두 선배 간신과 달리 공부를 엄청 많이 한 지식인이다. 번듯한 시집도 있고, 문집도 냈다. 그래서 앞의 두 간신에 비해 좀 점잖지 않았겠는가 생각하는 사람도 있겠지

엄숭 '3대 간상' 중 가장 많이 배운 엄숭. 그는 배운 게 많은 만큼 그 간행도 화려하기가 타의 추종을 불허한다.

만 실상은 전혀 그렇지 않다. 엄숭은 많이 배운 만큼 간행도 화려하다. 더 놀라운 사실은 아들과 함께 수작을 부리며 나라를 거덜 냈다는 것이다. 한 가지 더, 그가 간신으로서 조정 대권을 틀어쥔 기간이 무려 20년이 넘는다는 사실을 접하노라면 진저리가 쳐진다.

간신은 이렇듯 무섭고 끔찍한 인간들이다. 잘못된 선택과 결정 하나가 평생을 좌우하는 것은 물론 후손의 미래까지 저당 잡히게 하고, 간신은 역사를 암울하게 만드는 마력을 가진 자들이다. 따라서 우리의 선택과 결정은 아무리 신중해도 지나침이 없다. 잘 들여다보고, 꼼꼼히 따지고, 날카롭게 비판하고, 정확하게 판단하는 것이 바로 '역사의 신중함'이다. 간신이란 사회적 현상을 대처하는 방법이기도 하다.

무서운 기다림

엄숭은 명 왕조 헌종 때인 1480년에 태어났다. 가난한 집안의 가장이던 아버지는 평생 과거시험에 집착했으나 끝내 급제하지 못했다. 그러나 엄숭은 어려서부터 남다른 총명함을 보이더니 아버지의 원을 풀어주기라도 하듯 스물다섯 젊은 나이로 진사에 급제, 편수관으로 관료 생활을 시작했다. 용이 하늘을 날아오르는 청운의 꿈을 이룰 토대를 마련한 것이다.

엄숭은 야심이 크고 꿍꿍이속도 대단하여, 사태를 관측하거나 정치 동향을 관찰하는 데 능했다. 그래서 입신하자마자 자신의 출세를 뒷받침해줄 후원자를 찾기 시작했다. 그가 편수관으로 관료 생활을 시작할 무렵, 환관 유근(劉瑾)이 막강한 권세를 떨치고 있었다. 엄숭은 유근의 명성이 너무 알려져 그 끝이 좋지 않으리라 예상하고 그를 경계했다. 그러나 이 때문에 화를 당할 수는 없는지라 병을 핑계로 고향 강서 분현의 남문 밖 영산당에서 10년 동안 은거했다. 이 기간에 엄숭은 책을 쓰면서 산을 나갈 기회만 엿보았다.

엄숭의 예상대로 유근은

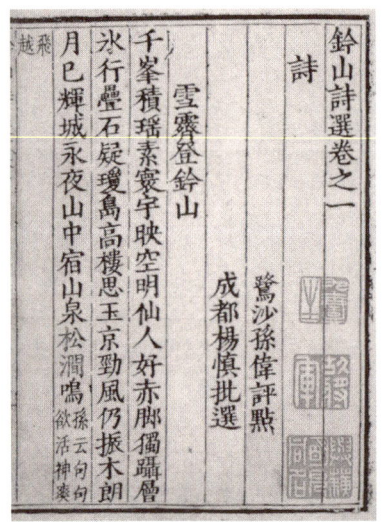

엄숭의 문집 엄숭은 10년을 은거하고 또다시 10년을 허송세월하면서 장장 20년을 기다린, 무서운 집념의 소유자였다. 그 동안 그는 문집도 내면서 자신의 이미지를 관리했다.

실각하여 처형당했다. 엄숭은 조정으로 돌아가 복직을 신청했으나, 은거 생활이 길었는지 자신을 이끌어줄 연줄을 찾지 못해 고생했다. 그는 또다시 한직을 전전하며 10년을 허송세월했다. 은거 생활을 포함해 장장 20년 동안 기다린 셈이다. 그리고 마침내 그의 인내가 보상받을 기회가 왔다. 조정을 두루 살핀 끝에 엄숭은 자신이 타고 오를 큰 나무를 발견했다. 바로 황제의 내각수보(재상) 자리에 있던 동향 사람 하언(夏言)이었다.

하언은 엄숭에 비해 나이가 어리고, 진사 급제도 12년이나 늦었다. 봉건적 예의나 과거 급제의 순서로 볼 때 하언은 엄숭보다 한참 밑이었다. 그러나 이 무렵 그는 황제의 신임을 한 몸에 받는 실세였다. 높은 곳으로 오르기 위해서는 그와 같은 인물이 이끌어줄 필요가 있다는 현실을 잘 아는 엄숭은 선배니 후배니 따질 겨를이 없었다. 엄숭은 동향이라는 친분을 이용하기로 하고 하언에게 극진한 태도로 접근했다. 남들 눈에 엄숭의 이런 행동은 비굴함 자체였지만, 그는 개의치 않았다. 이 나무를 타고 오를 수만 있다면 이보다 더한 짓도 얼마든지 할 수 있다는 것이 엄숭의 마음이었다.

그러나 세종의 총애를 듬뿍 받으며 나랏일을 말 한 마디로 좌지우지할 권력과 능력이 있는 하언의 자존심과 자부심은 상상을 초월할 정도였다. 그러니 엄숭을 거들떠보지 않은 것은 당연했다. 그렇다고 포기할 엄숭이 아니다. 한번은 하언을 저녁식사에 정중하게 초대했으나 일언지하에 거절당했다. 이쯤 되고 보니 엄숭은 조바심이 났다. 식사 초대 같은 일도 성사시키지 못하면 모든 문이 막히는 것이나 마찬가지다. 권력에 대한 욕망을 가라앉힐 수 없는 엄숭은 직접 초대장을 들고 하언의 집을 찾았다. 하언이 대문도 열어주지 않자 엄숭은 오기가 발동했다. 엄숭은 눈썹을 한껏 치켜뜨며 대문 앞에 무릎을 꿇고 애절한 목소리로 자신이 찾아온 이유를 읊조렸다. 그 목소리는 하도 진지하여 듣는 사람의 마음을 녹일 정도였다. 하언은 엄숭의 정성에 감동하여 직접 문을 열고 그를 부축하여 일으켰다. 그리고 엄숭과 함께 저녁식사 자리로 갔다. 이후 엄숭은 갖은 방법으로 하언의 뜻을 받들고 그의 마음을 기쁘게 했으며, 하언은 마침

하언 엄숭은 한참 후배인 하언에게 비굴한 처신도 서슴지 않았다. 하언이 바로 권력의 사다리였기 때문이다.

내 엄숭을 천하에 둘도 없는 지기(知己)처럼 여기기에 이르렀다. 물론 하언은 여러 차례 황제에게 엄숭을 추천했고, 엄숭의 관운은 이로써 수직 상승했다.

그러나 하언이 어찌 예상이나 했겠는가? 엄숭이 자신의 무덤을 파는 도굴꾼일 줄이야! 하기야 그건 나중 이야기다. 엄숭은 하언의 도움을 받아 몇 차례 승진을 거듭한 끝에 황제를 위해 직접 일을 처리하는 예부우시랑에 임명되었다. 이로써 엄숭은 자신의 장기를 마음껏 발휘할 수 있는 조건을 마련했다. 20년을 기다린 보람이 성큼성큼 다가오는 것 같았다.

간신과 간군, 환상의 콤비 탄생

엄숭에게 예부우시랑은 만족할 수 있는 자리가 절대 아니다. 그의 포부는 최고 권력을 탈취하는 것이었다. 이를 위해서는 황제의 신임을 얻지 않으면 안 된다. 절대 권력이 한 사람에게 집중된 체제에서 지고무상한 그가 최종 목표가 되는 것이 당연하지 않은가?

엄숭은 자신에게 주어지는 모든 기회와 조건을 황제의 총애를 얻는 데 쏟아 부었다. 한번은 황제의 명을 받고 호광안로에 있는 황제 생부 무덤에 제사를 드리는 일을 맡았다. 이것이야말로 기막힌 기회다. 자신의 특기인 아부와 아첨을 마음껏 펼칠 기회였기 때문이다. 일을 마치고 돌아와 보고하는 자리에서 엄숭은 세종에게 온갖 상서로운 조짐을 이야기하며 이 조짐들을 비석에 새겨 영원히 기억하게 하심이 좋겠다는 건의를 올렸다. 엄숭의 말은 구구절절 세종의 혼을 쏙 빼놓았다. 기분이 좋은 나머지 흥분한 세종은 엄숭에 대해 과분한 인상을 가졌고, 얼마 지나지 않아 엄숭을 예부상서로 임명했다.

그 해에 세종은 생부의 신위를 태묘(명대 제왕의 사당으로 지금의 자금성 노동인민문화궁 자리)로 옮기는 문제를 제기하고 나섰다. 예의상 타당치 않다고 판단한 엄숭은 세종의 생각을 막으려고 몇 마디 입을 여는 순간, 벼락같은 호통을 들어야 했다. 세종은 연신 가쁜 숨을 내뿜으며 화를 삭이지 못했다. 뜻하지 않은 반응에 깜짝 놀란 엄숭은 재빨리 사태를 파악하고, 앞에 한 말을 모조리 뒤집어 세종의 뜻대로 일을 처리했다. 엄숭이 모든 일을 예법에 맞게 처리했다고 보고하자 세종은 그제야 만면에 웃음을 지으면서 상을 내렸다.

한바탕 혼쭐이 나긴 했지만 재빠른 일 처리로 재차 황제의 마음을

세종 출행도 권력자가 듣기 좋은 아부와 아첨에 귀가 쏠리면 귓구멍으로 간신이란 치명적 독이 스며든다. '청사'라는 헛짓거리에 심취해 있던 세종에게 글 솜씨 좋고 예쁜 말만 골라하는 엄숭은 안성맞춤이었다.

사로잡은 엄숭은 다음 단계로 세종의 취향을 파악했다. 그는 황제 가까이에 있는 시간을 이용하여 세종이 신선이나 도술 따위에 완전히 빠졌음을 확인했다. 세종이 도교에서 신선에 제사드릴 때 쓰는 '청사(靑詞)'를 무척 중시한다는 사실도 알았다. 심지어 청사의 문장을 가지고 관리를 선발하는 일까지 있을 정도였으니, 세종이 청사에 얼마나 심취했는지 알 만하다.

엄숭은 자신의 문학적 재능을 한껏 발휘하여 온갖 미사여구를 총동원한 끝에 〈경운부(慶雲賦)〉(하늘에서 상서로운 구름이 나타난 것을 축하하는 내용)라는 청사를 완성하여 세종에게 바쳤다. 아니나 다를까, 세종은 엄숭의 청사에 홀딱 반했다. 구구절절 마음에 들지 않는 것이 없었다. 세종은 이 청사를 읽고 또 읽더니 지금까지 쓴 어떤 청사도 이를 따를 수 없을 것이라며 극찬을 아끼지 않았다. 이후로 세종은 청사 작성을 모두 엄숭에게 맡겼다.

  엄숭은 또 세종이 불로장생에 대한 미신을 갖고 있음을 이용하여 신선이니 선도에 관한 이야기를 들려주며 세종의 환심과 은총을 구걸했다. 급기야 엄숭은 세종과 환상의 콤비가 되어 주거니 받거니 희희낙락하기에 이르렀다. 오로지 아부, 아첨, 아첨, 아부를 통해 얻은 총애다. 간신과 간군 한 쌍이 이렇게 탄생했다.

'부드러운' 간계로 강직함을 물리치다

세종의 총애를 등에 업고 예부상서에 오른 엄숭의 권력욕은 갈수록 커졌다. 그의 최종 목표는 어디까지 '일인지하, 만인지상'이라는 내각수보, 즉 재상이다. 그러나 내각수보는 세종의 신임을 한 몸에 받는 하언이 움켜쥐고 있었다. 엄숭이 기댈 언덕으로 지목하여 무릎을 꿇으면서까지 밥 한 끼 같이 먹자고 간청한 하언, 그의 마음을 움직이는 데 성공하여 여기까지 온 것이 아닌가? 엄숭에게 하언은 은인과 같은 존재다. 하지만 엄숭이 어떤 사람인가? 은혜나 의리쯤이야 얼마든지 내팽개칠 수 있는 사람이 바로 엄숭이다. '독하지 않으면 장부가 아니다'라는 말은 엄숭의 소신이기도 했다.

  이 무렵 하언은 엄숭에게 '은인'이나 '기댈 산'이 아니라 그를 가로막는 최대의 정적이었다. 문제는 이 적수가 결코 핫바지가 아니라는 것이다. 더욱이 황제의 신임이 절정에 이른 단계라 웬만한 술수가 아니면 제거하기 힘든 상대. 하지만 엄숭은 누가 뭐래도 꾀 많고 끙끙

이속이 대단한 인간이다.

엄숭은 먼저 하언의 정치·사회적 위치와 인간성을 연구하고 분석했다. 그 결과 예상대로 하언은 지나치게 자부심이 강해 교만하다는 소리를 많이 들었다. 이에 엄숭은 침투술과 부드러움으로 단단함을 이기는 방법을 함께 구사하여 세종의 신임을 잃게 만들고, 그 틈으로 자신이 파고드는 전략을 세웠다.

하언은 성질이 불같아 거리낌 없이 바른 말을 해대는 스타일이다. 이 때문에 세종의 심기를 불편하게 만드는 일이 잦았다. 대신들이 보는 앞에서 황제의 체면을 뭉개는 일도 종종 있었다. 이런 상황을 면밀히 살핀 엄숭은 황제 앞에서 하언과 정반대로 처신했다. 늘 온순하게 머리를 조아리며 작고 낮은 목소리로 세종의 마음에 드는 말만 했다. 가랑비에 옷 젖는다고 세종의 마음은 조금씩 엄숭 쪽으로 기울었다.

하언은 성격대로 하급 관리들에게 대단히 엄격하여 조금만 잘못해도 즉시 처벌했다. 이 때문에 하언을 원망하는 관리들이 적지 않았다. 엄숭은 너그럽고 넉넉한 마음으로 이들을 대하면서 이들이 어려운 일이나 곤란한 일을 당하면 기꺼이 도왔다. 이로써 엄숭은 하급 관리들에게 후덕한 장자라는 칭찬을 얻었다.

이와 동시에 엄숭은 황제의 시중을 드는 환관들을 매수, 하언에 대한 나쁜 말을 퍼뜨리게 하여 세종이 시비를 가릴 수 없게 만드는 양동작전도 구사했다. 환관은 많이 배우지 못하고 어려서부터 불구의 몸으로 궁에 들어와 사는지라 인격이나 심리 면에서 많은 결함이 있었고, 소소한 재물에 집착하거나 궁중 스캔들과 관료들의 정쟁 따위에 은밀히 개입하여 조정을 흐리는 일을 즐기는 성향이 강했다. 엄숭은 환관들의 이런 성향을 이용한 것이다. 보통 사대부라면 이런 짓거리는 결코 용납할 수 없었지만 엄숭에게 이 정도는 일도 아니었다.

아니나 다를까. 부드러움이 강직함을 이긴다고, 엄숭의 나긋나긋한 전략은 주효했다. 세종은 갈수록 하언의 언행에 불만을 터뜨렸고, 때로는 버럭 화를 내기도 했다. 그런 만큼 엄숭에 대한 신뢰와 총애는 더해갔다. 하언에 대한 은총이 엄숭에게로 서서히 자리 이동을 시작한 것이다. 이동은 더뎠지만 그 정도는 놀라울 정도로 컸다. 때가 왔다고 판단한 엄숭은 하언을 향해 직격탄을 날렸다.

하루는 세종이 엄숭을 불러 하언과 관계가 왜 그렇게 좋지 않냐고 물었다. 이 말에 엄숭은 느닷없이 온몸을 부르르 떨며 바닥에 엎어지더니 서럽게 통곡을 했다. 세종은 이런 돌발 상황에 적잖이 놀랐다. 예순이 넘은 백발노인이 서럽게 우는 것을 보니 말 못 할 사정이 있나 보다 하는 생각에 측은한 마음이 절로 솟았다. 세종은 은근한 목소리로 울지 말고 사실을 말하라고 엄숭을 달랬다. 순간 엄숭은 회심의 미소를 지었다. 그는 그동안 수집한 하언의 죄상에 거짓말을 잔뜩 보태가며 낱낱이 고해바쳤다. 그러면서 한 가지 고자질할 때마다 서럽게 울었다. 세종은 자기도 모르게 하언에 대해 몹시 화를 내며 엄숭의 말에 맞장구를 쳤다. 엄숭은 또 한 번 속으로 쾌재를 불렀다. 이제 하언은 끝장이다!

이 일이 있고 얼마 뒤 일식이 있었다. 엄숭은 세종이 미신에 빠진 것을 이용하여 태양은 황제의 상징인데 일식이 나타났다는 것은 하언이 군주를 기만했기 때문이라면서 하언을 처벌하지 않으면 황제가 편치 않을 것이라는 공갈을 쳤다. 미신에 흠뻑 빠진 세종은 엄숭의 말도 안 되는 소리를 곧이곧대로 믿고 하언을 면직시켜 집으로 돌려보냈다. 그 다음은 예상대로 하언의 자리를 엄숭이 차고 들어가 뜨끈뜨끈한 권력의 칼자루를 쥐었다.

권력욕에 불타는 엄숭은 내각에 진입하자마자 대권을 독식하고 횡포를 일삼았다. 측근을 모조리 주변 요직에 배치하여 개인 친위대를 조직하고, 엄청난 뇌물을 받아 정치자금으로 비축했으며, 자신의 지위와 권력과 돈을 이용하여 각종 비리를 저질렀다. 고삐가 풀린 이상 거칠 것이 없었다. 심지어는 황제조차 눈에 들어오지 않았다. 그러자 세종은 무슨 생각에선지 하언을 다시 조정으로 불러들여 내각을 이끌게 했다. 엄숭은 다시 하언 밑으로 들어가야 했다. 엄숭에게 심각한 정치적 위기가 닥친 것처럼 보였다.

몇 차례 곤욕을 치른 하언은 엄숭을 파악했다. 그렇지 않아도 자존심이 강한 하언이 엄숭을 그냥 둘 리 만무했다. 자신의 등을 타고 올라간 엄숭이 등에 칼을 댈 줄 어찌 알았겠는가? 하언은 엄숭을 천시하고, 하는 일마다 경계하고 공격했다. 엄숭이 결정한 일을 뒤집는 것은 다반사고, 엄숭이 심어놓은 자들을 하나하나 몰아냈다. 엄숭의 실각이 현실로 다가온 것처럼 보였다.

하지만 간신은 보통 사람이 아니다. 보통 사람에게는 정도가 있고 양심이 있다. 보통 사람은 독한 마음을 품고 모질게 굴다가도 어느 정도 하고 나면 양심에 걸려 멈추지만, 간신에게는 양심의 브레이크가 없다. 이것이 간신과 보통 사람의 본질적인 차이다. 이런 점에서는 하언도 보통 사람이었다. 그는 누가 뭐래도 곧은 사람이다. 강직하게 드러내놓고 할 줄만 알았지 음모를 몰랐다. 그러니 음모와 술수, 간계에 능숙한 엄숭의 상대가 되지 못했다.

꿈에도 그리던 권력과 자리가 하나 둘 날아가는 것을 보는 엄숭은 견딜 수가 없었다. 자기 심복들이 하나 둘 쫓겨나는 것을 보니 하언에 대한 증오심으로 이가 갈렸다. 겉으로는 전과 다름없이 부드럽게 웃는 얼굴로 하언을 대했지만, 돌아서서는 때를 노리며 보복의 칼을 갈았다. 그는 하언을 제거하지 않으면 안 되겠다고 마음먹었다.

기회는 오래지 않아 찾아왔다. 이 무렵 세종은 하언과 섬서총독 증선(曾銑)이 함께 계획한 북방의 잃어버린 하투 지구 수복에 대한 안건을 놓고 일단 찬성의 뜻을 보이기는 했지만 결정을 미루고 있었다. 엄숭은 이 일을 이용해 하언을 모함하기로 작정했다. 먼저 엄숭은 세종의 시종들을 매수하여 하투 수복 문제는 화근이 될 가능성이 크니 절대 실행되어서는 안 된다고 끊임없이 속삭이게 했다. 그리고 심복과 패거리를 사주하여 변방 개척은 득보다 실이 많으며 위험천만한 계획이라는 글을 계속 올리게 했다. 다음으로는 변방의 장수 구란(仇鸞)과 결탁하여 하언이 증선에게 뇌물을 받았다는 보고서를 올리게 하는 비열한 방법까지 동원했다.

변덕이 심한 세종은 엄숭의 도발에 넘어가 하투 일을 거론하지 못하게 했다. 그러나 고집불통 하언은 세종 앞에서 논쟁을 계속했고, 참다못한 세종은 하언을 다시 파면했다. 엄숭의 반격이 성공한 것이다. 그러나 엄숭은 지난번 교훈이 있었기에 하언의 파직만으로는 만족할 수 없었다. 우유부단한 세종의 마음이 언제 바뀔지 모르는 일 아닌가? 하언이 또다시 기용되는 날에는 자신의 미래도 장담할 수 없다.

악랄한 엄숭은 '차도살인'이란 독수를 썼다. 그는 심복들에게 명하여 하언이 조정을 떠나면서 온갖 불평과 원망의 말을 늘어놓았는데, 당초 황상이 자신의 하투 수복 계획에 찬성해놓고 이제 와서 왜 말을 뒤집는지 모르겠다는 불평도 있었다는 유언비어를 퍼뜨리게 했다. 엄숭의 사주를 받은 측근 환관들에게 이런 이야기를 들은 세종은 벼락같이 화를 냈다. 감히 황제를 향해 원망의 말을 늘어놓다니! 공교롭게도 이때 북방 변경의 엄답(俺答) 부락이 선부를 침공하는 사태가 발생했다. 세종은 이 사태가 하언과 증선이 하투를 수복하려는 계획을 세웠기 때문이라고 생각하고, 이것저것 생각해보지도 않고 하언의 목을 베라는 명령을 내렸다. 엄숭의 간교한 위장술에 속아 그를 추천했던 하언이 그의 모함으로 억울한 죽임을 당한 것이다.

20년 군림한 '오간재'의 달인

하언이 처형당함으로써 엄숭은 최대 정적을 제거하고 재상 자리를 손에 넣었다. 이제 세종만 잘 조종하면 장기 집권이 가능하다. 대권은 완전히 엄숭에게 조종당하는 판국이 되었다. 엄숭은 자신의 권력 기반을 영원한 것으로 만들기 위해 앞잡이들을 마구 긁어모아 조정 구

자금성 하언을 제거하고 황제의 총애를 독차지한 엄숭에게 황궁은 자기 집이나 마찬가지였다.

양계성과 명대 혹형도 엄숭의 간행을 신랄하게 탄핵한 양계성, 그에게 돌아온 것은 죽음보다 더한 혹형과 그에 따른 죽음이었다.

석구석에 박아두었다. 사소한 일로 엄숭의 심기가 조금이라도 불편하면 주구들이 으르렁대며 달려들어 상대를 만신창이가 되도록 물어뜯었다. 황제의 일거수일투족도 낱낱이 보고되었고, 엄숭은 이 보고에 따라 황제의 심기를 정확하게 파악하여 대처했다. 황제는 꼭두각시나 다름없었다.

기막힌 사실은 개망나니 같은 아들 엄세번(嚴世蕃)이란 놈까지 가세하여 부자가 함께 설쳐댔다는 것이다. 못 배운데다 어려서부터 건달 노릇만 하던 놈이 조정에 들어와 아버지의 권세를 믿고 설쳐대니 조정이며 나라 꼴이 어땠을지 상상조차 끔찍하다. 엄숭의 꽁무니를 따르는 사냥개들은 24시간 조정을 감시하면서 충직한 신료들을 구박했다. 조금이라도 엄숭과 다른 의견을 내거나 엄숭의 의견에 반대하면 가차 없이 보복의 칼날이 날아들었다. 조정은 숨을 죽였고, 백성은 한숨 속에서 하루하루 이들의 만행을 견뎌내지 않으면 안 되었다.

엄숭은 무려 20년 동안 재상 자리를 움켜쥔 채 온갖 악행을 저질렀다. 그 악행은 책으로 써도 모자랄 판이다. 엄숭에게 모함당해 죽은 충신 양계성(楊繼盛)은 엄숭의 죄악과 그 간행을 '십죄상(十罪狀)' '오간재(五奸才)'로 요약했는데, 오간재는 엄숭의 간사한 모습을 정확하게 묘사했다.

1. 황상의 측근을 뇌물로 매수하여 자신의 첩자로 만든다.
2. 통정사를 조종하여 자신의 앞잡이로 만든다.
3. 창위관들과 혼인 관계를 맺어 자신에게 필요한 끈으로 만든다.
4. 언관을 농락하여 자신의 노예로 만든다.
5. 자신을 따르는 신하들을 망라하여 자신의 심복으로 만든다.

권력을 향한 집요함과 무서운 인내

명 왕조는 중기로 접어들면서 무능하고 나태한 황제들이 잇따라 출현했다. 이 틈에 환관이 정치를 주무르고 간신이 농간을 부리는 변태적 현상이 나타나 나라와 백성을 망쳤다. 세종의 경우 1540년부터 1566년까지 27년 동안 모두 네 번 조회에 참석하는 진기록을 남겼다. 7년에 한 번꼴로 신하들의 얼굴을 본 셈이다. 평소에는 각종 상소나 결재 서류에 재상이 자신의 의견을 첨가하여 올리는 '표의(票擬)'나 황제가 붉은 붓으로 결재하는 '주비(朱批)'에만 의존하여 조정과 관계를 유지했을 뿐이다. 직무 유기니 무능이니 하는 말로는 부족한, 정말이지 어처구니없는 작태가 아닐 수 없다.

세종은 대신 모든 정력을 '장생'을 추구하는 데만 쏟았다. 부모는 물론 자식에게도 냉담하여 거들떠보지 않았다. 정부 관리들에 대한 감정은 말할 것도 없다. 세종은 자신의 심기를 가장 잘 헤아리는 엄숭만 신임한 것이다.

엄숭은 어찌 보면 가장 성공한 정객이자 거물급 간신이다. 여기에 탐관오리의 오명까지 보태야 할 것이다. 정교한 아첨과 청사에만 의존하여 재상 자리까지 오른 그는 조심스럽게 선후배들을 배려하며 살갑게 대하는 위장술로 자신의 정체를 감췄으나, 걸림돌이 되는 정적은 독사의 이빨로 사정없이 물어뜯었다.

엄숭의 외아들 엄세번은 배운 것은 없지만 영악하기가 둘째가라면 서러워 할 정도여서 황제의 글씨를 누구보다 잘 알아보는 재주가 있었다. 세종의 글씨는 다른 사람이 좀처럼 알아보기 힘든 난필에 그 뜻도 모호하여 누구도 정확하게 세종의 심기를 파악하지 못했는데, 엄세번은 한눈에 그 속마음까지 꿰뚫어보고 황제가 바라는 해답을 정확하게 내놓았다. 엄숭은 이 때문에 아무짝에도 쓸모없는 아들놈에게 매달렸다. 세종은 엄숭 없이는 하루도 못 견디고, 엄숭은 엄세번 없이는 하루도 못 살 지경이 된 것이다. 정말이지 나라 꼴이 요지경이었다.

엄숭은 하루 종일 세종의 머릿속을 짐작하여 그 속마음을 훤하게 꿰고 신경세포 하나하나까지 느끼기에 이르렀다. 그러면서 세종 앞에서는 늘 자신을 무능한 존재로 보이게 처신했다. 세종이 스스로 아주 총명하다고 착각하고 있었기 때문이다. 세종은 죽어도 자신의 잘못을 인정하지 않았고, 엄숭은 어떤 상황에서도 세종의 잘못이 드러나지 않도록 했다. 두 사람 사이에 도덕성은 말할 것 없고 사소한 정치적 견해 따위를 공유하는 부분은 손톱 밑의 때만큼도 없었다. 비위 맞추기와 속임수만 뼛속까지 스며들었을 뿐이다. 세종은 자리를 가지고 엄숭을 농락했고, 엄숭은 아부와 아첨으로 세종을 농락했다.

엄숭은 황제가 자신에 대해 아는 것보다 황제를 더 많이 알았다. 그래서 황제를 불쾌하게 만드는 어떤 말도 피할 수 있었던 것이다. 엄숭이 20년 넘게 황제의 전폭적인 신임을 받을 수 있었던 이유가 무엇이겠는가? 허영심과 탐욕으로 가득 찬 황제가 누구를 신임하겠는가? 바른 소리 잘 하는 강직한 신하를 탐탁하게 여기겠는가?

그런 엄숭이 1562년 세종의 명령에 따라 퇴직했다. 정치적 기술이 녹슬어서가 아니라 세종의 환심을 잃었기 때문이다. 세종의 심기를 가장 잘 헤아리는 아들 엄세번이란 놈이 자기 일에 갈수록 염증을 느끼는 바람에 아들을 통제할 수 없던 엄숭은 점점 세종의 총애를 잃었다. 엄숭은 조정에서 물러나고, 엄씨 부자의 비리가 불거지면서 엄세번은 처형당했다. 20년 넘게 권력을 독단하며 어마어마한 부정과 비리를 저지른 엄숭은 말년에 자식이 처형당하는 꼴을 착잡한 심정으로 지켜봐야 했다.

엄숭의 성공 비결은 처음부터 끝까지 황제의 심기를 잘 헤아린 것밖에 없다. 그러나 그것이 무서운 것이다. 간신이 무섭다고 하는 까닭이 여기에 있다. 목표와 목적에 대한 집요함과 무서운 인내, 엄숭에게서 보지 않았는가? 그는 20년을 기다릴 줄 아는 섬뜩한 인내심을 갖췄다. 문제는 이런 인내심을 갖춘 자가 간신이라는 데 있다. 인류의 역사를 암울하게 만든 간신들치고 무섭지 않은 간신은 없었음을 상기해야 한다.

사조직을 결성하여
정치적 반대파를 제거하다

위충현(魏忠賢, 1568~1627, 명)

간신들은 패거리를 짓는다. 자신의 권력 기반을 다지고 간행을 마음껏 저지를 수 있는 친위대가 필요하기 때문이다. 이런 패거리에는 온갖 저질 인간들이 모여든다. 누구보다 많이 배운 지식인부터 일자무식까지, 귀한 집안 자식부터 거리의 부랑아까지, 누구보다 잘생긴 미남부터 불알 없는 환관까지, 용맹한 무인부터 나약한 겁쟁이까지……. 다양한 인간 군상이지만 비열하다는 점에서는 약속이라도 한 듯 일치한다.

역대 간신 중 경탄할 만큼 패거리를 잘 지은 간신이 있다. 환관 위충현은 자기를 따르는 구더기 같은 자들을 닥치는 대로 아들·손자로 받아들이는 것은 물론, 이 '자식'들을 중심으로 '오호(五虎)' '오표(五彪)' '십구(十狗)' '십해아(十孩兒)' '사십손(四十孫)' 따위의 사조직을 거느리고 온갖 악행을 일삼으며 주(朱)씨의 명 왕조를 사실상 자신의 왕조로 만들었다. 그의 간행이 어느 정도였으면 당시 사람들이 '인성 없는 악마'와 같다며 치를 떨었겠는가?

위충현은 불과 7년 집권했지만 그 여파로 명 왕조는 빈사 상태에 빠졌고, 17년 뒤 결국 멸망하고 말았다. 가장 흔하고 뻔한 수법이지만 그 위력이나 영향력만큼은 최강인 패거리 짓기의 명수 위충현에 대해 알아보자.

스스로 남성을 제거하다

위충현은 하북성 숙녕(肅寧) 출신이다. 태생이 시정잡배라 게으르고 일하기를 싫어했으며, 술과 도박까지 일삼는 인간 망종이었다. 풍씨를 아내로 맞아들여 딸을 하나 낳았으나, 스물두 살 무렵 도박 빚 때문에 생계를 유지할 수 없자 스스로 남성을 제거하고 북경으로 올라가 황궁의 태감이 되었다. 그는 일자무식이지만 담력 있고 결단력도 상당해서 일 처리가 빠르고 분명했다. 또 남의 말을 공손하게 잘 듣고 아첨과 비위 맞추는 데 능숙했다. 이 때문에 금세 잡일을 담당하는 태감 신분에서 신종(神宗) 황제 주익균(朱翊鈞)의 장손 주유교(朱由校)와 그 모친을 모시는 자리로 추천되었다.

주유교는 어릴 때부터 공부는 뒷전이고 노는 데만 정신이 팔렸지만, 장손인지라 봉건적 예교에 따라 이변이 없는 한 다음 황제 자리는 그의 것이었다. 교활한 위충현이 이를 모를 리 없다. 위충현은 갖은 정성을 다해 주유교를 모셨다. 특히 놀기 좋아하는 주유교의 취향에

당나라 환관과 명나라 환관 명 후반기는 말 그대로 환관의 전성기였고, 특히 환관 간신이 극성을 부린 시기였다. 이들은 최고 권력자의 무능과 지식인에 대한 무자비한 탄압으로 악명 높은 명 왕조가 빚어낸 시대의 기형아들이었다. 그림은 당나라 때 환관 인형과 명나라 때 환관의 모습이다.

따라 건달 생활할 때 배운 말 타기와 활쏘기, 도박, 주색 등 각종 잡기를 아낌없이 전수했다. 그는 주유교를 데리고 다니며 기방과 도박장을 전전했다. 어느새 주유교는 위충현 없이는 하루도 못 사는 신세가 되었다.

　명 왕조는 중기로 접어들면서 환관이 권력을 휘두르는 기형적 현상이 나타났고, 후기에 오면 그런 현상이 더욱 심각해졌는데 이는 황제의 무능함과 어리석음에서 기인한 바가 컸다. 누차 지적했듯이 봉건 왕조 체제에서 간신의 씨앗이 뿌려지는 토양은 황제의 권력이고, 간

왕진과 위충현 왕진(?~1499년)은 명대 환관 간신의 시대를 활짝 열었고, 위충현은 그 절정기를 구가했다. 왕진이 시작하고 위충현이 끝냈다는 평가도 있다.

신이 발호하여 마음껏 설칠 수 있는 최적의 토양은 무능하고 어리석은 황제이기 때문이다. 어릴 때부터 놀이에 빠졌던 주유교가 각종 잡기에 능한 위충현을 만났으니 이는 말 그대로 물 만난 고기다. 주유교는 온갖 오락과 주색잡기에 빠졌고, 무능하고 어리석은 예비 황제가 되어갔다.

일이 꼬이려고 그랬는지, 그렇게 되려다 보니 그랬는지 위충현에게 절호의 기회가 찾아왔다. 멍청하고 무능한 귀공자 주유교가 1620년 열여섯의 나이로 '동림당(東林黨)'의 추대를 받아 보좌에 오르고 만 것이다. 그가 천계제(天啓帝) 희종(熹宗)이다. 열여섯, 이 얼마나 기막힌 나이인가? 한창 놀이에 재미를 붙인 나이에 황제가 되었으니 그 후의 일은 안 봐도 짐작이 갈 것이다. 그리고 황제의 최측근이 된 위충현의 시대가 활짝 열렸다. 희종은 재위 7년 동안 거의 하루도 빠지

신종의 무덤인 정릉 내부와 희종 신종이 죽고 자신이 태자 시절부터 모시던 희종(1620~1627 재위)이 열다섯 살에 황위에 오르자 위충현은 날개를 달았다.

지 않고 먹고 마시고 놀면서 몸과 마음을 탕진했다. 정치는 위충현에게 몽땅 맡겼다. 나랏일을 놀이처럼, 황제 자리를 장난감으로 생각하는 꼭두각시 황제가 된 것이다.

꼭두각시 황제를 끼고 천하를 호령하는 것은 환관들이 정권을 탈취하는 데 가장 흔히 써먹은 수법이다. 위충현도 예외는 아니었다. 다만 위충현은 구체적인 응용에 있어서 남과 달랐다. 사서삼경조차 읽지 않은 일자무식 위충현은 교활함과 음험한 개성을 한껏 이용하여 권력에 대한 야심을 무럭무럭 키웠고, 그 과정에서 수많은 사람을 부들부들 떨게 만든 지독한 간행을 유감없이 펼쳐 보였다. 위충현이 스스로 생식기를 절단하고 궁궐로 들어간 순간, 역사의 수레바퀴는 그의 간행을 따라 움직이기 시작했는지 모른다.

군주의 주변을 깨끗하게 한다

'군주의 주변을 깨끗하게 한다'는 '청군측(淸君側)'은 위충현의 발명이 아니다. 또 그의 발명이라고 해도 인정하지 않으려 할 것이다. 하지만 위충현은 이 독수를 악랄하게 구사했다. 주유교가 황제로 즉위한 것은 위충현에게 하늘이 내려준 축복이었다. 이를 위해 간이고 쓸개고 다 빼놓고 어린 주유교의 비위를 맞추지 않았는가? 자신의 꼭두각시로 만들기 위해 온갖 놀이를 전수하지 않았는가? 그러니 열여섯에 황제라는 절대 권력의 자리에 오른 주유교는 속된 말로 위충현의 밥이나 마찬가지였다. 더욱이 위충현은 누구보다 주유교를 잘 알았다. 주유교는 그의 품에서 자란 것이나 마찬가지니 말이다.

위충현에 대한 황제 주유교의 마음도 남달랐다. 즉위한 지 얼마 되지 않아 황제의 성지를 전달하고 대신들의 상서를 보고하는 등 그 책임이 막강한 사례감 겸 필태감에 위충현을 앉혔다. 책임이 크다는 것은 권력도 그만큼 크다는 뜻이다. 권력이 생기면 야심도 커지는 법이다. 더 높은 권력, 더 많은 권력을 위해 위충현은 계속 위로만 눈길을 주었다. 그는 목적을 달성하기 위해서는 황제의 은총과 신임을 든든한 산처럼 확보해야 한다는 것을 너무나 잘 알았다. 그러나 위충현이 마음을 놓을 수 없는 상대는 황제 곁에 있는 사람들이었다. 그들이 언제 어디서 어떻게 황제에게 바람을 넣어 이 무능한 황제를 빼앗아갈지 모를 일이기 때문이다. 그런 날이 오면 천신만고 끝에 손에 넣은 권력이 하루아침에 날아가는 것은 물론 목숨조차 지키기 힘들어진다.

위충현은 먼저 강수를 쓰기로 마음먹었다. 그러려면 자신을 돕는 인간들이 있어야 한다. 위충현은 이곳저곳을 물색한 끝에 기막힌 조

객씨 희종의 유모였던 객씨까지 위충현의 간행에 합세함으로써 명나라 조정은 점입가경이 되어갔다.

력자를 찾았다. 그는 위충현과 모든 면에서 의기투합할 수 있는 인간이었다. 바로 황제가 갓난애 때부터 젖을 먹이며 키운 유모 객(客)씨로, 황제는 유모를 하루라도 못 보면 어쩔 줄 몰라 했다. 그녀는 가난한 농촌 집안 출신이지만 욕심만은 누구도 따를 수 없을 만큼 탐욕스럽고, 자신의 욕심에 방해가 되면 누구든 도발하고 이간질하는 성품을 지녔다.

위충현은 객씨를 찍었고 그녀도 위충현을 따랐다. 두 사람은 손을 잡고 '임시 부부'로 행세하더니 마침내 정치적 동지 관계로 발전했다. 위충현은 그녀와 황제의 특수한 관계를 한껏 이용했다. 그녀를 사주하여 자기 마음에 들지 않거나 자신의 일에 걸림돌이 되는 사람들은 희종 앞에서 이간질하고 무고하고 중상하고 모함하게 했다. 위충현은 자기보다 지위가 높은 사람, 정직하고 선량한 신하, 자기에게 맞서는 사람, 자기에게 넘어오지 않는 사람, 황제의 신임을 받는 태감 등은 상대가 누구든 공격하고 배척하고 내쫓고 살해했다.

위충현에게 당한 사람들 중에는 그의 은인과 같은 위조(魏朝)를 비롯하여, 동림당을 도와 주유교의 즉위에 힘쓴 왕안(王安)도 있다. 이들은 모두 황제의 총애와 신임을 받으며 중책을 맡았지만, 위충현에게 맞설 잠재력이 있는 존재라 해서 결국 살해되었다. 객씨는 객씨대로 위충현의 악랄함과 계략을 이용하여 마음에 들지 않는 자나 자신에게 나쁜 말을 한 비빈, 궁녀들을 하나 둘 제거했다. 심지어 황제가 총애하는 황후에게조차 손을 써서 거의 사지로 내몰기도 했다.

  못난 주유교는 객씨 말이라면 자다가도 일어나 들어주었고 위충현도 의심 없이 총애한지라, 위충현과 객씨를 탄핵하는 조정 대신들이 적지 않았지만 모두 반격을 당해 쫓겨나거나 박해를 당했다. 이쯤 되고 보니 황제 주변을 깨끗하게 한다는 명목으로 자기와 뜻이 다른 사람들을 제거하려는 위충현의 계획은 순풍에 돛 단 듯 일사천리로 진행되었다. 궁중의 거의 모든 사람이 이들에게 수난을 당했다. 박해 받고 수난 당한 비빈과 태감만 수백 명에 이르고, 이들 중 상당수는 귀신이 되어 구천을 떠돌았다. 이와 동시에 위충현은 궁중의 주요한 태감들을 모두 자기 측근과 자신에게 충성하는 앞잡이로 앉혔다. 위충현과 객씨가 자기 세상을 만난 듯 설치는 동안 철없는 황제는 여전히 놀이에 빠져 있었다. 아무것도 모르고 노는 데만 정신 팔린 희종이야말로 팔자 편한 사람이 아닐 수 없었다. 백성이야 굶어 죽든 맞아 죽든 알 바 아니었다.

'고자당'과 그의 주구들

황제의 유모 객씨와 손잡고 궁중을 대청소한 위충현은 명실상부 세상

동림서원 희종을 옹립한 동림당이 1604년 중국 중남부에 있는 우시에 동림서원을 세우고 학술과 토론의 장으로 삼았다. 청렴한 정치를 주장하는 사람들이 동림서원에 몰려들었다.

에 둘도 없는 대태감이 되었다. 이제 황제 주변은 걱정할 필요가 없어졌다. 하지만 지금까지는 전체 음모의 전주곡에 지나지 않았다. 위충현의 야심은 조정을 장악하고 천하를 독식하는 것이다. 이를 위해 그는 환관들로 구성된 방대한 '고자당'을 만드는 놀랍고도 해괴한 계획을 세웠다. 그는 당시 집권당인 동림당과 재야에 있던 제(齊), 절(浙), 초(楚) 3당의 모순과 투쟁이 격화되는 현상을 이용하여 자신의 정치적 목적을 달성하는 절묘한 음모를 보여주었다.

동림당 사람들은 그런대로 정파에 가까웠지만, 앞날을 내다보는 식견이 부족하고 뜻이 다른 파를 용납하는 아량이 크지 못해 자기와 다르면 모두 배척하는 정치적 역량 부족이 문제였다. 그러니 집권당인 동림당에게 배척당한 사람들이 자기 자리나 몸을 보전하기 위해 하나둘 황제의 총애를 받는 고자당의 괴수 위충현에게 몰려들었다. 여기에 동림당의 지도자 양련(楊漣) 등은 한때 위충현과 객씨를 탄핵한 전력이 있어 이들 정파의 갈등은 위충현에게 둘도 없는 기회였다. 위충현은 어부지리(漁父之利)의 고사대로 이들의 모순과 투쟁을 이용하여 자기편을 대거 끌어들여 몸집 불리기에 나섰다.

권력을 쥐려면 중요한 부분을 잡아야 한다. 당시에 대권을 장악하여 자신의 천하를 만들려면 내각을 통제해야 했다. 명 왕조는 재상 자리를 두지 않고 내각을 조정의 중추로 삼았기 때문에 내각이 재상의 권한을 행사했고, 이 때문에 내각의 수보(首補)가 수상(재상)이나 마찬가지였다. 위충현은 고자당 당원을 수보로 만들어야겠다고 결심하고, 내각 구성원을 하나씩 자기 측근들로 교체해 조정을 움켜쥐기로 했다.

인선을 거친 결과 위충현은 고병겸(顧秉謙)을 찍었다. 그는 원래 예부상서로 있었는데, 고자당에 들어오려고 자식들까지 데리고 위충현 발아래 무릎을 꿇었다. 그리고 후안무치하게 "이 몸이 어르신의 양아들이 되고 싶었으나, 어르신께서 허옇게 수염 난 아들을 싫어하실까 봐 제 아들을 손자로 삼으셨으면 합니다!"라며 소름 끼치는 아양을 떨었다. 위충현은 이렇게 충실한 노예라면 데려다 써도 문제가 없겠다 싶어 고병겸에게 눈도장을 찍었고, 아니나 다를까 고병겸은 1623년 입각하여 수보가 되었다. 위충현의 충직한 앞잡이가 되어 나발을 불고 다닌 것은 말할 것도 없다. 기록에 따르면 고병겸이 위충현을 대리하여 충직한 대신들을 해치고, 황제의 명령을 앞세워 천하의 입에 재갈을 물렸으며, 조정의 동정을 낱낱이 보고하니 위충현의 입에서 칭찬이 그칠 날이 없었다고 한다.

수보를 확실하게 심었으니 다른 내각 구성원들은 문제 될 것이 없었다. 고자당에 들어오지 않거나 반대하는 자들은 각종 죄명을 날조하여 내쫓으니 내각은 완전히 위충현의 사람들로 채워졌다. 그러다 보니 위충현에게 잘 보이려고 알랑거리는 자들이 오물에 구더기 꼬이듯 몰려들기 시작했다. 그중에서도 가장 볼 만한 자라면 자신을 위충현의 '사촌동생'이라고 했다가 항렬을 내려 '조카'로 자임한 위광미(魏廣微)를 들 수 있는데, 이 자는 위충현이 내각에 심어놓은 첩자였다. 따라서 내각의 모든 일은 위광미가 친필로 작성하는 '내각가보(內閣家報)'라는 보고서를 통해 일일이 위충현에게 보고되었다.

또 한 사람 '소년 재상'으로 불리던 풍전(馮銓)은 동림당과 사이가 좋지 않은데다, 위충현의 처와 같은 집안이라 고자당 골수 당원이 되어 동림당 사람들을 해치는 주요 인사가 되었다. 이렇듯 실세 위충현에 빌붙어 일신의 부귀영화를 누리려는 자들이 줄을 서기에 이르렀다.

뿐만 아니다. 내각이 '위씨 집안의 충복'들로 채워지자 6부의 관리 중 간신배와 염치를 모르는 자들이 앞 다퉈 위충현에게 몸을 맡기겠다고 달려왔다. 이 자들은 위충현을 아버지로 부르며 비굴한 웃음을 흘렸는데, 위충현은 찾아오는 자들을 모조리 받아들여 조정 곳곳에 배치한 다음 자신의 충실한 개로 이용했다. 위충현은 이들을 좀더 효율적으로 지배하기 위해 이들에게 더러운 별명을 붙여주었는데, '오호' '오표' '십구' 등과 같은 동물 명칭을 비롯하여, '십해아(十孩兒)' '사십손(四十孫)' 따위와 같은 정상적 인간관계와 인륜을 벗어난 명칭도 있었다. 위충현은 영혼을 서슴없이 팔아버린 자들을 앞장세워 '특무(特務) 통치'를 자행했다. 이 때문에 충직하고 선량한 신하들이 수없이 죽어 나갔고, 백성과 나라는 개백장만도 못한 자들의 손에 유린당했다.

위충현이 고자당을 만들어 탐욕을 채워가는 과정을 가만히 살펴보면 특별한 점이 눈에 띈다. 그가 유별나게 조정의 특정 부문을 통제하려 했다는 사실이다. 국가의 실무를 담당하는 6부 중에서도 이부는 관리의 진퇴와 승진 등을 담당하는 중요한 기관으로, 오늘날로 치면 국가 조직과 인사를 담당하는 부서에 해당한다고 할 수 있다. 위충현은 심복 왕치휘(王治徽)를 이부상서, 즉 이부의 장관으로 앉혔다.

왕치휘는 관리의 임명과 승진 등 인사와 관련된 일은 하나도 빠짐없이 위충현에게 보고한 것은 물론, '살생부'라 할 수 있는 '점장록(點將錄)'을 만들어 동림당을 수시로 모함했다. 위충현은 왕치휘를 '우리 집안의 진짜 보배'라며 칭찬을 아끼지 않았다고 한다.

아울러 위충현은 군사를 책임진 병부, 법률과 형벌을 담당한 형부, 토목건축을 담당하는 공부 등 국가 중추 기관의 요직을 모조리 자신의 심복으로 채워 넣었다. 병부의 책임자로 앉힌 최정수(崔呈秀)는 위충현의 양아들이자 '오호'의 하나로 위세를 떨쳤는데, 위충현의 가장 충실한 주구로 죽는 순간까지도 그의 이름을 부르며 과거의 영화에 대한 미련을 버리지 못했다.

위충현이 권력을 휘두른 기간은 길다면 길고 짧다면 짧은 7년이었다. 위충현은 이 기간에 결성한 고자당을 전국 각지로 보내 국가의 각 부문과 지방 행정을 장악하게 만들었다. 이는 조정 대권은 물론 천하를 쥐락펴락하겠다는 그의 야심이 거짓이 아니었음을 입증한다.

특무 조직을 이용하여 숱한 사람을 해치다

위충현은 자신의 권력과 고자당을 확고하게 유지하기 위해 또 다른

 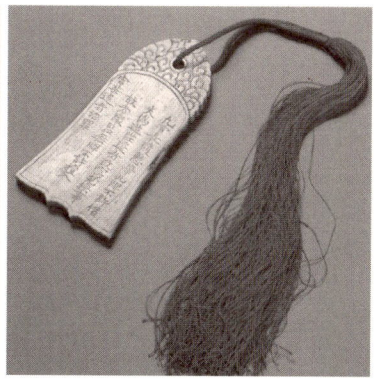

금의위 목인과 금궁 출입패 금의위 등 비밀경찰과 같은 특무 기구는 위충현이 정적을 탄압하고 권력을 유지하기 위한 변태적 기구였다.

구상을 했다. 조정 내의 종전 기구들만 장악해서는 불안하다고 판단한 것이다. 요컨대 '위씨 천하'를 지켜줄 든든한 바람막이이자 언제든 정적을 제거할 수 있는 특별 기구가 필요했다. 위충현은 자신이 장악한 환관 기구 동창(東廠)을 특무 기구로 개편하여 궁중과 조정은 물론 전국을 대상으로 특무 통치에 들어갔다. 공안 정국을 조성한 위충현은 공안 기구에 해당하는 동창 등 특무 기구의 충복을 이용하여 반대파를 무자비하게 탄압하고 제거해나갔다.

명 왕조에는 동창 외에 지독하기로 이름난 특무 기구가 둘이나 더 있었는데, 동창과 짝을 이루는 서창과 금의위(錦衣衛)가 그것이다. 이 기구들은 권력이 막강했을 뿐만 아니라 전국 각지의 거점에 하위 기구를 설치하여 감시자를 두었다. 누구든 이 기구를 장악하기만 하면 온갖 정보 수집은 물론 사람을 잡아들이고 죽일 수 있었다. 없는 죄도 날조하여 원하는 사람을 옥에 가두고 고문하고 죽이는 일은 식은 죽 먹기였다.

위충현은 자신의 패거리와 충복으로 서창과 금의위의 요직을 채워 특무 통치를 더욱 강화했다. 오호, 십해아 등은 위충현이 특무 조직에 배치한 마귀 같은 존재들이다. 억울한 옥사를 일으키고, 잔혹한 고문을 가하고, 사람을 닥치는 대로 잡아 죽이는 일이 이들의 전문이었다. 당시 사람들은 동창이란 말만 들어도 부들부들 떨었다고 한다.

모든 사물에 이면이 있듯 인간관계도 상대적이다. 동림당이 위충현을 원수처럼 여긴 것과 마찬가지로 위충현도 동림당 사람들이 눈엣가시였다. 문제는 동림당 사람들이 위충현만큼 독하지도 교활하지도 못했다는 사실이다. 교활하고 사악한 위충현은 백방으로 꾀를 내어 그들을 모조리 없애기로 작정하고, 이들에게 어떤 방법으로 독수를 쓸지 밀모했다. 막강한 고자당이 조정 곳곳을 장악하고, 언제 어디서 누구든 잡아들일 수 있는 특무 기구까지 손에 넣자 위충현이 즉각 동림당에게 손을 쓰기 시작했다.

1625년 위충현의 충실한 개이자 고자당의 주요 멤버인 최정수와 서대화 등은 마침내 칼을 뽑았다. 이들은 있지도 않은 죄명을 날조하는 비열한 수단으로 동림당의 영수 양련(楊漣)과 좌광두(左光斗) 등 6인을 잡아들여 엄청난 뇌물죄를 자백하도록 엄중한 고문을 가했다.

주순창, 양련, 웅정필, 손승종 위충현의 악랄한 만행으로 죽어간 인재들.

사가법 위충현에게 처참하게 희생된 좌광두의 제자 사가법은 훗날 청에 맞서 싸우다 포로가 되어 순국했다. 위는 그의 글씨, 오른쪽은 동상, 아래는 무덤.

그러나 일은 뜻대로 되지 않았다. 여섯 사람은 하나같이 허위 자백을 거부하고 잔혹한 고문을 당해 옥에서 산 채로 죽어갔다. 그 처참한 광경은 차마 눈뜨고 못 볼 지경이었다. 이것이 역사에서 말하는 '6군자' 사건이다. 위충현은 이왕 뽑은 칼, 이듬해 똑같은 수법으로 동림당의 주계원(周啓元), 주순창(周順昌) 등 7인을 고문해 죽였다. 지독한 고문은 6군자 때보다 훨씬 더했다. 이를 '7군자' 사건이라 부른다.

이 두 사건은 대표적인 사례에 지나지 않는다. 수백에 이르는 선량하고 충실한 관료와 백성이 위충현의 특무와 조작된 사건으로 죽어나갔다. 그중에서도 동림당의 양련과 위대중(魏大中), 동북 지방 변경을 지키던 명장 웅정필(熊廷弼)과 손승종(孫承宗)을 뇌물로 연계시켜 모함한 다음 이들을 모조리 죽인 사건은 결국 북방의 수비에 치명적

손실을 초래하여 만주족 후금(後金, 청淸)에게 왕조 전체가 멸망당하는 망국의 실마리로 작용했다.

위충현은 정적을 철저하게 제거하기 위해 무고한 사람 1000명을 죽일지라도 정적 하나는 놓치지 않겠다는 잔인무도한 수단을 동원했다. 그는 앞잡이들에게 임의로 블랙리스트를 작성하게 한 다음 자신을 따르지 않는 사람은 모조리 동림당으로 지목하여 제거해나갔다. 이렇게 해서 최정수의 〈동림동지록〉이나 왕소징의 〈동림점장록〉, 완대월의 〈백관도〉와 같은 블랙리스트가 나타난 것이다. 위충현은 그것도 모자라 황제의 명의로 〈동림당인방〉을 작성하여 반포했는데, 여기에 무려 309명이 속했다. 이 명단에 따라 산 사람이면 관직을 박탈하고, 죽은 사람은 소급하여 관작을 박탈했다. 또 관작을 박탈당한 사람은 다시는 벼슬에 나오지 못하게 만들었다. 위충현의 특무 정치는 극에 치달았다.

객사에서 목을 맨 '구천세'

위충현을 졸졸 따르는 주구들은 그를 '구천세'라고 불렀다. 황제의 별칭이 '만세'인 것을 감안한 별명인데, 기록에 따라서는 '구천구백세'라 부르기도 한 모양이다. 황태자를 '천세'라 부른 것과 비교할 때 위충현의 위세가 어느 정도였는지 짐작할 수 있는 대목이다. 구더기와 같은 고자당 충복들은 위충현을 위해 사당까지 건립하는 소동을 피웠다. 살아 있는 사람을 위한 '생사(生祠)' 건립은 유례가 없는 일인데, 위충현의 앞잡이들은 그의 공덕이 너무나 크기 때문에 살아생전에라도 사당을 지어 감사드려야 한다고 게거품을 물었다. 위충현의 생사를 짓느라 온 나라가 법석을 떨었는데, 어떤 것은 그 규모가 황궁을 방불케 했다고 한다. 위충현의 '십구' 중 하나였던 형부상서 설정은 "이런 세상에 태어났으면 자신의 앞날과 공명을 위해 생각해야지 다른 사람의 생사가 나와 무슨 상관이란 말인가?"라며 십구보다 한 단계 위인 '오표'가 되기 위해 개처럼 헐떡거렸다.

위충현의 권력은 하늘을 찌르고도 남았다. 그러나 그의 권력은 치명적 한계가 있었으니, 황제가 없이는 아무 소용이 없다는 것이었다. 그 산이 무너지면 천하를 호령하던 위세도, 산천초목을 떨게 하던 권력도 물거품이 된다. 열여섯 살 한창 나이로 황제에 올랐던 희종이 1627년 8월, 스물셋에 어이없이 죽었다. 황당한 죽음이지만 실은 어릴 적부터 온갖 음탕한 놀이와 약물 따위에 중독된 터라 어찌 보면 오래 버틴 셈이었다. 결과적으로 황제를 꼭두각시처럼 조종하기 위해 놀이란 놀이는 죄다 가르치고, 음탕하고 방종한 생활을 부추긴 위충

위충현 생사 살아 있는 자를 위해 사당을 짓겠다는 해괴한 발상으로 천하를 어지럽히고 괴롭힌 위충현과 그 패거리들, 역사의 해충들이다.

현의 자업자득이다.

기록에 따르면 위충현은 황제가 죽자 눈이 퉁퉁 붓도록 울었다고 한다. 위충현의 통곡은 과연 어떤 의미일까? 군신들의 곡이 끝나자 위충현은 급히 병부상서 최정수를 불러 밀담을 나눴다. 일부 기록에 따르면 위충현이 황제 자리를 찬탈할 뜻을 내비치자 최정수가 때가 아니라며 막았다고 한다. 이 기록의 정확성 여부는 그만두고라도 위충현이 자신의 앞날을 어느 정도 예감한 것은 틀림없는 모양이다.

희종은 후계자를 남기지 않았다. 다만 유서를 통해 다섯째 동생 주유검(朱由檢)을 후계자로 지목했다. 이가 바로 명 왕조의 마지막 황제 사종(思宗)이다. 역사에서는 대개 연호인 숭정(崇禎)을 따서 숭정제라 부른다. 희종은 임종을 앞두고 후계자 주유검에게 위충현을 잘 부탁한다는 당부를 잊지 않았으나, 뜻밖에도 주유검은 위충현을 몹시 증오했다. 위충현의 앞날에 먹구름이 몰려오는 순간이었다. 위충현도 어느 정도 먹구름을 예상했으나, 엄청난 비바람을 동반한 무시무시한 먹구름일 줄은 몰랐다.

황제에 오른 숭정제는 상당 기간 인내하면서 동창의 직무에서 물러나려는 위충현을 말리기도 했다. 그러나 객씨는 바로 궁에서 내쫓았고, 각지에 세워지던 위충현의 생사 건립을 중단시켰다. 이는 말할 것도 없이 하나의 신호탄이었다. 그러자 육징원, 전원각, 사궁성 등이 대담하게 위충현을 탄핵하고 나섰고, 고자당 내부에서도 내홍이 일어났다. 가흥 지역의 공생 전가징(錢嘉徵)은 위충현의 10대 죄상을 열거하며 피를 토하는 상소를 올려 많은 사람의 공분을 자아냈다.

때가 되었다고 판단한 숭정제는 위충현을 불러 내시에게 전가징의 상소를 읽어주게 했다. 위충현은 내시가 상소문을 다 읽기도 전에 사시나무 떨듯 온몸을 떨었다. 드디어 올 것이 왔다는 것을 알았기 때문이다. 숭정제는 위충현을 안휘성 봉양 지방으로 내쳤다.

위충현은 자신의 최후를 직감했는데도 포기하지 않았다. 만년의 부귀를 꿈꾸며 좋은 말 1000필과 장사 700명을 동원하여 그동안 긁어모은 재물을 귀양지로 호송하게 했다. 이 소식을 접한 숭정제는 급히 사람을 보내 그를 경성으로 압송하여 심문하게 했다. 부성에서 이 소식을 들은 위충현은 가망이 없다는 것을 알고 객사 대들보에 목을 매어 자살했다. 숭정제는 그 시체를 토막 내고 자른 목을 효시하도록 했다. 아울러 가산을 몰수했다.

살아서 황제에 버금가는 권세를 누리며 구천세로 불린 희대의 간신 위충현, 그 위대한 공덕을 살아 있을 때부터 영원히 기려야 한다며 전국 각지에 자신의 생사를 건립하게 하여 황제를 능가하는 권력을 누린 고자당의 괴수 위충현, 당파 조직 건설에 타의 추종을 불허하는 솜씨를 보여준 창당 전문가 위충현…… 그가 이렇게 생을 마감했다.

간신과 투쟁은 정치투쟁이자 역사투쟁이다

위충현의 죽음은 고자당의 와해를 의미하는 것이었다. 객씨는 맞아서 죽었다. 얼마 뒤 '흠정역안(欽定逆案)'이 반포되어 고자당에 억울하게 죽은 사건에 대한 진상 규명이 이루어져 죽은 사람은 명예가 회복되었고, 옥에 갇힌 사람은 복직되었다.

위충현은 죽었지만 그가 7년 동안 어지럽힌 정치는 회복 불능에 빠졌고, 명 왕조는 내우외환에 시달렸다. 불과 7년이지만 명 왕조를 송

두리째 흔들기에 충분한 시간이었다. 이것이 간신의 무서움이다. 백성은 이 정권을 신뢰하지 않았고, 곳곳에서 농민 봉기가 터졌다. 숭정제는 국력을 회복하기 위해 무던히 애썼지만 여전히 태감들을 중용했고, 특무 통치도 예전 그대로 답습하는 한계를 보였다. 17년 뒤인 1644년, 명 왕조는 맥없이 고꾸라졌다.

위충현의 간행을 분석하면서 이 점을 똑똑히 알아야 한다. 그가 짧은 기간에 나라를 망국으로 몰아넣을 수 있었던 엄청난 화근은 썩을 대로 썩은 명 왕조와 환관 제도에 있으며, 위충현 본인은 최후의 가장 뛰어난 연기자에 지나지 않았다는 사실이다.

위충현의 간행을 세부적으로 파고들면 몇 가지 특징과 앞으로 거울 삼아야 할 교훈을 확인할 수 있다. 우선 위충현은 자신의 권력 기반을 뒷받침하는 조직 설립과 패거리 짓기의 명수였다. 그는 이를 이용하여 자기에게 충성하는 주구들만 요직에 앉히는 인사 스타일을 보였다. 위충현이 이렇게 할 수 있었던 것은 거대 권력이 흘리는 빵 부스러기에 환장한 구더기 같은 인간들이 많았기 때문이다. 이들은 백성의 피와 나라의 기를 빨아대는 거대 흡혈충 위충현을 거드는 거머리와 같은 존재였다.

그리고 또 한 번 여실히 입증되었듯이, 간신의 권력 기반은 못난 지도자라는 사실도 분명히 지적해둔다. 무능한 지도자는 간신이 저지르는 온갖 간행의 근원이다. 따라서 그 근원을 제거하면 간신은 발붙일 곳이 없어진다. 당 태종의 말대로 근원이 맑으면 무엇을 걱정하겠는가!

정파 진영의 자기 분열과 내부 갈등은 간신들이 파고들어 성장하는 또 다른 토양이란 점도 통렬한 교훈으로 다가온다. 동림당은 방대한 조직과 유능한 인재들을 거느리고도 내부 분열로 자멸했다. 아무리 단단한 조직이라도 그 조직에 반대하거나 어울리지 않는 자는 있게 마련이다. 이들이 잠재적 이탈자로, 나아가서는 배신자로 변신할 가능성이 크다. 따라서 이런 저런 분열 요소와 위험 요소를 방지하기 위해서는 정확한 정치적 노선과 철학을 확립한 다음, 늘 유연한 자세로 정치를 주도하고 정책을 제시하는 성숙함이 필요하다. 동림당은 이 점에서 적잖은 결점을 드러냈고, 그 틈으로 위충현을 비롯한 간당이 사정없이 파고들어 동림당을 초토화한 것이다.

동림당의 양련과 위대중이 모진 고문을 당해 죽었을 당시의 모습을 보자. 양련의 시신은 가족에게 넘겨졌을 때 전신이 썩고 가슴팍에는 그를 눌러 죽게 만든 흙주머니가 남아 있었으며, 귓속에는 머리를 뚫고 들어간 거대한 쇠못이 있었다. 위대중의 시체는 구더기가 끓자 비로소 끌고 나갔다. 이 얼마나 비참한 광경인가? 이것이 누구의 소행이며, 대체 누가 무엇을 잘못하여 이런 결과가 초래되었는가?

간신은 역사적 현상이자 사회적 현상인 동시에 정치적 현상이다. 따라서 간신과 투쟁은 곧 정치투쟁이다. 상대에 대한 정확한 분석과 빈틈없는 대비책으로 맞서지 않으면 비열하고 간사한 이들을 이길 수 없다. 이들은 자신의 이익을 지키기 위해 수단과 방법을 가리지 않는다. 막연한 슬로건과 이념으로 막아낼 수 있는 상대가 아니다. 철저한 역사 의식과 결연한 투쟁 정신, 나라와 백성을 위하는 멸사봉공의 자세만이 간신을 박멸할 수 있는 힘이 된다.

간신은 오랜 역사적 경험을 먹고 자란 강인한 해충과 같은 존재다. 따라서 이를 박멸할 해충약 역시 풍부한 역사적 경험과 치열한 자성을 통해 만들어내야 한다. 누구든 한 번은 실수할 수 있지만 똑

같은 실수를 두 번 이상 반복했다는 것은 정말 어리석고 수치스럽지 않은가? 역사에 부끄럽지 않을 선택과 결단이 어느 때보다 아쉬운 시기다.

나라가 망하는 데는 간군과 간신 한 명씩이면 족하다

온체인(溫體仁, ?~1638, 명)

심기(心機)란 마음 씀씀이를 말한다. 온체인은 심기가 뼛속까지 스며들었다는 평가를 받는다. 그런 만큼 꿍꿍이를 헤아리기 힘들고, 마음이 독했다. 사람들은 온체인이 이끄는 내각은 그에게 알랑방귀 뀌는 자들로 구성된 기생집이나 다름없고, 그 일당이 하는 짓거리는 역병보다 지독하다는 뜻을 담은 노래를 지어 불렀을 정도다.

몇 소절 안 되는 노래에는 온체인과 그 패거리의 본질을 적나라하게 폭로하는 백성의 원성이 넘쳐흐른다. 당시 문병(文秉)이란 사람은 이자들이 하나같이 "부귀영화를 누리고 살았는데도 사람들에게 천시당한 것을 보니 생전에 어떻게 살았는지 안 봐도 뻔하구나!"라며 한숨을 내쉬었다. 특히 온체인이 집권 8년 동안 숱한 악행을 저질렀는데도 그를 기용한 숭정제는 죽는 순간까지 온체인이 무슨 잘못을 했는지 몰랐다고 하니 그의 간행이 얼마나 교묘하고 무서운지 소름이 끼친다.

교활하게 빠져나가다

온체인은 절강성 오흥(吳興)의 지주 집안 출신으로, 만력 26년(1599)에 진사에 급제하여 벼슬길에 올랐다. 그는 관료 생활을 함에 있어 누구나 공경스러운 태도로 세심하게 배려하는 등 원만한 인간관계를 유지했다고 한다. 또 인간사의 진행 방향을 헤아리는 데 능숙하여 관운이 형통했으며, 30년 가까운 관료 생활을 통해 별 탈 없이 승승장구한 끝에 내각수보까지 올랐다. 그러나 화려해 보이는 온체인의 삶을 들여다보면 인간으로서 도저히 상상할 수 없는 추악한 모습으로 가득 차 절로 한숨이 나온다.

모든 간신이 그렇듯 온체인 역시 교활하고 음험하고 악독하며, 권력자의 마음을 헤아리는 데 귀신같은 능력을 발휘했다. 높은 자리로 오르기 위해 부끄러움을 내팽개친 것은 기본이고, 누구든 자기에게 힘이 된다면 그를 발판으로 삼아 높은 곳에 오른 다음 사다리를 치우고 심지어 그 사람을 우물에 빠뜨리고 돌을 던지는 일도 서슴지 않았다. 세상을 혼탁하게 만드는 기술자들이 바로 간신이고, 온체인은 그중에서도 대표적인 인물이다.

명 왕조는 천계제 희종 연간(1621~1627년)에 환관 위충현의 발호로 조정과 전국이 곤경에 처했으며, 백성의 삶은 엉망이 되었다. 7년 만에 세상은 '위씨 천하'를 방불케 할 정도로 혼란에 빠졌다. 중국 역사상 가장 암울한 시대라는 평가를 받는 명 왕조는 위충현의 간행과 그 여파로 깊은 심연에서 헤어나지 못한 채 멸망의 길로 접어들었다.

이런 추악한 정치판에서 온체인은 특유의 장점을 살려 자기 이익만을 위해 뛰어다녔다. 특히 위충현에게 잘 보이려고 간도 쓸개도 다 빼놓고 달려들었다. 항주에 위충현의 생사가 완공되자 이를 축하하는 아부의 시를 바쳤는데, 만약을 대비해 글자로 남기지 않는 교활함을 보이기도 했다. 명색이 진사 출신인지라 정파를 대표하는 동림당을 적대시할 수 없는 온체인은 동림당과 개인적으로 왕래하며 친분을 유지했지만, 적당히 거리를 두어 고자당의 의심에서 벗어났다. 동림당을 제거하기 위해 만든 블랙리스트에 온체인의 이름이 빠진 것도 이 때문이다.

그러나 하늘조차 압도할 것처럼 기세등등하던 위충현과 고자당의 권세가 절대 권력자 희종의 죽음과 함께 어이없이 무너졌다. 위충현에게 극도의 반감을 품은 숭정제는 즉위하자마자 지난 정권 때 세도를 부린 위충현과 고자당을 역당으로 규정하여 대대적인 숙청을 가했다. 숭정제는 위충현에게 달라붙어 호가호위 하던 졸개들을 100명이 넘게 색출해서 처벌했다. 그런데 위충현의 생사 낙성식을 축하하는 시까지 바친 온체인의 이름은 이번에도 빠졌다. 온체인의 교활함이 남달랐음을 잘 보여주는 대목이 아닐 수 없다.

내각 인선을 어지럽히다

1628년 즉위한 숭정제는 위충현과 그 일당에 대한 숙청을 단행했고,

이 때문에 내각에서 일할 사람이 모자랐다. 숭정제는 결원을 보충하기 위해 교지를 내렸다. 명 왕조의 규정에 따라 내각의 신료들은 구경(九卿)이 공동으로 서명하는 '회추(會推)'에 의해 인선되었다. 이 경우 정원보다 좀 더 인선하여 명단을 황제에게 올리는데, 황제는 명단을 검토하여 정원만큼 원으로 표시한 다음 관련 부처로 보내면 되는 것이다.

숭정제 즉위와 함께 위충현 일당을 제거하는 등 호기롭게 출발한 숭정제(1628~1644 재위)였지만 온체인의 마수에서 벗어나지 못하고 망국 군주라는 오명까지 얻었다.

이 무렵 명 왕조는 부패와 비리가 만연하여 누구도 바로잡을 수 없는 지경이었다. 관리들은 너나 할 것 없이 패를 지어 서로 좋은 자리를 차지하기 위해 싸웠다. 온갖 음모와 비방이 판을 쳤고, 뒷거래는 다반사였다. 젊은 숭정제가 엄격한 법 집행을 표방하며 탐관오리를 제재하기 위해 나섰지만 명 왕조는 자정 능력을 잃은 지 오래였다. 부정부패의 근원이 황제 자신이었기 때문이다. 문관으로는 재상, 무관으로는 군부 총사령관을 포함한 문무 관원은 환관의 지원을 받지 못하면 승진 기회는 물론 자리와 목숨까지 보장받을 수 없었다. 그리고 환관의 후원은 돈 없이는 불가능했다(환관의 폐단을 엄단한다면서 위충현과 고자당을 숙청한 숭정제는 얼마 가지 않아 환관들이 가장 충성스러운 존재라는 사실을 스스로 '인정'하고 이들을 대거 중용했다).

빚을 잔뜩 진 관리들이 권력을 손에 넣으면 자연스럽게 본전을 찾기 위한 부정과 비리에 연루되어 악순환이 반복되는 것이다. 쉽게 말해 황제가 숙청한 탐관오리의 숫자가 늘수록 부패와 비리도 더욱 치열해졌다. 관리들의 상호 견제와 알력은 비리를 막자는 것이 아니라 서로 들키지 말자는 것이었다. 16세기부터 민간에서는 지방의 상황을 두고 '도적(굶주린 인민)은 얼레빗 같고, 군관은 참빗 같고, 병사들은 면도칼 같다'는 노래가 유행했는데, 조정의 탐관오리 또한 결코 이들 못지않았다. 명 왕조의 총체적 폐단은 치유할 수 없는 암이 되어 왕조의 전신으로 퍼져나갔다.

새로운 내각 인선이 단행되었고, 그런대로 연줄 있고 지위 있는 관료들은 모두 명단 발표만을 학수고대했다. 온체인 역시 마찬가지였다. 그러나 막상 명단이 발표되고 보니 온체인의 이름이 없었다. 이번 내각 인선 명단에는 꼭 들어가길 바랐는데…… 이유인즉 온체인의 자질이 떨어진다는 것이었고, 이는 누가 봐도 당연한 결격 사유다. 그러나 온체인은 그렇게 생각하지 않았다는 게 문제다.

온체인은 이번 인선과 관련된 주변 인물들을 면밀히 살폈다. 그 결과 나름대로 자격을 갖췄는데도 명단에서 빠져 잔뜩 불평을 늘어놓는 주연유(周延儒)를 발견했다. 그는 주연유를 찾아가 내각 인선에 문제가 있다며 염장을 질렀다. 두 사람이 의기투합하여 은밀히 대책을 논의한 결과, 기습적인 반격을 가하는 음모를 획책하기에 이른다.

이들은 먼저 이번 인선에 불만을 품은 자들을 규합하여 인선에 문제가 있다는 식으로 유언비어를 퍼뜨리게 하는 한편, 은자 8만 냥으로 환관들을 매수하여 황제 앞에서 자신들에게 유리한 말을 늘어놓도록 했다. 가닥이 잡히자 온체인이 먼저 황제에게 '간신들이 당파를 짓는다'는 상소를 올려 전겸익(錢謙益)을 집중 공격하는 것을 돌파구로 삼아 이번 회추의 인선을 철저하게 부정하고 나섰다.

온체인 일당이 전겸익을 공격 대상으로 삼은 데는 이유가 있다. 우선 전겸익은 이번 인선 명단 맨 처음에 올랐다. 기왕 공격하려면 서열 1위를 공격하는 것이 효과적이라는 것이다. 게다가 전겸익에게는 약점이 있었다. 물론 이는 온체인 일당이 보기에 약점일 뿐 다른 대신들에게는 문제가 되지 않는 약점이다. 온체인이 들고 나온 전겸익의 약점이란 지난 천계 연간에 전겸익이 다른 정파를 두고 '뇌물을 받고 간신들이 당파를 짓는다'고 무고하는 바람에 억울한 사건이 벌어진 것을 말한다.

젊은 숭정제는 나름대로 뭔가 큰 일을 해서 침체된 조정의 국면을 만회하려고 애쓰다 보니 조야의 당파와 탐관오리의 비리에 극도로 예민한 반응을 보였다. 그러나 아직 젊고 경험이 부족한데다 너무 서두르다 보니 걸핏하면 신경질을 내고 버럭 화를 냈다. 당연히 어떤 일에 대해 차분하게 생각하거나 두루두루 살피지 않고 멋대로 판단하고 결정하기 일쑤였다.

교활한 온체인은 이런 숭정제의 성격을 절묘하게 이용하여 황제를 자극하고 화를 내게 만든 것이다. 아니나 다를까? 온체인의 상소를 본 숭정제는 벼락같이 화를 내며 내일 당장 새로 뽑힌 내각 대신을 모두 소집하라는 명령을 내렸다.

다음날, 내각 각료에 인선된 대신들은 인선이 최종적으로 마무리될 것으로 예상하고 기분 좋게 입조했다. 전겸익 역시 대학사께서 납신다는 듯 의기양양한 태도로 입조했다. 그런데 이게 웬일인가? 숭정제는 입조한 전겸익을 보더니 온체인을 불러 대전에서 대질케 하는 것

전겸익 명나라 말기 정치가이자 시인. 처세에는 절조가 부족했으나 시작에는 뛰어난 재능을 보인 그도 사소한 약점 때문에 온체인의 집요한 공격을 받은 끝에 실각했다. 간신은 한번 문 먹잇감은 절대 놓지 않는다.

이 아닌가? 갑작스러운 습격에 전겸익은 당황해 어쩔 줄 몰랐다. 예상치 못한 공격에 내내 수세에 몰려 뭐라 반격하지 못하고 우물쭈물했다. 반면에 일찌감치 모든 공격 준비를 마친 온체인의 구변은 말 그대로 청산유수였다. 기록에 따르면 마치 샘이 솟듯 말문이 콸콸 쏟아졌다고 한다.

조정 대신들이 온체인의 갑작스러운 문제 제기에 불만을 품고 전겸익을 변호하고 나섰다. 지난 일을 다시 꺼내는 것은 온체인에게 다른 꿍꿍이가 있는 것 아니냐는 날카로운 추궁도 따랐다. 그러나 온체인은 대신들의 역공에 눈 하나 깜짝하지 않고 반격을 가했다. 대신들이 전겸익을 변호하는 것 자체가 사사로이 당파를 짓는다는 증거라고 몰아붙인 것이다. 이는 가뜩이나 당파에 극도의 혐오감을 보이던 숭정제의 아픈 곳을 찌르는 독수였다. 화가 난 숭정제는 똥인지 된장인지 가려볼 생각도 않은 채 전겸익을 변호하던 장원유(章元儒)를 감옥에 처넣었다.

나라가 망하는 데는 간군과 간신 한 명씩이면 족하다 343

상황이 이렇게 되고 보니 감히 나설 사람이 없었다. 모두 입을 다물었고, 숭정제는 온체인이야말로 훌륭한 신하라며 한바탕 칭찬을 늘어놓기까지 했다. 숭정제의 심리적 약점을 절묘하게 이용한 온체인의 기습 공격은 상당한 성과를 거두었다. 온체인은 보다 높은 곳으로 오르기 위한 발판을 마련했다.

비리 폭로를 역이용하다

조정 대신들은 하나같이 온체인의 비열한 언행에 대해 혐오감을 느끼며 격분했다. 어사 모구화(毛九華)가 나서 온체인의 비리를 폭로하기 시작했다. 과거 온체인이 목재 상인을 윽박지른 불법 행위와 고자당의 핵심 최정수와 결탁한 사실, 심지어 위충현을 위해 아부의 시를 지어 바친 일까지 들고 나왔다. 어사 임찬화(任贊化)도 온체인이 기생을 첩으로 맞아들인 일, 금품을 수수한 일, 남의 부동산을 불법으로 빼앗은 일 등을 들고 나왔다. 조정은 순식간에 온체인을 탄핵하는 분위기로 돌변했다.

사태가 심상치 않음을 직감한 온체인은 서둘러 한 발 물러섰다. 2보 전진을 위한 1보 후퇴 작전을 쓰기로 한 것이다. 그는 거짓으로 사직서를 제출하면서 자신은 종묘사직을 위해 한 일인데 백관들의 마음에 들지 않았는지 자신을 배척한다며 궤변을 늘어놓았다. 그리고 숭정제의 동정심을 유발하기 위해 아무도 자기편이 되어 변호하지 않는 고립무원의 처지를 하소연하며 울먹였다.

의심이 많으면서도 자신의 판단을 100% 확신하던 숭정제는 또 한

번 온체인의 수에 걸려들었다. 즉각 내각과 9경을 소집하여 온체인 문제를 추궁하는 한편, 온체인과 그를 탄핵한 모구화, 임찬화 등을 대질시켰다. 온체인은 작심한 듯 이를 악물고 모구화와 임찬화 역시 전겸익과 한패라며 몰아붙였다. 숭정제는 대신들이 나라와 백성은 생각지 않고 사리사욕을 위해 패거리를 지어 서로 공격한다며 나무랐다. 숭정제가 자기편을 든다는 것을 확인한 온체인은 다시 한 번 고향으로 돌아가게 해달라고 읍소했다. 무지한 숭정제는 온체인이 가여워 청심환까지 내려주며 위로했다. 정말이지 기도 안 찰 노릇이다.

자신의 입지가 튼튼해졌다고 생각한 온체인은 한 걸음 더 올라가야겠다고 결심하고 다음 수를 던졌다. 그는 처음 지목한 전겸익이란 먹잇감을 절대 놓지 않은 채 숭정제에게 전겸익을 처분해야 한다고 조르기 시작했다. 조정 대신 대부분은 온체인의 심보가 문제지 전겸익이 문제 될 것은 없다는 입장이었다. 그런데 조정 대신들의 반응이 이럴수록 온체인에 대한 숭정제의 동정은 깊어만 갔다. 온체인이야말로 어떤 당파도 없는 외로운 충신이라고 여긴 것이다.

얼마 뒤, 온체인은 마침내 숭정제에게 보상을 받았다. 같은 패거리 주연유가 내각수보가 된 이듬해 온체인도 내각으로 진입하여 국가 대사에 참여하게 된 것이다.

명의 마지막 보루를 해치다

간신의 전형적인 특징은 불타는 야심을 숨긴 채 권력을 향해 물불 가리지 않고 달려들되, 나라의 안위나 민족의 이익, 백성의 질곡은 강

건너 불구경한다는 것이다. 간신은 자신에게 걸림돌이 된다고 생각하면 누구든 모함하여 해친다. 그래서 간신이 득세하면 천하가 재앙을 만난다고 하는 것이다. 온체인도 그랬다. 그가 숭정제에게 은밀히 상소를 올려 명장 원숭환(袁崇煥)을 해친 사건은 중국 역사상 가장 억울한 사건으로 기록되었다.

당시 원숭환은 변경 요동에 주둔하면서 후금(훗날의 청)의 공격을 막았다. 민심을 잘 추스르며 뛰어난 전략과 전술로 누르하치를 여러 차례 물리치더니, 결국 그에게 중상을 입혀 사망하게 만든 명장이다. 누르하치의 뒤를 이은 황태극(皇太極)은 이런 원숭환에게 극도의 원한을 품었다. 황태극은 정공법으로는 원숭환을 제거할 수 없다고 판단하여 명 왕조의 부패를 이용하기로 했다. 황태극이 사용한 방법은 물어볼 것도 없이 간첩을 이용한 반간계(反間計)다.

1629년 황태극은 원숭환과 정면 대결을 피하면서 몽고를 돌아 희봉구를 통해 산해관으로 들어와 경성을 압박했다. 이에 원숭환은 서둘러 회군하여 경성의 좌안문에 주둔하며 황성과 황제를 지켰다. 첫 단계 계략이 순조롭게 성공하자 황태극은 다음 단계 작전을 펼쳤다. 당시 황태극의 군영에는 명나라 환관 두 명이 포로로 잡혀 있었다. 황태극은 이들을 지키는 병사들에게 원숭환이 황태극과 결탁하여 딴 짓을 꾀하는 것 같다는 거짓 정보를 흘리게 했다. 그리고 일부러 경비를 소홀하게 하여 두 환관을 탈출하게 만들었다. 이전에는 명 조정으로 간첩을 침투시켜 원숭환이 황태극과 은밀히 편지를 주고받는다는 가짜 정보와 거짓 증거 등을 흘리게 하는 이중 플레이를 구사했다.

의심은 많고 경험은 부족한 숭정제는 무작정 원숭환을 의심하기 시작했다. 하지만 그간 원숭환이 세운 공이나 그의 위치 등을 생각하지

황태극 청나라 2대 황제(1626~1643 재위). 영웅 원숭환을 제거하기 위해 반간계를 사용한 황태극은 명나라 조정의 부패상을 잘 알고 있었다.

원숭환 후금의 침략에 맞설 명의 마지막 보루가 독단적인 황제와 사욕에 눈이 먼 간신들에 의해 갈기갈기 찢겨나갔다.

않을 수 없어 확신을 내리지는 못했다. 이 순간, 온체인은 은밀히 숭정제에게 글을 올려 원숭환을 잡아들이라고 부추겼다.

자기 판단에 오류란 있을 수 없다는 말도 안 되는 소신을 가진 숭정제는 원숭환에 대한 의심에 확신을 보탰고, 또 한 번 온체인의 독수에 걸려들었다. 들끓는 여론 속에 원숭환은 온몸이 찢기는 극형을 받고 구천을 떠도는 원혼이 되었다. 원숭환을 지지하던 재보 전용석(錢龍錫), 병부상서 왕급(王給) 등도 죽음을 면치 못했다. 못난 명나라 관리들은 역적의 음모가 탄로 났기 때문에 도성은 안전할 것이라며 손에 손을 잡고 환호성을 질렀다. 이로써 온체인의 야심은 또 한 차례 탄력을 받았다. 그러나 국가의 안위와 직결된

간성(干城)과 간신의 야심이 맞교환되었으니 그 결과가 어땠을지는 불 보듯 뻔하다(16년 뒤, 청은 명의 도성을 점령한 다음 이 사건의 내막을 공개하여 천하에 못난 명의 황제와 관리들의 멍청함을 한껏 비웃었다).

용도 폐기

온체인과 주연유는 일찌감치 한통속이 되어 서로 이용해가며 간행을 저질렀다. 이런 간신들은 개인의 욕망만을 목적으로 삼기 때문에 필요하면 언제든 손을 잡고, 이익이 충돌하면 언제 그랬냐는 듯 으르렁거리며 싸운다.

전겸익을 공격하여 내각 인선을 어지럽히고, 간성 원숭환마저 해치는 데 성공한 온체인은 자기 앞길을 가로막은 사람이나 세력을 가차 없이 제거하기 시작했다. 그리고 주연유의 도움을 받아 마침내 숭정 3년(1630) 동각대학사를 겸임함으로써 수보 자리에 바짝 다가섰다. 온체인과 주연유는 일단 손을 잡고 환광과 성기명 두 내각수보를 모함하여 내쫓았다. 그리고 주연유가 먼저 수보 자리에 올랐다.

온체인은 일단 황제의 마음을 확실하게 사로잡는 쪽으로 가닥을 잡았다. 내각의 신분으로 황제를 자주 만날 수 있는 기회를 한껏 이용하여 숭정제의 심기를 정확하게 읽고 철저하게 그에 맞추어 처신했다. 이와 함께 6부 곳곳에 자신의 심복을 심어 관리들의 심사를 관장하는 이부상서에 동향 출신 민홍학(閔洪學)을 앉히는 데 성공했다. 사실상 관리들의 생사 여탈권을 장악한 것이다.

온체인은 자신을 따르는 패거리가 많아지자 자기가 수보 자리에 앉는 것이 당연하다고 생각했다. 그는 마침내 오랜 동료이자 지금까지 자신을 적극 밀어준 주연유에게 칼을 들이댔다. 그러나 겉으로는 늘 그랬던 것처럼 주연유의 비위를 맞추고 아부를 떨면서 돌아서서는 패거리를 시켜 주연유를 비방하는 등 주연유의 발목을 비틀기 시작했다.

숭정 6년(1633), 농민 봉기가 들불처럼 번지기 시작했다. 원숭환을 제거한 후금의 군대도 뻔질나게 동북을 통해 산해관을 넘어와 도성을 위협했다. 명 왕조는 극심한 내우외환에 빠져 허우적댔다. 내각수보 주연유는 탐욕스럽고 무능한 인간이라 자리만 채우는 수보에 지나지 않았다. 그러니 조정의 위기를 해결할 방법을 찾지 못하는 것은 당연했다. 사악한 온체인은 이런 주연유의 모습을 지켜보다가 서서히, 그러나 단호하게 칼을 뽑았다.

온체인은 주연유의 3대 비리를 문장으로 만들어 졸개인 언관들을 사주하여 탄핵하게 했다. 3대 비리란 첫째, 주연유의 자식을 비롯한 친인척이 자기 고장에서 행패를 부리며 백성을 격노하게 만들었다는 점이다. 일단 그물을 넓게 치자는 속셈이다. 둘째, 주연유가 추천한 산동순무 손원화가 등주성을 빼앗긴 일을 거론하며 무능한 자를 추천한 잘못을 추궁했다. 셋째, 주연유가 거액의 뇌물을 받아 챙긴다는 소문을 퍼뜨리게 했다. 이와 동시에 급사중 진찬화를 시켜 주연유와 측근들의 은밀한 비리까지 들추게 했다. 탄핵 상소를 받은 숭정제는 크게 진노하여 주연유의 측근들을 잡아 심문하게 했다. 뜻하지 않은 공격에 주연유는 급한 대로 온체인에게 구원을 요청했다. 이 얼마나 못난 인간인가? 이렇게 해서 온체인은 별 힘 들이지 않고 '평생 동지' 주연유를 밀어낸 다음 신하 최고의 자리, 수보에 올랐다.

갈 곳 없는 길

'일인지하, 만인지상'이라는 수보에 오른 온체인도 대세를 돌이킬 수는 없었다. 절벽으로 떨어지는 수레에 탄 처지나 마찬가지였으니 말이다. 하지만 뭐 먹을 것이 있다고 파리 떼처럼 달려들어 황제를 기만하고 백성을 괴롭혔다. 오죽했으면 온체인이 집권한 8년 동안 '나라에 이로운 일이라곤 한 가지도 하지 않았고, 나라에 해로운 일을 하나도 제거하지 못했다'는 평가를 받았겠는가?

당시 대신들이 온체인을 탄핵한 상소를 보면 '허구한 날 은혜와 원수만 찾고, 누가 곁눈질로 째려보기만 해도 기어코 보복했다'고 한다. 수백에 이르는 문무 대신이 죽거나 감옥에 갇히는 신세가 되었고, 온체인은 황제의 총애만 믿고 시체처럼 자리나 지키면서 국록을 축냈다. 온체인이 하는 일이라고는 음모가의 못된 놀이밖에 없었다.

자신의 측근을 어떤 자리에 기용하고 싶으면 은밀히 다른 사람을 시켜 그에 대한 이야기를 흘리게 한 다음, 황제가 그에 대해 물으면 자신은 그 사람과 무관하다는 듯 천연덕스럽게 칭찬을 늘어놓음으로써 황제를 기만했다. 마음에 들지 않거나 자신에게 반대하는 사람도 마찬가지 방법으로 모함하여 황제의 손을 빌려 제거했다. 심지어 그 사람을 옹호하는 듯한 발언을 하는 식으로 숭정제의 심기를 건드려 결국 그를 사지로 몰아넣기도 했다. '연한 칼이 사람을 죽인다'고, 악독하기 짝이 없는 인간이다. 그래서 기록에는 온체인이 말 한 마디로 사람을 죄인으로 만든다고 했다.

하지만 원숭이도 나무에서 떨어진다던가? 황제의 총애만 믿고 안하무인 설치던 온체인이 그 총명함 때문에 당하는 사건이 발생했다.

잔머리도 적당히 써야지 끝장을 보려고 무리수를 두면 역공을 당할 수밖에. 사건의 경위는 다음과 같다.

온체인은 두 차례나 공격한 전겸익을 내버려두지 않고 기어이 세 번째 공격을 가했다. 전겸익이 온체인에게 당해 고향으로 내려간 지 벌써 10년이 지난 시점이었다. 전겸익은 고향에서 책이나 보며 지냈다. 그런데 숭정 10년(1637) 봄, 상숙 지방의 건달 장한유가 개인적으로 전겸익에게 청탁을 넣었다가 혼나는 일이 있었다. 장한유는 이 일로 전겸익에게 원한을 품고 경성으로 올라와 전겸익이 강남에서 과거 권세를 믿고 뇌물을 받고 사람을 살렸다 죽였다 하는 등 무도한 짓을 저지르는가 하면, 조정을 비방하고 사직을 위험에 빠뜨린다는 말도 안 되는 모함을 했다.

장한유의 말은 정말 놀랍지만, 조정에서 물러난 지 10년이 넘은 전겸익이 무슨 힘이 있어 이토록 어마어마한 일을 저지를 수 있단 말인가? 조금만 생각해보면 얼마나 황당무계한 소리인지 판단할 수 있는 해프닝이었다. 그런데도 온체인은 지난날의 개인적 감정을 앞세워 전겸익과 구식사(瞿式耜)를 잡아들였고, 숭정제의 심기를 건드려 엄하게 다스리라는 명령을 받아냈다.

억울함을 하소연할 길 없어 막막해하던 전겸익은 환관 조순화(曹淳化)에게 청탁을 넣었다. 황제의 총애를 철석같이 믿던 온체인은 조순화가 끼어들자 함께 옭아 넣으려 했다. 과거에 써먹은 수법대로 전겸익과 조순화를 엮어서 동시에 제거하려는 속셈이었다. 그렇게만 된다면 자신의 입지는 더욱 튼튼해질 수 있기 때문이다. 그러나 역사는 입증한다. 아무리 사악한 간신이라도 허점이 있고 실수가 있게 마련이라는 것을. 그것을 놓치면 절대 간신에 맞서 이길 수 없다. 조순화가 누군가? 그는 사례감 태감으로 황제의 신변에서 황제를 돌보는 핵심적인 위치에 있던 인물이다. 명 왕조의 전권을 휘두르던 거물급 환관이 대부분 사례감에서 배출되지 않았는가? 사례감은 내각과 대권을 놓고 경쟁하기도 했다.

온체인은 이 기회를 이용하여 사례감 전체를 납작하게 누를 생각이었다. 그런데 예상 밖으로 숭정제가 온체인이 은밀히 올린 상소를 조

구식사 온체인의 모함으로 전겸익과 함께 수난을 당한 명사 구식사.

순화에게 보여준 것이다. 화가 머리끝까지 뻗친 조순화는 숭정제에게 이 사건의 심리를 자신이 맡겠다고 했다. 조순화는 환관 최고 기구 동창에 사건 조사를 맡겼고, 그 결과 장한유가 온체인과 몰래 꾸민 일임이 드러났다. 상세한 보고서가 숭정제에게 전달되었고, 숭정제는 그제야 온체인도 사사로이 패거리를 지어 자신을 기만해왔다는 사실을 알았다. 전겸익과 구식사는 풀려났고, 장한유 등은 곤장 100대에 처해졌지만 며칠 뒤 죽고 말았다.

사태가 불리하게 돌아가자 온체인은 병을 핑계로 집에 처박혀 나오지 않았다. 그러자 언관들이 줄줄이 들고 일어나 온체인을 탄핵하기 시작했다. 그러나 온체인은 전혀 개의치 않았다. 지금까지 온체인을

탄핵한 사람들은 모두 황제에게 견책 당했기 때문이다. 황제의 총애를 하늘같이 믿었기에 배짱을 부릴 수 있었던 것이다. 하지만 이번에는 달랐다. 온체인의 말이라면 팥으로 메주를 쑨다 해도 믿던 숭정제가 낙향을 명령한 것이다.

숭정제의 성지가 온체인에게 전달될 당시 온체인은 산해진미를 차려놓고 보란 듯 먹고 있었다. 그런데 '고향으로 돌아가라'는 말을 듣고 얼마나 놀랐는지 들고 있던 젓가락을 땅바닥에 떨어뜨렸다. 고향으로 돌아간 온체인은 해가 바뀌고 얼마 지나지 않아 죽고 말았다.

역사의 전율

1644년 농민 봉기군의 수령 이자성(李自成)이 북경의 자금성을 점령하고, 명 왕조는 멸망했다. 숭정제는 황제에 오른 지 17년 만에 고립무원의 상태에서 홀로 매산(煤山, 지금의 북경 경산 공원)에 올라가 나무에 목을 맸다. 숭정제는 자살하면서 유서를 남겼는데, 그 내용이 구차하기 그지없다. 특히 나라가 망한 책임을 대부분 신하들이 자신을 잘못 이끈 탓으로 돌리면서도 유독 온체인은 나쁘다고 여기지 않았다. 역사의 비극이 아닐 수 없다.

숭정제는 집권 17년 동안 재상을 50명이나 갈아치웠다. 재상 한 사람이 평균 넉 달 남짓 자리를 지킨 셈이다. 그런데도 온체인은 무려 8년 가까이 집권했다. 의심 많기로 말하자면 600명에 이르는 중국의 역대 제왕 중 몇 손가락 안에 꼽힐 정도였던 숭정제가 어떻게 온체인을 8년 동안이나 재상 자리에 앉혀두었을까? 온체인이 숭정제를 완벽하게

이자성과 숭정제가 목을 맨 경산 농민 봉기군의 수령 이자성이 황궁으로 진입했을 때 숭정제를 지켜주는 자는 아무도 없었다. 숭정제는 경산으로 올라가 한 나무에 목을 매어 자살했다.

속였다는 얘기다. 간신은 이렇게 무서운 존재다.

생각해보라! 나라 경제가 파탄이 나고, 적군이 도성을 압박하며, 사방에서 민중 봉기가 일어나는 총체적 위기에 몰린 상황에서도 사리사욕을 채우는 데 혈안이 된 온체인을 재상 자리에 그대로 둔 숭정제, 귀향을 명령하는 성지가 전달되는 상황에도 산해진미를 차려놓고 태연스럽게 젓가락질을 하던 온체인, 목을 매 죽으면서도 온체인의 잘못이 무엇인지 깨닫지 못한 숭정제, 재상으로 있으면서 나라에 득이 되는 일이라곤 한 가지도 하지 않으면서 그렇다고 나라에 해가 되는 일도 하나 없애지 못한 온체인…… 도대체 어떻게 이런 일이 벌어질 수 있단 말인가?

권력을 사유화하여 은혜를 베풀 듯이 사용할 때 권력과 권력자는

자금성 건청궁 내부 지금도 온갖 간신들에 둘러싸인 채 자기만의 세상에 갇혀있는 권력자는 없는지 걱정스럽다. 권력 자체에만 눈이 팔려 간신의 달콤한 속삭임에 도취되어 민심의 목소리를 외면한 권력자의 말로가 어땠는지 역사는 너무 생생하게 보여준다.

타락한다. 나라와 백성이 아닌 자신에게 충성하는 자, 즉 간신을 키우는 필연적 수순이 바로 권력의 사유화다. 자신에게 충성하는 자를 원한 이상, 자신에 대한 충성이 변하거나 의심되지 않는 한 그자가 아무리 무능하거나 잘못해도 내치지 않고 곁에 두는 것이다. 나라를 발전시키는 데는 유능한 인재 100명도 모자라지만, 나라를 망치는 데는 이런 권력자와 간신 하나면 충분하다. 못난 권력자와 교활한 간신이 조합을 이루면 못 할 일이 없다.

간신의 온상은 권력자다. 특히 권력에 대한 깊이 있는 의식과 심각한 통찰 없이 내 손에 쥐어진 힘 있고 잘 드는 칼 정도로 생각하는 천박한 권력자야말로 간신이 무럭무럭 자랄 수 있는 온상이 된다. 문제는 이런 현상이 군주 체제에서만 일어나는 게 아니라는 사실이다. 지금 우리 눈앞에서 버젓이 벌어지고 있다. 간신이란 역사 현상을 경계하고 통찰해야 하는 절박한 까닭이 바로 여기에 있다.

참고 문헌

원고를 탈고하면서 안타까운 생각을 했다. 이 책 곳곳에서 저자는 간신은 정말 중요하고 심각한 사회현상이자 역사 현상이라는 점을 누누이 지적했다. 이는 역사서에 간신에 관한 전문적인 기록이 남아 있는 것만 봐도 쉽게 알 수 있다. 그런데 우리의 상황을 보면 어찌된 일인지 간신에 관한 연구는 전무하다고 할 정도로 적막하다(기초 사료라 할 수 있는 《고려사》의 경우 간신에 관한 기록이 있기는 하지만, 철저히 조선 건국자의 입장에서 편집되었기 때문에 그대로 받아들이기에는 문제가 많다).

우리 역사에 간신이란 현상과 존재들이 없었단 말인가? 어쩌면 우리는 어느 나라보다 많은 간신과 매국노가 설친 역사를 가지고 있는지도 모른다. 그런데도 친일파에 관한 부분적 연구를 제외하면 우리 역사를 한없이 부끄럽게 하고 치욕스럽게 만든 숱한 간신들에 대한 준엄한 고발서나 변변한 논문 한 편 없는 것이 우리 실정이다.

중국의 경우는 1990년대 이후 간신에 관한 연구서와 대중 역사서가 끊임없이 출간되고 있다. 이에 국내와 중국에서 출간된 간신에 관한 역사서의 목록을 제시하는 것으로 아쉬움과 안타까운 마음을 토로해본다. 이 참고서는 본서를 저술하는 데 많은 도움을 준 책이기도 하다(목록은 연대순으로 정리했다).

* 《춘추(春秋)》; 《전국책(戰國策)》; 《한비자(韓非子)》; 《여씨춘추(呂氏春秋)》; 《설원(說苑)》; 《오월춘추(吳越春秋)》 등(이 책들은 춘추전국시대 간신들에 대한 행적을 단편적으로 소개하고 있다.)
* 《사기(史記)》의 〈영행열전(佞幸列傳)〉을 비롯한 중국 역대 왕조들이 편찬한 정사 25사의 〈영행전〉이나 〈간신전〉은 역대 간신들에 대한 가장 기본적인 자료가 된다. 다만 후대 왕조가 편찬한 만큼 사료 비판이 필요하다.
* 柏楊, 《中國人史綱》, 星光出版社, 1979. (대만의 지성 보양이 과거 왕조 체제에 대한 비

판적 시각으로 감옥에서 쓴 중국 통사다. 국내에서는 《맨 얼굴의 중국사》란 제목으로 출판되었다. 간군이나 간신들의 행적에 대한 통렬한 비난이 곳곳에 돋보인다. 1980년대 이후 중국의 신진 역사학자나 대중 사학자들치고 보양의 영향을 받지 않은 사람은 거의 없다고 해도 과언이 아니다.)

* 景志遠·黃靜林,《辨奸臣論》, 中國人民大學出版社, 1991. (간신을 역사적·사회적 현상으로 보고 본격적으로 간신을 분석한 책으로 국내에서는 2001년 《간신론》이란 제목으로 편역 출판됐다.)
* 畢寶魁,《奸謀·奸行·奸禍·中國古代十八大奸臣》, 春風文藝出版社, 1992. (역대 간신 중 18명을 선정하여 간행을 비교적 소상히 소개한 책으로, 국내에서는 《중국 역사가가 뽑은 열여덟 명의 간신들》이란 제목으로 1994년 일부가 출간되었다.)
* 黃德馨,《中國大太監外傳》, 湖北人民出版社, 1988.
* 高敏主編,《奸臣傳》(上·下), 河南人民出版社, 1989.
* 張星久·楊果,《中國十奸臣外傳》, 湖北人民出版社, 1992.
* 柴宇球主編,《奸佞謀略家》《謀略家》, 廣西人民出版社, 1993.
* 鄒元初編著,《中國奸臣要錄》, 海潮出版社, 1993.
* 劉定之,《否泰錄》, 北京大學出版社, 1993.
* 吳文光·吳光宇,《貪官之禍》, 廣西民族出版社, 1995.
* 朱創平,《淸朝懲處的高官大吏》, 中國工人出版社, 1997.
* 黃惠賢·金成禮,《中國倡廉反貪史鑑事典》, 四川辭書出版社, 1997.
* 易學金,《國史》, 長江文藝出版社, 2001.
* 김영수 편저,《간신은 비를 세워 영원히 기억하게 하라》, 2001, 아이필드. (간신에 관한 동서양의 역대 문장과 정치인, 기득권층의 변절 행태를 신랄한 어조로 비판한 현대 문인들의 글을 모아 논평한 국내 최초의 간신 관련 책이다.)
* 史式著,《淸官貪官各行其道》, 重慶出版社, 2004. (청백리와 간신들의 행적을 대비하며 날카로운 시각으로 논평한 대중 역사서로, 국내에서는 2007년 《청렴과 탐욕의 중국사》라는 제목으로 출간되었다.)
* 夏日新主編,《中國貪官畵像》, 湖北人民出版社, 2007.
* 漁樵耕讀編著,《這樣讀史更有趣》, 中國城市出版社, 2007.
* 潘慧生編著,《中國歷史上的奸與詐》, 中國檔案出版社, 2007.
* 최용범·함규진,《다시 쓰는 간신열전》, 페이퍼로드, 2007. (한국사의 간신들을 다룬 유일한 대중 역사서다.)
* 齊濤主編,《中國奸臣的末路》, 齊魯書社, 2008.

| 부록

재미로 보는
나의 간신 지수 테스트

* 이 설문 조항은 흥미를 유발하기 위해 만들어진 것이다.
* 자신의 내면을 들여다보고 지금까지 자신의 처신과 행동을 돌아보며 솔직하게 체크하여 간신 지수를 확인하기 위한 것이다.
* 총 31개 항목이고 항목마다 자신의 대답에 따른 점수가 부여되는데, 0점이 가장 낮고 3점이 가장 높다.
* 전체 점수의 편차는 0점에서 93점(31×3 = 93)이다. 따라서 93점은 최악의 간신을 의미하는 지수고, 0점은 간신과 전혀 관계없는 깨끗한 사람임을 말하는 지수다.
* 점수가 높을수록 간신에 가까운 성격이나 성향임을 말한다.
* 간신을 가르는 정확한 기준 점수가 있는 것은 아니지만, 2점과 3점에 체크한 항목이 많을수록, 즉 60점을 넘으면 간신 유형에 가깝고, 70~80점이면 거의 간신이며, 80점 이상은 간신이 틀림없다고 보면 될 것이다.
* 50점대이면 간신은 아니겠지만 자신을 돌아볼 필요가 있으며, 40~50점이면 간신과 거리가 있는 성격으로 봐도 무방하겠고, 40점 미만이면 깨끗하게 살려고 노력하는 선량한 사람으로 볼 수 있겠다. 30점 미만이면 청정 인간에 가까우며, 20점대 미만이면 천연기념물에 가까운 사람으로 보면 되겠다.

0. 나 하나 잘 먹고 잘 살 수 있다면 간신 짓도 서슴지 않을 수 있다.
   (0) 절대 아니다 (1) 아니다 (2) 그럴 수 있을 것 같다 (3) 그럴 수 있다

1. 대화 중에 대화 내용과는 상관없지만 자신이 잘 알거나 조금이라도 아는 유력자(유명인)를 거론하여 은근히 자신의 관계망이나 능력을 과시하려 한다.
   (0) 아니다 (1) 어쩌다 그렇다 (2) 대개 그렇다 (3) 거의 그렇다

2. 능력 있는 동료가 승진하면 겉으로는 축하하지만 속으로는 시기와 질투에 사로잡히고, 사석에서 은근히 동료의 능력을 깎아내린다.
   (0)아니다 (1)어쩌다 그렇다 (2)대개 그렇다 (3)거의 그렇다

3. 술자리에서는 직장이나 상관의 부당한 대우에 분개하며 행동으로 항의할 것 같지만, 막상 아무런 행동도 취하지 못하는 것은 물론 직장이나 상사의 눈치를 보며 보신에 급급하다.
   (0)아니다 (1)어쩌다 그렇다 (2)대개 그렇다 (3)거의 그렇다

4. 공석이든 사석이든 대개 주도권을 쥔 사람의 눈치를 살펴 그의 비위를 맞추려 한다.
   (0)아니다 (1)어쩌다 그렇다 (2)대개 그렇다 (3)거의 그렇다

5. 힘 있는 사람에게 붙어 득을 보려는 마음이 있다.
   (0)아니다 (1)어쩌다 그렇다 (2)대개 그렇다 (3)거의 그렇다

6. 내 눈에 거슬리거나 앞길에 걸리는 상대는 보복한다.
   (0)아니다 (1)어쩌다 그렇다 (2)대개 그렇다 (3)거의 그렇다

7. 출세하거나 힘 있는 자리에 오르면 평소 마음에 들지 않던 자들에게 반드시 분풀이하거나 혼을 내주겠다는 생각을 한다.
   (0)아니다 (1)그럴 것 같다 (2)그럴 것이다 (3)반드시 그럴 것이다

8. 자신의 잘못을 감추거나 이해관계 때문에 거짓말을 하고도 가책을 느끼지 않는 경우가 있다.
   (0)아니다 (1)그런 편이다 (2)갈수록 느는 편이다 (3)거의 그렇다

9. 자신의 잘못을 감추기 위해 동료나 부하 직원까지 잘못에 동참하게 만든다.
   (0)아니다 (1)그런 생각을 한다 (2)몇 번 있다 (3)거의 그렇게 한다

10. 무슨 일이 터지면 주판알을 굴려 내 것부터 챙긴다.
    (0)아니다 (1)생각만 한다 (2)눈치를 보면서 그렇게 한다 (3)그렇다

11. 자신도 모르는 사이에 상관에게 아부하는 경우가 있다.
    (0)아니다 (1)종종 그렇다 (2)자주 그렇다 (3)거의 그렇다

12. 출세와 승진을 위해 아내나 처가 덕을 봤으면 좋겠다는 생각을 한다.
    (0) 아니다 (1) 가끔 한다 (2) 자주 한다 (3) 거의 한다

13. 승진을 위해서라면 아부는 물론 뇌물을 쓰는 것도 무방하다고 생각한다.
    (0) 아니다 (1) 필요할 때도 있다 (2) 그렇다 (3) 반드시 필요하다

14. 자기가 없을 때, 혹은 자기를 빼놓고 회식을 하거나 모임을 가지면 불안하고, 회식 때 오간 이야기는 꼭 알아야 한다.
    (0) 전혀 신경 쓰지 않는다 (1) 신경은 쓰이지만 별다른 행동은 하지 않는다
    (2) 신경이 쓰이고 알려고 한다 (3) 반드시 알아야 한다

15. 명절이나 특별한 날에 상관에게 선물을 보낸다.
    (0) 보내지 않는다 (1) 가끔 보낸다 (2) 자주 보낸다 (3) 빼놓지 않고 보낸다

16. 동료가 부당하게 해고당해도 나만 괜찮으면 상관없다고 생각한다.
    (0) 그렇지 않다 (1) 그런 생각을 할 때도 있다 (2) 종종 한다 (3) 거의 한다

17. 능력도 없고 덕도 없지만 자기를 예뻐하는 상관이 높은 자리에 오르면 좋다.
    (0) 옳지 않다고 생각한다 (1) 상관없다 (2) 나쁠 것 없다 (3) 기뻐한다

18. 능력 있는 여성 동료들을 괜히 미워하고 헐뜯는다.
    (0) 아니다 (1) 가끔 있다 (2) 자주 있다 (3) 거의 그렇게 한다

19. 자신의 실력을 키우기 위해 노력하기보다 직장의 분위기나 인간관계 설정에 많은 시간과 공을 들인다.
    (0) 아니다 (1) 그렇게 하려고 하지만 잘 안 된다
    (2) 그런 편이다 (3) 거의 그렇게 하고 산다

20. 출세와 승진을 위해서라면 가정이나 가족을 희생시키더라도 회사나 상관을 위해 몸과 마음을 바칠 수 있다.
    (0) 아니다 (1) 경우에 따라 그렇다 (2) 그럴 수도 있다 (3) 틀림없이 그렇다

21. 쉬는 날 개인적인 일인데도 상관이 부르면 가족과 약속은 팽개치고 달려간다.
    (0) 아니다 (1) 상황에 따라 그렇다 (2) 그런 편이다 (3) 반드시 간다

22. 부하 직원들을 개인적으로 부려도 미안하지 않다.
    (0) 부리지 않는다 (1) 미안하다 (2) 미안할 때도 있다 (3) 미안하지 않다

23. 개인적인 자리에 부하들을 불렀을 때 참석하지 않은 부하는 밉다.
    (0) 전혀 아니다 (1) 약간은 섭섭하다 (2) 미울 때도 있다 (3) 밉다

24. 상관의 부인을 잘 챙기는 부하 직원이 예쁘다.
    (0) 전혀 아니다 (1) 싫지는 않다 (2) 기분이 괜찮다 (3) 예쁘다

25. 부하 직원들의 관계를 파악하여 이용할 필요성이 있다.
    (0) 필요 없다 (1) 경우에 따라 필요하다 (2) 필요하다 (3) 반드시 필요하다

26. 마음에 들지 않는 부하를 괴롭히기 위해 자신에게 주어진 권한을 마음껏 활용할 수 있다.
    (0) 전혀 그렇지 않다 (1) 그런 생각을 할 때도 있다
    (2) 간혹 그렇게 한다 (3) 반드시 그렇게 한다

27. 내가 잘못했어도 부하들이 아니라고 하면 그냥 넘어가거나 잘못이 아니라고 잡아뗀다.
    (0) 전혀 그렇지 않다 (1) 그렇게 하고 싶을 때도 있다
    (2) 간혹 그렇게 한다 (3) 거의 그렇게 한다

28. 내 생각이 옳다고 생각하는데 주위에서 비판하면 모두 미워지고 비판을 거부한다.
    (0) 아니다 (1) 그런 생각이 들 때도 있다 (2) 대개 그렇다 (3) 확실히 그렇다

29. 세상사는 능력이 아니라 인간관계에 따라 좌우된다고 확신한다.
    (0) 아니다 (1) 그렇게 생각할 때도 있다
    (2) 거의 그런 것 같다 (3) 틀림없이 그렇다고 확신한다

30. 출세 길이 막히거나 막는다면 그것이 정당해도 누구든 증오할 것이다.
    (0) 아니다 (1) 그럴 수도 있다 (2) 그런 생각을 많이 한다 (3) 확실히 그럴 것이다

지은이 김영수

홍익대학교 역사교육과를 졸업했으며, 한국학중앙연구원에서 고대 한중 관계사를 주제로 석사 및 박사 과정을 밟았다. 이후 20년 동안 100여 차례 중국을 오가며 역사의 현장을 답사했다. 쓰거나 엮은 책으로《완역 사기 본기》《지혜로 읽는 사기》《역사의 등불 사마천, 피로 쓴 사기》《사기의 인간경영법》《역사를 훔친 첩자》《중국 역대 정권 정보표》《고대 동북 아시아의 민족과 문화》등이 있고, 옮긴 책으로《간신론》《맨얼굴의 중국사》《황제들의 중국사》《사진과 그림으로 보는 중국사 강의》등이 있다.

간신들은 어떻게 정치를 농락하는가?
권력에 빌붙어 나라를 망친 천태만상 간신들 이야기

1판 1쇄 인쇄 2012년 11월 6일
1판 1쇄 발행 2012년 11월 9일

지은이 김영수
펴낸이 고영수

편집이사 조병철 **외서기획이사** 강경혜 **마케팅이사** 민원기
기획·편집 노종한 진원지 박나래
경영기획 고병욱 **마케팅** 유경민 우현권 **제작** 김기창
총무 문준기 노재경 조은진 **관리** 주동은 조재언 김육기

펴낸곳 추수밭
등록 제406-2006-00061호(2005.11.11)
주소 135-816 서울시 강남구 논현동 63번지
　　　413-756 경기도 파주시 교하읍 문발리 파주출판도시 518-6번지
　　　청림아트스페이스
전화 02)546-4341
팩스 02)546-8053

www.chungrim.com
cr2@chungrim.com

ⓒ 김영수 2012

ISBN 978-89-92355-94-0　03300

잘못된 책은 교환해드립니다.